Introdução ao pensamento social clássico

O selo DIALÓGICA da Editora InterSaberes faz referência às publicações que privilegiam uma linguagem na qual o autor dialoga com o leitor por meio de recursos textuais e visuais, o que torna o conteúdo muito mais dinâmico. São livros que criam um ambiente de interação com o leitor – seu universo cultural, social e de elaboração de conhecimentos –, possibilitando um real processo de interlocução para que a comunicação se efetive.

Introdução ao pensamento social clássico

EDITORA
intersaberes

Silvana Silva
Cleverson Lucas dos Santos

Rua Clara Vendramin, 58 . Mossunguê
CEP 81200-170 . Curitiba . PR . Brasil
Fone: (41) 2106-4170
www.intersaberes.com
editora@editoraintersaberes.com.br

Conselho editorial	*Capa*
Dr. Ivo José Both (presidente)	Lais Galvão dos Santos
Dr ª. Elena Godoy	*Projeto gráfico*
Dr. Neri dos Santos	Bruno Palma e Silva (*design*)
Dr. Ulf Gregor Baranow	Sílvio Gabriel Spannenberg (adaptação)
Editora-chefe	*Diagramação*
Lindsay Azambuja	Estúdio Nótua
Supervisora editorial	*Equipe de* design
Ariadne Nunes Wenger	Charles L. da Silva
Analista editorial	Mayra Yoshizawa
Ariel Martins	*Iconografia*
Preparação de originais	Celia Kikue Suzuki
Gilberto Girardello Filho	Regina Claudia Cruz Prestes
Edição de texto	
Caroline Rabelo Gomes	
Gustavo Piratello de Castro	

Dados Internacionais de Catalogação na Publicação (CIP)
(Câmara Brasileira do Livro, SP, Brasil)

Silva, Silvana
  Introdução ao pensamento social clássico/Silvana Silva, Cleverson Lucas dos Santos. Curitiba: InterSaberes, 2019.
  (Série Estudos de Filosofia)
  Bibliografia.
  ISBN 978-85-227-0080-6

  1. Ciências sociais 2. Pensamento 3. Sociologia – Filosofia 4. Sociologia política – Introdução I. Santos, Cleverson Lucas dos. II. Título. III. Série.

19-27211   CDD-300

  Índices para catálogo sistemático:
  1. Pensamento social: Ciências sociais 300
     Iolanda Rodrigues Biode – Bibliotecária – CRB-8/10014

1ª edição, 2019.

Foi feito o depósito legal.

Informamos que é de inteira responsabilidade dos autores a emissão de conceitos.

Nenhuma parte desta publicação poderá ser reproduzida por qualquer meio ou forma sem a prévia autorização da Editora InterSaberes.

A violação dos direitos autorais é crime estabelecido na Lei n. 9.610/1998 e punido pelo art. 184 do Código Penal.

sumário

apresentação, 9
organização didático-pedagógica, 13
introdução, 17

 **O pensamento social e a pré-sociologia, 26**
1.1 Pré-sociologia: contextos histórico e social, 28
1.2 Fatores determinantes para o surgimento da sociologia, 48

2 Sociologia geral: objeto e método, 76
2.1 Sociologia geral, 78

3 Auguste Comte e o positivismo, 112
3.1 Condições históricas de Comte, 114
3.2 Concepções teóricas, 119
3.3 O cerne do pensamento comteano, 121
3.4 Classificação das ciências, 132
3.5 Religião da humanidade, 136
3.6 Influência positivista no Brasil, 137

4 Durkheim e o funcionalismo, 148
4.1 Condições históricas, 150
4.2 O fato social e o funcionalismo, 151
4.3 A sociologia conservadora, 176

5 Max Weber e a sociologia compreensiva, 188
5.1 Max Weber (1864-1920), 190
5.2 Teoria sociológica compreensiva, 191
5.3 A ética protestante e o espírito do capitalismo, 204
5.4 Concepções políticas de Weber, 210

6 Marx e o materialismo histórico-dialético, 226
6.1 Karl Marx: vida e obra, 229
6.2 O objeto de pesquisa em Marx, 240
6.3 Conceitos fundamentais em Marx, 241
6.4 *Manifesto do partido comunista*, 254

considerações finais, 273
referências, 275
bibliografia comentada, 285
respostas, 287
sobre os autores, 299

apresentação

É uma satisfação e um desafio entregar esta obra em suas mãos. Ela é resultado de um longo e intenso trabalho de pesquisa e de nossa práxis teórico-metodológica. Nossa intenção é conduzi-lo em uma jornada pelos primórdios da teoria sociológica clássica, apresentando-lhe as condições contextuais de produção histórica necessárias e favoráveis ao desenvolvimento dessa área do conhecimento. Dessa forma, este livro busca aproximar os leitores dos textos produzidos pelos primeiros autores dessa nova ciência, responsáveis, justamente, por torná-la ciência, com a definição de seu objeto de estudo e de seus métodos de pesquisas. Desde seu início com Auguste Comte, asociologia foi delineada, recebeu um nome e, aos poucos, delimitou seus espaços de atuação e compreensão.

Neste trabalho, optamos por disponibilizar os conteúdos de maneira gradual, em um formato metodológico que pode ser considerado por muitos, inclusive por nós, "tradicional". Essa opção decorre de uma postura teórico-metodológica que entende que a compreensão do surgimento de uma ciência abstrata e complexa como a sociologia envolve o entendimento processual de uma série de fatores e acontecimentos que não somente a antecederam, mas também a viabilizaram.

Assim, organizamos os capítulos do livro de modo a abordar sequencialmente os autores fundamentais e suas contribuições essenciais para a sociologia: Auguste Comte e a perspectiva positivista; Émile Durkheim e a perspectiva funcionalista (fortemente marcada pelos pressupostos ideológicos do positivismo); Max Weber e a abordagem sociológica compreensiva; e Karl Marx e a perspectiva crítica, orientada pelo materialismo de viés combativo e transformador. Dessa maneira, os autores são apresentados de forma contextualizada, que permite conectá-los às épocas em que viveram. O objetivo é que você consiga realizar uma leitura dialógica diante das interpretações e das perspectivas que emergiram da contribuição de cada um deles, considerando as diferentes abordagens (conservadora, liberal e crítica-radical) que suscitaram seus pensamentos.

Queremos, portanto, que seu interesse pela sociologia se inicie com a leitura desta obra e siga em direção a uma aprendizagem mais completa dessa ciência. Com este livro, você vai conseguir iniciar sua compreensão das produções sociológicas clássicas, sem a pretensão de substituir a leitura dos textos originais, que trazem consigo uma potencialidade e uma riqueza que só podem ser efetivamente conhecidas por aqueles se propõem a lê-los e a analisá-los. Por isso, apresentamos esses textos e investigamos os conceitos introdutórios que são indispensáveis para a compreensão do conhecimento produzido pelos autores clássicos.

No entanto, não pretendemos ficar presos aos primórdios da sociologia, mas relacionar essa produção inicial aos trabalhos sociológicos realizados na sociedade contemporânea, extremamente necessários para a compreensão dos fenômenos e dos eventos sociais da atualidade.

Essa será uma caminhada que trilharemos juntos, articulando teoria e prática e atentos às mudanças sociais ocorridas ao longo da história. Esperamos poder contar com você nessa jornada, conscientes de que o conhecimento não se faz sozinho e não é estático, mas dinâmico.

Dessa forma, esperamos que, ao final, todos nós estejamos mais capacitados e ávidos pela construção do conhecimento. Afinal, a sociologia e os estudos sociais são fascinantes! Assim como o é a trajetória daquele que ousa e não poupa recursos para aprender, criticar, sonhar e enfrentar novos desafios. Vamos, juntos, descobrir o que essa ciência tem a ensinar, pois ela nos leva a compreender e a analisar melhor a complexidade das relações sociais.

Bons estudos!

organização didático-pedagógica

Esta seção tem a finalidade de apresentar os recursos de aprendizagem utilizados no decorrer da obra, de modo a evidenciar os aspectos didático-pedagógicos que nortearam o planejamento do material e como você pode tirar o melhor proveito dos conteúdos para seu aprendizado.

Introdução do capítulo

Logo na abertura do capítulo, você é informado a respeito dos conteúdos que nele serão abordados, bem como dos objetivos que os autores pretendem alcançar.

Síntese

Você conta, nesta seção, com um recurso que o instigará a fazer uma reflexão sobre os conteúdos estudados, de modo a contribuir para que as conclusões a que você chegou sejam reafirmadas ou redefinidas.

Indicações culturais

Ao final do capítulo, os autores oferecem algumas indicações de livros, filmes ou sites que podem ajudá-lo a refletir sobre os conteúdos estudados e permitir o aprofundamento em seu processo de aprendizagem.

Atividades de autoavaliação

Com estas questões objetivas, você tem a oportunidade de verificar o grau de assimilação dos conceitos examinados, motivando-se a progredir em seus estudos e a se preparar para outras atividades avaliativas.

Atividades de aprendizagem

Aqui, você dispõe de questões cujo objetivo é levá-lo a analisar criticamente determinado assunto e aproximar conhecimentos teóricos e práticos.

Bibliografia comentada

Nesta seção, você encontra comentários acerca de algumas obras de referência para o estudo dos temas examinados.

introdução

Esta é uma obra de caráter introdutório, que faz um apanhado da emergência do pensamento sociológico, destacando as condições que permitiram o desenvolvimento da sociologia- como área específica do conhecimento – ou seja, ciência – na segunda metade do século XIX.

Para tanto, já no primeiro capítulo, elencaremos uma sucessão de acontecimentos históricos precedentes ao desenvolvimento propriamente dito da sociologia, bem como a abordagem social realizada por intelectuais anteriores a esse momento. Esses pensadores, compreendidos em seus contextos sociais específicos, construíram as bases analíticas necessárias para a produção do conhecimento sociológico dos autores clássicos. De antemão, destacamos que a sociologia é resultado de inúmeras transformações sociais, as quais, alterando as bases do Antigo Regime[1], não permitiram mais aos estudiosos pensar da mesma maneira

---

1   Por Antigo Regime, referimo-nos a todas as características relacionadas ao sistema social, político e econômico adotado na França anteriormente à Revolução Francesa, que ocorreu em 1789. No Antigo Regime, a França era governada por uma monarquia absolutista, em que o rei, a principal autoridade, era considerado um representante de Deus na Terra, e a sociedade era organizada em três estamentos: clero, nobreza e camponeses. Sob essa organização estamental, a responsabilidade pela produção e pelo pagamento de inúmeras taxas tributárias recaía somente sobre os camponeses. Outro fator agravante de exploração consistia na imobilidade social prevista na disposição estamental – ou seja, a troca de estamento (condição de classe) era impossível, pois o direito ao voto não era universal, mas condicionado à classe, o que garantia a perpetuação da imutabilidade social. Cada estamento tinha direito a um voto e, embora a maioria da população pertencesse ao terceiro nível, jamais conseguiria ser representada em seus interesses políticos, pois clero e nobreza se associavam com interesses em comum. O feudalismo, ou modo de produção feudal, era a base econômica do período e, portanto, as relações eram estabelecidas com base na troca de produtos e de favores entre os estamentos, cabendo ao clero a responsabilidade de orar, à nobreza a responsabilidade de proteger e aos camponeses o trabalho braçal. A revolução de 1789 pretendia romper com os pressupostos sociais e políticos que regulavam a antiga sociedade estamental e expandir o direito ao voto, que passaria a ser individual. Além disso, a revolução procurava romper com os privilégios do clero e da nobreza, que não laboravam na terra e não pagavam impostos. Nessa perspectiva, a Revolução Francesa se constituiu em um marco de referência na luta pela expansão dos direitos sociais, cujo lema adotado foi *Liberdade, Igualdade e Fraternidade*. No decorrer do processo, houve desdobramentos ideológicos que dividiram os revolucionários em radicais (jacobinos) e conservadores (girondinos). Esse processo será mais bem explicado ao longo do primeiro capítulo deste livro.

a sociedade e os fatos que estavam ocorrendo. A transição do modo de produção feudal para o modo de produção capitalista impulsionou uma série de mudanças, a partir das quais três grandes revoluções emergiram: a Revolução Industrial, a Revolução Francesa e a Revolução Científica. Esses fenômenos alteraram a sociedade de tal forma que ela passou a estruturar as bases e a vivenciar a nascente **Era Moderna** ou **Modernidade**[2].

---

2   O conceito de *Modernidade* é bastante amplo e complexo. Por isso, requer uma análise aprofundada e historicamente contextualizada. Nesse sentido, não pretendemos esgotar a definição desse conceito; pelo contrário, propomo-nos apenas a fazer uma breve explanação sobre ele. Para tanto, valemo-nos das explicações teóricas apresentadas no *Dicionário de conceitos históricos*, de Kalina Vanderlei Silva e Maciel Henrique Silva (2010). A ideia de Modernidade surgiu com o intuito de marcar uma ruptura com as ideias do passado. Ou seja, o conceito em si inspirava a sociedade a olhar o novo como moderno, e o passado, o anterior, como antigo, arcaico. De acordo com Silva e Silva (2010, p. 297), o conceito de Modernidade "na origem, opunha-se ao pagão; a partir do século XVI, todavia, quando os eruditos revalorizaram a cultura pagã, ser moderno era se opor ao medieval, e não ao antigo ou à Antiguidade. Os homens do século XVI julgavam estar vivendo em um mundo novo (moderno), embora o passado greco-romano devesse ser respeitado na construção desse novo mundo e do novo homem, liberto do 'obscurantismo' medieval". Nessa perspectiva, parece-nos claro e bastante importante que Modernidade é, acima de tudo, um conceito histórico, ou seja, depende da adoção do termo em contexto específico. Ao longo desta leitura, você perceberá que tal conceito foi vastamente utilizado. Nas páginas que seguem, gostaríamos de frisar que a Modernidade será compreendida como um pensamento que teve seu ápice nos séculos XIX e XX, a partir dos pressupostos estabelecidos pelo movimento iluminista. Dessa forma, definimos *Modernidade* como um conjunto amplo de modificações nas estruturas sociais do Ocidente, com base em um processo longo de racionalização da vida. Nesse sentido, como afirma Jaques Le Goff, citado por Silva e Silva (2010, p. 298), a "modernidade é um conceito estritamente vinculado ao pensamento ocidental, sendo um processo de racionalização que atinge as esferas da economia, da política e da cultura".

As revoluções desse período revelaram um processo de transição que promoveu intensas e irreversíveis mudanças sociais, econômicas e políticas de grande impacto para todos os indivíduos. As mudanças provocadas pelo Renascimento, como a diminuição da influência religiosa sobre a compreensão social do mundo, trouxeram avanços significativos para a ciência. Ao colocarem a humanidade como centro do pensamento, em uma visão racional, os indivíduos passaram a perceber a realidade em que estavam inseridos de outras maneiras. A partir dessas mudanças, surgiram as bases que resultaram nas revoluções já citadas, sendo que a Revolução Científica foi marcada pelo pensamento iluminista. Com tantas transformações (políticas, econômicas e culturais) acontecendo de maneira rápida e intensa, em um contexto de incertezas quanto ao futuro, fazia-se necessário compreender a própria sociedade e seus indivíduos, tornando-os objetos de estudo.

No segundo capítulo, destacaremos as diferenças conceituais realizadas pelos autores clássicos da sociologia quanto à definição de um método e de um objeto de estudo para a então nascente ciência. Émile Durkheim, Max Weber e Karl Marx, cada um a seu modo, sistematizaram o que deveria ser o escopo dessa nova área do conhecimento, bem como a forma de análise a ser utilizada para obter resultados nos estudos. Também consideraremos a influência teórica do pensamento positivista de Auguste Comte, o primeiro intelectual a denominar os estudos emergentes de *sociologia*, sendo considerado, portanto, o pai dessa ciência.

Portanto, no terceiro capítulo, apresentaremos Comte e sua concepção de que a sociedade deveria ser estudada sob os mesmos princípios que regiam as ciências naturais. Segundo esse modelo, a sociologia seria uma ciência neutra, isto é, seus fenômenos deveriam ser explicados de maneira objetiva e imparcial, e o conhecimento que viesse a ser produzido por ela seria considerado *positivo*, com sentido de *neutralidade* e *cientificidade*. As propostas desse sociólogo iam além do campo científico: estendiam-se à renovação de toda a sociedade. Em um viés reformador, ele propôs uma "religião da ciência", que seria religião da humanidade. Como analisaremos, sua influência na sociedade foi e continua sendo enorme ainda hoje.

No quarto capítulo, destinado a Durkheim e ao funcionalismo, perceberemos de que maneira esse autor delimitou o objeto de estudo da sociologia: o fato social. Nesse sentido, veremos que ele destacou que os fatos sociais deveriam ser expostos a uma metodologia própria de análise para contemplar as três características que lhe são necessárias: a coercitividade, a generalidade e a exterioridade – considerando-se que os fatos sociais são entendidos como "coisas" com materialidade concreta. Nesse autor, a influência positivista ainda é perceptível. Durkheim compreendeu que deveria haver um distanciamento imprescindível entre pesquisador e objeto de estudo para que se mantivesse a imparcialidade na pesquisa. Nesse capítulo, ainda destacaremos a importante diferenciação de Durkheim para os tipos de fatos sociais: normais e patológicos. Estes são restritos à condição de casos excepcionais, ou seja, que fogem ao padrão e à recorrência "natural" das atitudes sociais; já aqueles são todos os que apresentam as características essenciais de coercitividade, generalidade e exterioridade.

No quinto capítulo, apresentaremos a mudança significativa que Weber propôs aos estudos sociológicos. Diferentemente de seus antecessores (Comte e Durkheim), interessados em nomear e fundamentar a sociologia, a base dos estudos de Weber se concentrou em entender o sujeito e seus processos de subjetivação e racionalização. É importante ressaltar que, para ele, as explicações da realidade social partem do indivíduo e de sua capacidade de desenvolver ações sociais. Weber analisou essas ações inseridas em seu contexto histórico, social e cultural considerando o viés do indivíduo. Ao analisar o protestantismo, Weber lançou as bases do que seria necessário para o desenvolvimento do capitalismo, percebido como um modelo necessário e hegemônico. Em seus estudos, o sociólogo delineou conceitos para a compreensão e a justificativa do poder e da dominação existentes na sociedade.

No sexto capítulo, analisaremos os estudos de Marx, que desenvolveu uma maneira diferente de fazer sociologia: não somente a sociedade, mas também os indivíduos seriam o objeto da sociologia, ambos em constante interação. Para esse autor, os indivíduos são vinculados à sociedade e às condições materiais de existência. Com isso, são colocados na organização social em campos eminentemente conflituosos: as classes sociais. É a luta de classes que movimenta toda a dinâmica histórica que envolve os indivíduos.

Nesse capítulo, ainda, percorreremos a vida e a obra de Marx, considerando também sua ligação com Friederich Engels. Em conjunto, eles produziram o que ficou conhecido como *materialismo histórico-dialético* para analisar os efeitos do capitalismo e o que deveria ser feito para a sua superação, alterando as bases da sociedade de modo a permitir uma outra dinâmica social. É importante frisar que é impossível esgotar as possibilidades de análise do materialismo histórico-dialético. Assim, buscaremos apresentar noções iniciais necessárias à compreensão do pensamento marxista. Por fim, traçaremos as considerações finais necessárias a esses primeiros passos nos estudos sociológicos.

A leitura desta obra não se exaure ao seu final. Pelo contrário, ela abre possibilidades para a compreensão introdutória dos estudos sociológicos, com desdobramentos que se imbricam e se diferem ao longo da história. Conhecer a fundo cada autor, suas obras e as condições históricas de suas produções permite que você amplie seus conhecimentos e compreenda contextualmente quais eram as propostas desses pensadores e como, ainda hoje, elas influenciam o modo de pensar e de estudar a sociedade, bem como as relações que dela emergem.

1. O pensamento social e a pré-sociologia

Silvana Silva

Neste capítulo, abordaremos algumas das características dos períodos renascentista e iluminista, momentos históricos que antecederam o surgimento da sociologia, mas foram intensamente importantes para seu desenvolvimento como ciência moderna no século XIX. Procuraremos destacar a abrangência e a complexidade desses eventos por meio da análise da contribuição política e social de alguns de seus principais representantes, que, por meio de teorias, alçaram novos rumos para a sociedade.

Nosso principal objetivo é fazer com que você identifique a relação existente entre o nascimento da sociologia e os eventos históricos que a antecederam, compreendendo que o desenvolvimento dessa ciência foi resultado de um amplo processo de transformações sociais que afetaram e modificaram as bases do Antigo Regime, proporcionando a transição do feudalismo para o capitalismo e configurando, assim, o nascimento da **Era Moderna**[1]. Nessa perspectiva, os episódios que se estabeleceram a partir desse processo de transição repercutiram em mudanças sociais, econômicas e políticas de grande impacto, que fizeram com que a sociedade e seus indivíduos se tornassem objetos de estudo para que se pudesse compreender essas transformações, seus sentidos e seus efeitos.

1.1
Pré-sociologia: contextos histórico e social

Considerando-se a sociologia uma ciência que tem sua origem vinculada à formação da Modernidade, é importante compreender como as mudanças que atingiram os países europeus nesse período histórico influenciaram e respaldaram sua criação. De modo bastante simplista, podemos dizer que a sociologia é uma *ciência da crise*. Essa expressão resulta do entendimento de que a sociologia se configurou como ciência em meio a um contexto marcado por transformações e problemas sociais que derivaram de vários processos, sendo os principais: a transição de

---

1 Consideramos como Era Moderna as explicações referentes ao conceito de *Modernidade* já apresentadas em nota anterior presente na "Introdução" desta obra. No entanto, achamos importante frisar que a Era Moderna se refere às mudanças ocorridas ao longo dos séculos XVIII, XIX e XX na civilização ocidental, que proporcionaram grandes transformações sociais, como o questionamento do poder absolutista, a separação entre ciência e religião e a formação de um Estado moderno laico, que propiciou a "separação e a autonomia entre a ciência, a moral e a arte" (Silva; Silva, 2010, p. 298).

uma sociedade feudal para uma sociedade capitalista; o surgimento do Estado moderno e da classe burguesa; e a ascensão dos princípios do humanismo, do racionalismo e do individualismo como doutrinas formadoras.

Tais mudanças proporcionaram a ruptura do Antigo Regime e resultaram na consolidação de uma sociedade moderna, pautada em novos sentidos e novas organizações em diferentes âmbitos: social, político e econômico. Dessa maneira, antes do efetivo surgimento da sociologia, formou-se um cenário propício para que essa ciência emergisse.

A preocupação e a busca por explicações sobre os fenômenos sociais já existiam. Diversos religiosos, filósofos e pensadores de várias áreas buscaram refletir sobre a origem da organização da vida em sociedade e criar formas para combater os problemas sociais de sua época. Esses autores, **precursores da sociologia**, foram responsáveis pela elaboração e pelo acúmulo de conhecimentos que resultaram no desenvolvimento da sociologia como ciência na Europa do século XIX.

Dessa forma, para compreendermos como esse processo aconteceu, é importante voltarmos ao século XVI e revisitarmos alguns autores e algumas correntes de pensamento (Renascimento e Iluminismo) que embasaram as mudanças econômicas e políticas emergentes da sociedade moderna europeia.

1.1.1 Renascimento

O movimento renascentista nasceu na Itália ainda no século XV e se espalhou rapidamente por toda a Europa. Esse movimento marcou uma nova fase no desenvolvimento da história da humanidade, visto que as concepções que dele advieram foram as principais responsáveis pelo deslocamento da teoria do teocentrismo para a teoria do antropocentrismo.

Conforme Silva e Silva (2010, p. 358, grifo nosso),

A palavra Renascimento: surgiu já durante o século XV, mas de início seu sentido era religioso, significando a revitalização da alma por meio dos sacramentos. Só no século XVI o termo foi empregado com seu sentido mais corrente, para se referir às mudanças de consciência e nas formas de expressão artísticas do período. No entanto, desde o século XV que os indivíduos envolvidos no fenômeno já tomavam consciência dessas mudanças culturais. Renascimento, dessa forma, **significa o momento histórico que se inicia e tem seu apogeu nas cidades italianas do século XV, de renovação das expressões artísticas ligadas às mudanças de mentalidade do período, com a ascensão da burguesia.** Ele está em conexão com o Humanismo, ou seja, com a retomada dos estudos sobre a Antiguidade clássica [...].

Os pensadores renascentistas questionaram a primazia dos valores religiosos firmados durante a Idade Média (período que se estendeu até o final do século XIV) e conceberam o pensamento racional como a principal forma de orientação a ser ensinada ao homem. Assim, desenvolveram-se ciências como a filosofia, a política e a economia, e passou-se a analisar a sociedade por meio de elementos empíricos.

Outra importante característica a ser destacada se refere ao contexto histórico do Renascimento, uma vez que ele:

está associado à crise do Feudalismo e ao surgimento do Capitalismo na Europa ocidental no século XIV. Essa crise histórica se manifestou nos campos econômicos, políticos e sociais quanto nos intelectual e cultural. O Renascimento, o Humanismo e a Reforma foram expressões dessa crise, da necessidade que os grupos sociais então em ascensão tinham para explicar o seu papel no Universo sem recorrer às explicações católicas e feudais, representantes de uma ordem que contestavam. (Silva; Silva, 2010, p. 359)

Em linhas gerais, as principais características do renascimento foram:
- **o humanismo**, ou seja, a valorização do ser humano frente à realidade em que estava inserido;

- **o antropocentrismo,** isto é, o deslocamento da concepção teocêntrica (crença de que Deus é o centro do Universo) para aantropocêntrica (crença de que o homem é o centro do Universo).
- **o posicionamento crítico** diante das situações vivenciadas pela humanidade, considerando-se que elas não devem ser compreendidas apenas pela determinação religiosa, mas também por meio do pensamento político;
- **o individualismo,** que seacentuou, valorizando a iniciativa pessoal nas formas de produção em detrimento do pensamento coletivista e dos meios de produção compartilhados.

Diante disso, o **racionalismo** (uso da razão e da ciência e seus métodos empíricos) ganhou força, contrapondo-se às explicações religiosas medievais que explanavam os fenômenos e os acontecimentos com base na crença no poder e na vontade dos seres sobrenaturais.

Com isso, a humanidade caminhou no sentido de tornar o próprio homem capaz de verificar os fenômenos e os acontecimentos com base em estudos e em observações, dando os fundamentos para o desenvolvimento do **cientificismo,** ou seja, estudos pautados na ciência, na produção de conhecimentos advindos da própria humanidade e de suas experiências. Dessa forma, o **empirismo**[2] tratou de pôr à prova aquilo que era afirmado pela própria ciência, pautando-se na experiência para justificar ou refutar os conceitos que lhe eram apresentados.

Dentro das concepções gestadas pelo pensamento renascentista, emergiram grandes autores, que foram responsáveis pela propagação

---

2 "Corrente filosófica para a qual a experiência é critério ou norma da verdade [...]. Em geral, essa corrente caracteriza-se pelo seguinte: [...] negação do caráter absoluto da verdade ou, ao menos, da verdade acessível ao homem; [...] reconhecimento de que toda verdade pode e deve ser posta à prova, logo eventualmente modificada, corrigida ou abandonada" (Abbagnano, 2007, p. 326).

das novas ideias e, consequentemente, pela transformação das práticas sociais. A seguir, apresentaremos alguns desses autores e suas principais contribuições teóricas, que proporcionaram um clima de mudanças políticas e sociais e contribuíram para o desenvolvimento de um pensamento social mais crítico e delineado.

Nicolau Maquiavel (1469-1527)

O italiano Nicolau Maquiavel viveu durante a Renascença. Nascido na cidade de Florença, foi jurista e diplomata e é considerado o fundador da ciência política. O destaque de suas obras está na exposição dos fundamentos da estrutura do Estado moderno e das lutas pela conquista e pela manutenção do poder político. As duas obras mais conhecidas de Maquiavel são: *O príncipe* e *Discursos sobre a primeira década de Tito Lívio*[3].

No livro *O príncipe*, o autor apresenta as características adequadas e o comportamento que são esperados de um líder político. Ou seja, ele expõe como o soberano deve ser e agir para conquistar e manter o poder. De modo geral, pode-se dizer que, nessa obra, Maquiavel constrói uma narrativa discursiva que se constitui em um manual de recomendações políticas direcionadas ao príncipe. Escrito em 1513 e publicado em 1532, a dimensão desse livro está relacionada ao fato de indicar a capacidade de manipulação política e governamental que o homem possui.

Em sua segunda obra, *Discursos sobre a primeira década de Tito Lívio*, escrita entre os anos de 1513 e 1517, o autor aborda as forças que agem sobre o governo e que têm o poder de determinar e interferir nas decisões políticas de um governante. Nesse livro, Maquiavel escreve

---

3   Tito Lívio foi um historiador da Roma Antiga. Nasceu em Pádua (atualmente, Itália), em 59 a.C., e morreu na mesma cidade, em 17 d.C.

comentários sobre os primeiros dez livros da obra de Tito Lívio[4], com o objetivo de identificar acontecimentos passados que ilustrem suas percepções políticas sobre o presente presente, tendo em vista os conflitos próprios do período renascentista de sua época.

A obra de Maquiavel é de grande importância para o pensamento social, uma vez que a compreensão política dos fatos e dos acontecimentos permite, além da separação entre religião e Estado, uma ampliação das possibilidades de concepção sobre a própria humanidade. Isso significa que o homem, ao reconhecer-se como um sujeito político, consegue analisar a sociedade baseado em diferentes perspectivas, considerando as relações de poder existentes entre distintos grupos, classes e organizações sociais. Ou seja, o reconhecimento da política acarreta, por sua vez, a identificação dos vários comportamentos políticos que podem ser mensurados, analisados e modificados (manipulados), como indica a leitura de *O príncipe*. Isso implica o reconhecimento de que a sociedade é a soma das diversas ações políticas, e não uma sucessão aleatória de fatos decorrentes apenas da vontade divina.

Thomas Hobbes (1588-1679)

Em 1651, o filósofo inglês Thomas Hobbes escreveu o livro *Leviatã*, uma de suas obras mais importantes. Nela, o autor argumenta sobre a necessidade de um controle efetivo pelo Estado como regulador social. Para tanto, o filósofo inglês explica que o homem, em condição de estado natural, ou seja, sem a estrutura do Estado, vive sujeito ao conflito iminente. Nessa condição, todos são portadores de direitos iguais e guiados por suas próprias paixões e instintos. Assim, no estado natural,

---

4   Nesse livro, Maquiavel escreveu sobre a história política de Roma, fazendo uma análise detalhada sobre a República.

como consequência da busca pela honra e da luta pela sobrevivência, a condição é a de guerra de todos contra todos.

Nessa perspectiva, para Hobbes, o Estado soberano é capaz de garantir ao homem a condição de segurança da qual no estágio natural ele não desfruta. O Estado – o *Leviatã* – é, antes de mais nada, um mecanismo de controle social, garantidor da paz e da ordem política, que proporciona ao homem a tranquilidade necessária para sair da antiga condição de insegurança, intranquilidade, instabilidade e medo da morte proveniente da violência constante no estado de natureza.

O Estado, segundo Hobbes, é o agente necessário para libertar o homem do medo da guerra e da morte inesperada, provenientes de ataques inimigos ou de desavenças internas. Afinal, de acordo com o autor, "as leis naturais [como a justiça, a equidade, a modéstia etc.] são contrárias às nossas paixões naturais, que nos inclinam para a parcialidade, o orgulho, a vingança, e coisas semelhantes, se não houver o temor de algum poder que nos obrigue a respeitá-las" (Hobbes, 2014, p. 138).

Para Hobbes, os acordos realizados apenas na formalidade das palavras não são seguros e confiáveis e só têm valor se for instituído um poder considerável capaz de assegurar-lhes o cumprimento. Dessa necessidade, justifica-se a existência do Estado, da "multidão unida numa só pessoa", da "geração do grande Leviatã", "daquele deus mortal a quem devemos, abaixo do Deus imortal, nossa paz e defesa" (Hobbes, 2014, p. 142).

Hobbes foi partidário do Estado Absolutista, sem, no entanto, defendê-lo explicitamente, baseado na noção de que o absolutismo se trata de um direito divino. Conforme o autor, "todos os direitos e faculdades daquele ou daqueles a quem o poder soberano é conferido" (Hobbes, 2014, p. 143) resultam do consentimento do povo, que, por sua vez, dá origem ao Estado.

Segundo Ribeiro (2011), no século XVII, Hobbes, assim como Maquiavel e, em certa medida, Rousseau, era um dos pensadores mais malvistos dentro da história da filosofia política. Essa afirmação decorre do teor dos apontamentos realizados por Hobbes, os quais conflitavam com o interesse da classe burguesa, que defendia o direito à propriedade privada. Para Ribeiro (2011), o termo *hobbista* chegou a ser utilizado de modo ofensivo como referência negativa à abordagem do autor, assim como o termo *maquiavélico* em relação à obra de Maquiavel.

Conforme Ribeiro (2006, p. 76, grifo do original):

> Não é só porque apresenta o Estado como monstruoso, e o homem como belicoso, rompendo com a confortadora imagem aristotélica do bom governante (comparado a um pai) e do indivíduo de boa natureza. Não é só porque subordina a religião ao poder político. Mas é, **também**, porque nega um direito natural ou sagrado do indivíduo à sua propriedade. No seu tempo, e ainda hoje, a burguesia vai procurar fundar a propriedade privada num direito **anterior** e **superior** ao Estado: por isso ela endossará Locke, dizendo que a finalidade do poder público consiste em proteger a propriedade. Um direito aos bens que dependa do beneplácito do governante vai frontalmente contra a pretensão da burguesia a controlar, enquanto classe, o poder de Estado; e, como isso é o que vai acontecer na Inglaterra após a Revolução Gloriosa (1688), o pensamento hobbesiano não terá campo de aplicação em seu próprio país, nem em nenhum outro.

A obra de Thomas Hobbes, assim como as dos demais contratualistas[5], consiste em uma referência para o desenvolvimento do pensamento social. Novamente, frisamos a importância que a concepção política apresenta

---

5 São chamados de *contratualistas* os autores que defenderam a necessidade da realização de um pacto/acordo ou **contrato social**, no qual os homens deveriam abdicar de seus direitos naturais em prol do Estado moderno. Esse contrato faria, então, a passagem da sociedade natural para a sociedade civil, organizada conforme as leis do Estado. Os filósofos contratualistas são: Thomas Hobbes, Jean-Jacques Rousseau e John Locke.

para o entendimento das relações sociais, expandindo a compreensão humana, munindo-a de argumentos críticos e de uma visão mais cética quanto à naturalidade dos fenômenos sociais. A leitura de Hobbes passa, dessa forma, a ser uma recomendação imprescindível para quem quer conhecer mais sobre a filosofia do pensamento político.

John Locke (1632-1704)

Autor do livro *Dois tratados sobre o governo*, John Locke, filósofo britânico, foi considerado o sistematizador do empirismo. Ele postula que o conhecimento humano só pode ser atingido por meio das experiências realizadas ao longo da vida. Com isso, contraria a tese cartesiana do conhecimento inato. Autor da teoria da tábula rasa, Locke afirma que a mente humana é como uma folha de papel em branco, preenchida com o conhecimento adquirido por meio da experiência. Defensor do individualismo liberal, é considerado o pai do liberalismo, por defender os direitos individuais do homem por meio do contrato social.

A teoria contratualista de Locke difere em muitos aspectos da abordagem sobre o contrato social desenvolvida por Thomas Hobbes. Para este, o Estado antecede aos direitos individuais, e o contrato social é realizado entre os indivíduos para livrá-los da ameaça constante em que vivem no estado de natureza. Já para Locke, o indivíduo precede o Estado, e o contrato social realizado para dar origem à sociedade civil não é um pacto de submissão ao Estado, mas um acordo de consentimento "em que os homens concordam livremente em formar a sociedade civil para preservar e consolidar ainda mais os direitos que possuíam no estado de natureza" (Mello, 2006, p. 86).

Embora os dois autores iniciem suas teorias com base na análise do estado de natureza, as diferenças apontadas por eles a respeito de como os indivíduos vivem nessa condição são expressivas. Hobbes vê o estado de natureza caracterizado pelo conflito entre os indivíduos, no qual a guerra é iminente. Locke, por sua vez, concebe o estado de natureza como um ambiente de paz, liberdade e harmonia, no qual os homens já eram possuidores de razão e também de suas propriedades. Isso significa que Locke reconhece o direito à propriedade como natural do indivíduo, enquanto, para Hobbes, a propriedade é reconhecida como um direito do Estado.

Esse aspecto é fundamental para o reconhecimento das obras de John Locke. A concepção de direito natural à propriedade privada coincidiu com os interesses da nascente classe burguesa. Segundo Locke (2001, p. 42, grifo nosso):

> Deus, que deu o mundo aos homens em comum, deu-lhes também a razão, para que se servissem dele para o maior benefício de sua vida e de suas conveniências. A terra e tudo o que ela contém foi dada aos homens para o sustento e o conforto de sua existência. Todas as frutas que ela naturalmente produz, assim como os animais selvagens que alimenta, pertencem à humanidade em comum, pois são produção espontânea da natureza; e ninguém possui originalmente o domínio privado de uma parte qualquer, excluindo o resto da humanidade, quando estes bens se apresentam em seu estado natural; entretanto, como foram dispostos para a utilização dos homens, é preciso necessariamente que haja um meio qualquer de se apropriar deles, antes que se tornem úteis ou de alguma forma proveitosos para algum homem em particular. Os frutos ou a caça que alimenta o índio selvagem, que não conhece as cercas e é ainda proprietário em comum, devem lhe pertencer, e lhe pertencer de tal forma, ou seja, fazer parte dele, que ninguém mais possa ter direito sobre eles, antes que ele possa usufruí-los para o sustento de sua vida.
>
> [...]
>
> Ainda que a terra e todas as criaturas inferiores pertençam em comum a todos os homens, cada um guarda a propriedade de sua própria pessoa; sobre esta ninguém tem qualquer direito, exceto ela. **Podemos dizer**

que o trabalho de seu corpo e a obra produzida por suas mãos são propriedade sua. Sempre que ele tira um objeto do estado em que a natureza o colocou e deixou, mistura nisso o seu trabalho e a isso acrescenta algo que lhe pertence, por isso o tornando sua propriedade. Ao remover este objeto do estado comum em que a natureza o colocou, através do seu trabalho adiciona-lhe algo que excluiu o direito comum dos outros homens. Sendo este trabalho uma propriedade inquestionável do trabalhador, nenhum homem, exceto ele, pode ter o direito ao que o trabalho lhe acrescentou, pelo menos quando o que resta é suficiente aos outros, em quantidade e em qualidade.

Nessa passagem, é possível compreender que, para Locke, o que torna algo de uso comum em objeto particular é o trabalho que se exerce sobre ele. O trabalho humano tira o objeto do estado de natureza e o transforma em propriedade.

Locke não nega a existência de conflitos no estado de natureza, que tendem a surgir justamente da necessidade de proteção dos bens comuns que foram transformados em propriedade privada pelo trabalho. Pois, embora o estado de natureza seja relativamente pacífico, "não está isento de inconvenientes, como a violação da propriedade (vida, liberdade e bens) que, na falta de lei estabelecida, de juiz imparcial e de força coercitiva para impor a execução das sentenças, coloca os indivíduos singulares em estado de guerra uns contra os outros" (Mello, 2006, p. 87). Ou seja, em Locke, o pacto social age no sentido de legitimar o direito à propriedade privada. Para ele, o pacto social é um acordo consensual, e não uma submissão ao Estado.

Segundo Locke (2001, p. 69):

O objetivo capital e principal da união dos homens em comunidades sociais e de sua submissão a governos é a preservação de sua propriedade. O estado de natureza é carente de muitas condições. Em primeiro lugar, ele carece de uma lei estabelecida, fixada, conhecida, aceita e reconhecida pelo consentimento geral, para ser o padrão do certo e do errado também a medida comum para decidir todas as controvérsias entre os homens.

Na perspectiva do autor, o pacto consensual firmado com a sociedade pode ser revogado se o governo atentar contra o direito à propriedade. Dessa forma, Locke contraria os princípios absolutistas defendidos por Hobbes, para quem, em situações de descumprimento do governante quanto a suas obrigações para com os indivíduos, estes têm o direito de revogar o acordo estabelecido, retirando a confiança do governo e podendo se rebelar.

As concepções de Locke foram o cerne para o surgimento do individualismo liberal. De modo contundente, seus princípios de liberdade, de direito à vida e à propriedade posteriormente influenciaram o movimento iluminista. A abordagem do pensamento social realizada por esse autor se tornou absolutamente relevante, uma vez que foi vastamente questionado o direito à propriedade privada, levando-se em conta, por exemplo, que esta foi considerada por Rousseau responsável pela desigualdade social.

1.1.2 Iluminismo

O racionalismo e o desenvolvimento da filosofia política foram responsáveis pelo surgimento do Iluminismo, no século XVIII. Cunhado pelo filósofo Immanuel Kant, em 1784, em referência à filosofia então dominante na Europa Ocidental, o termo *iluminismo (em alemão, aufklärung)* significa **esclarecimento** e foi usado para definir a nova postura do homem como um ser iluminado, esclarecido, que passou a fazer uso da razão como fonte principal de conhecimento (Silva; Silva, 2010).

O Iluminismo contemplou diversas áreas do pensamento, desde a filosofia até as ciências naturais e sociais, influenciando todo um processo de transformação social. O período em que ele ocorreu também ficou conhecido como o *século das luzes*, e os filósofos e os pensadores iluministas combatiam as crenças do Antigo Regime. Portanto, questionavam a política absolutista, assim como o dogmatismo religioso. De modo geral, os adeptos do Iluminismo contestavam todas as formas de fanatismo e, influenciados pela Revolução Científica, consideravam a razão a única ferramenta eficaz e capaz de esclarecer a humanidade.

Entre os principais filósofos iluministas, estão pensadores como Montesquieu, Voltaire, Rousseau e Saint-Simon. Ademais, o pensamento produzido pelos iluministas foi substancialmente importante para o desenvolvimento da sociologia. Esses autores foram, portanto, grandes influências intelectuais para o pensamento produzido por essa ciência.

Charles-Louis de Montesquieu (1689-1755)

A obra de Montesquieu se destaca no conjunto dos autores iluministas no sentido de articular a tradição às novas ideias que estavam sendo debatidas na sociedade no período em que o autor estava inserido.

Em sua obra mais expressiva, *O espírito das leis* (1748), o filósofo francês delineou não somente elementos da filosofia política, no entendimento da constituição e da divisão de diferentes formas de poder, mas também possibilitou condições para que fossem analisadas as demais estruturas sociais, constituindo, assim, ferramentas importantes para a sociologia. Por isso, ele também é considerado um dos precursores do pensamento sociológico.

Durkheim (2008, p. 14, grifo nosso e do original), em uma obra de apresentação de Montesquieu e Rousseau, delineia um aspecto primordial do livro *O espírito das leis*:

> Para ser exato, Montesquieu não tratou de todos os fenômenos sociais nessa obra, mas apenas de um tipo em particular, **as leis**. Apesar disso,

seu método de interpretação das diversas formas de direito também é válido para outras instituições socias e pode, de modo geral, ser aplicado a elas. Como as leis abrangem toda a vida social, ele trata necessariamente de quase todos os aspectos da sociedade. Assim, para explicar a natureza do direito doméstico, para mostrar como as leis se harmonizam com a religião, a moralidade, etc., ele é obrigado a investigar religião, moralidade e a família, de forma que, na verdade, escreveu um tratado sobre os fenômenos sociais como um todo.

Mesmo tratando apenas das leis e de seu funcionamento, o alcance da obra de Motesquieu permite verificar como as leis atuam nas diferentes instituições sociais e, consequentemente, analisar sociedade e seus fenômenos como um todo. Durkheim (2008, p. 27) recorre ao próprio Montesquieu para reafirmar os objetivos da obra: "Este livro trata das leis, costumes e diversas práticas de todos os povos da Terra. Seu assunto é vasto, pois engloba todas as instituições que vigoram entre os seres humanos", e complementa: "Montesquieu tenta chegar ao fundo dos fenômenos sociais para 'buscar as origens e descobrir suas causas morais e físicas'".

Ainda sobre esse aspecto, relacionando O espírito das leis à prática sociológica, Aron (1999, p. 17) reforça:

> se o sociólogo se define por uma intenção específica, conhecer cientificamente o social enquanto tal, Montesquieu é, a meu ver, um sociólogo, tanto quanto Auguste Comte. A interpretação da sociologia implícita em O espírito das leis é, com efeito, mais "moderna", sob certos aspectos, do que a de Auguste Comte. O que não prova que Montesquieu tenha razão, e Auguste Comte não tenha, mas simplesmente que Montesquieu, a meu modo de ver, não é apenas um precursor, mas um dos fundadores da sociologia.

Aron (1999) frisa, nesse sentido, que Montesquieu tinha um objetivo claro: elucidar os fenômenos sociais. Além disso, para o autor, essa característica, mais do que destacar o filósofo francês no quadro dos precursores da sociologia, permite que ele seja considerado um de seus fundadores.

Com relação à obra *O espírito das leis*, Montesquieu (2000) delimita já no início qual é seu entendimento para a noção de lei, para que seu significado não fique restrito apenas ao campo jurídico e/ou de legislação. Assim, o autor entende que "as leis, em seu significado mais extenso, são as relações necessárias que derivam da natureza das coisas" (Montesquieu, 2000, p. 11).

Montesquieu compreende a existência de leis naturais, que regem a natureza como um todo, incluindo os seres humanos, e de leis positivas, as quais se estabelecem entre os homens pelo conhecimento: "O homem, enquanto ser físico, é, assim como os outros corpos, governado por leis invariáveis. Como ser inteligente, viola incessantemente as leis que Deus estabeleceu e transforma aquelas que ele mesmo estabeleceu" (Montesquieu, 2000, p. 13).

A vida em sociedade força o homem a sair de seu estado natural e o coloca em constante estado de guerra; por isso, surge a necessidade do estabelecimento de normas e regras que o organizem socialmente. Nesse ponto, há em Montesquieu certo determinismo geográfico, segundo o qual as sociedades se desenvolvem em maior ou menor grau conforme as condições geográficas em que estão inseridas.

Dessa forma, na primeira parte de *O espírito das leis*, Montesquieu analisa a organização dos povos em diferentes formas de governo, estabelecendo todo um aparato de sociologia política, passando por causas materiais ou físicas sobre as leis, os costumes e os comportamentos humanos e encerra a obra com as causas sociais que determinam as leis, os costumes, os hábitos e os demais aspectos presentes na vivência dos seres humanos.

Segundo Aron (1999, p. 21, grifo do original), inicialmente, Montesquieu distingue três modalidades de governo: a república, a monarquia e o despotismo. Cada um desses tipos é definido em relação a dois conceitos que o autor chama de **natureza** e de **princípio** do governo.

A natureza do governo é o que faz com que ele seja o que é. O princípio do governo é o sentimento que deve animar os homens, dentro de um tipo de governo, para que este funcione harmoniosamente. Assim, a virtude é o princípio da república, o que não significa que numa república os homens sejam virtuosos, mas apenas que deveriam sê-lo, e que as repúblicas só prosperam na medida em que seus cidadãos são virtuosos.

Para compreender qual é a natureza de cada governo, Montesquieu a relaciona ao número daqueles que detêm o poder:

> Suponho três definições, ou melhor, três fatos: "o governo republicano é aquele no qual o povo em seu conjunto, ou apenas uma parte do povo, possui o poder soberano; o monárquico, aquele onde um só governa, mas através de leis fixas e estabelecidas; ao passo que, no despótico, um só, sem lei e sem regra, impõe tudo por força de sua vontade e de seus caprichos". (Montesquieu, 2000, p. 19)

Montesquieu (2000, p. 19, grifo do original) reforça, ainda, que, no caso da república, quando "o povo em conjunto possui o poder soberano, trata-se de uma **Democracia**. Quando o poder soberano está nas mãos de uma parte do povo, chama-se uma **Aristocracia**". Essa divisão da república é bastante atual, se a relacionarmos com as formas contemporâneas de governo das diferentes nações pautadas no modelo republicano. Na maioria dos casos, elas não podem ser consideradas *democracias*. Nesse aspecto, Montesquieu (2000, p. 19) ainda reforça: "o povo, na democracia, é, sob certos aspectos, o monarca; sob outros, é súdito".

Nessas formas de governo, Montesquieu compreende a existência de princípios que as norteiam: na república, a virtude; na monarquia, a honra; e no despotismo, o temor – reforçando que este último se mantém pelo jugo que se aplica sobre o povo: "Assim como é preciso virtude numa república, e, numa monarquia, honra, precisa-se de TEMOR num governo despótico: quanto à virtude, não lhe é necessária, e a honra seria perigosa" (Montesquieu, 2000, p. 38, grifo do original). Além disso, o autor ressalta que "a corrupção de cada governo começa quase sempre pela corrupção de seus princípios" (Montesquieu, 2000, p. 121).

Montesquieu delimita nessa análise da constituição das leis uma noção importante: o que é a liberdade, inserida nesse contexto:

> É verdade que nas democracias o povo parece fazer o que quer; mas a liberdade política não consiste em se fazer o que se quer. Em um Estado, isto é, numa sociedade onde existem leis, **a liberdade só pode consistir em poder fazer o que se deve fazer e em não ser forçado a fazer o que não se tem o direito de querer.**
>
> [...] **A liberdade é o direito de fazer tudo o que as leis permitem;** e se um cidadão pudesse fazer o que elas proíbem ele já não teria liberdade, porque os outros também teriam este poder. (Montesquieu, 2000, p. 166, grifo nosso)

Nesse trecho, é visível que há uma estrutura de organização da sociedade que, muitas vezes, é automática para a grande maioria das pessoas, e seu cumprimento é dado como natural. A aparente liberdade é determinada pelos ditames sociais que regem a existência das pessoas.

Outro ponto chave da obra *O espírito das leis* é a sistematização dos três poderes do Estado: o Legislativo, o Executivo e o Judiciário. Segundo Albuquerque (2006, p. 89), essa divisão "ainda hoje permanece como uma das condições de funcionamento do Estado de direito". Essa divisão foi inspirada na Constituição da Inglaterra e, segundo o próprio Montesquieu (2000), assegura a liberdade política.

O autor apresenta essas esferas de poder da seguinte maneira: "existem em cada Estado três tipos de poder: poder legislativo, o poder executivo das coisas que dependem do direito das gentes e o poder executivo daquelas que dependem do direito civil" (Montesquieu, 2000, p. 167). Este último seria o Poder Judiciário, responsável por organizar e validar as leis elaboradas pelo Poder Legislativo. "Chamaremos a este último poder de julgar e ao outro simplesmente poder executivo do Estado" (Montesquieu, 2000, p. 168).

É nos limites existentes entre esses diferentes âmbitos de poder que reside a liberdade política dos cidadãos: "é preciso que o governo seja tal que um cidadão não possa temer outro cidadão" (Montesquieu, 2000, p. 168). O autor percebe que, quando uma pessoa – ou um conjunto de pessoas – detém a posse de dois poderes diferentes, gera-se insegurança, pois criam-se leis que são executadas de maneira tirânica. Não é possível, ao mesmo tempo, fazer as leis, executá-las e julgar crimes que venham a ser cometidos na sociedade (Montesquieu, 2000, p. 168).

Jean-Jacques Rousseau (1712-1778)

Jean-Jacques Rousseau foi um enciclopedista suíço, nascido em Genebra. Entre as obras que lhe garantiram reconhecimento, estão: *Discurso sobre as ciências e as artes* (1749); *Discurso sobre a origem e os fundamentos da desigualdade entre os homens* (1754); *Do contrato social* (1762).

Com o intuito de participar de um concurso proposto pela Academia de Dijon, Rousseau escreveu sobre o tema *O progresso das ciências e das artes contribuiu para corromper ou apurar os costumes?* Como resultado, surgiu a obra *Discurso sobre as ciências e as artes*, que, contrariando os interesses da proposta, respondeu à pergunta-tema de maneira negativa. Em síntese, pode-se dizer que, para Rousseau, a ciência não teria conseguido fazer com que os homens alcançassem o aperfeiçoamento moral necessário.

Dessa forma, ao contrário dos seus colegas iluministas, que depositavam na razão a total confiança para o desenvolvimento da humanidade, Rousseau mostra como o progresso das ciências e das artes conseguiu originar e manter a desigualdade entre os homens. De acordo com ele, "Se as nossas ciências são vãs nos objetivos que se propõem, são ainda mais perigosas pelos efeitos que produzem" (Rousseau, 2019a, p. 33).

Com essa afirmação, Rousseau não está questionando a ciência em si, mas a finalidade à qual o conhecimento se propõe. A crítica do autor apresenta, dessa forma, um forte sentido moral. O autor é bastante crítico ao luxo que acompanha a ciência. Para Roussean (2018a, p. 35), "Outros males ainda piores seguem ainda as letras e as artes. Assim é o luxo, do mesmo modo que elas nascido da ociosidade e da vaidade dos homens. O luxo raramente existe sem as ciências e as artes, e elas jamais sem ele".

O autor prossegue de maneira crítica:

> Que o luxo seja sinal certo de riquezas; que sirva mesmo, se se quiser, para multiplicá-las; que será preciso concluir desse paradoxo tão digno de ter nascido nos nossos dias? E que se tornará a virtude, quando se precisar enriquecer a qualquer preço? Os antigos políticos falavam, sem cessar, de costumes e de virtude: os nossos só falam de comércio e de dinheiro. (Rousseau, 2019a, p. 35-36)

A tese central de Rousseau consiste em atribuir à propriedade privada a causa da desigualdade social. Para ele, o homem era bom naturalmente, mas o contato com a sociedade foi a causa de sua transformação e corrupção. Rousseau foi um defensor da liberdade individual e um crítico da sociedade francesa do século XVIII. Segundo ele, o luxo traz consigo a dissolução dos costumes. Se entre os homens houver um a "aviltar-se com produções puerís [sic], desgraçado dele! Morrerá na indigência e no esquecimento" (Rousseau, [S.d.a], p. 38).

No que se refere à tese *Do contrato social*, Rousseau inicia o primeiro capítulo da seguinte forma: "O homem nasceu livre, e em toda parte se encontra sob ferros. De tal modo acredita-se o senhor dos outros, que não deixa de ser mais escravo que eles. Como é feita essa mudança? Ignoro-o. Que é que a torna legítima? Creio poder resolver esta questão" (Rousseau, [S.d.b]).

Segundo Nascimento (2006), para Rousseau, a desigualdade social culmina quando o rico propõe o contrato social, por meio do qual a legitima. Dessa forma, o diferencial de Rousseau em relação aos contratualistas anteriores (Hobbes e Locke) está na crítica à propriedade privada, pois o filósofo suíço a compreende como a fonte das desigualdades sociais.

Henri de Saint-Simon (1760-1825)

Saint-Simon foi um conde francês que ainda na juventude colaborou para o desenvolvimento do movimento revolucionário. É considerado um dos precursores da sociologia e também do positivismo. De acordo com o pensamento desenvolvido por ele, a sociedade está em constante movimento, e as mudanças históricas ocorrem como um reflexo das lutas entre as classes sociais. O autor divide as classes sociais em duas categorias: a dos produtores e a dos não produtores. Os primeiros são os cientistas, os industriais, os banqueiros, os operários e os camponeses. Os segundos são os nobres, o clero e os militares.

Saint-Simon defendia que um novo modelo de organização social deveria ser instituído, emergindo da classe dos sábios e dos cientistas, e que estes, por sua vez, deveriam ser os governantes desse novo modelo. De acordo com o autor, eles constituem a solidariedade entre os produtores, pois Saint-Simon entende que os homens são portadores de diferentes capacidades, mas alguns possuem maiores habilidades do que outros. Ele também foi o responsável por estabelecer as bases para a criação de uma ciência da sociedade, que denominou *física social*. Por intermédio de suas contribuições, pode-se dizer que foram arquitetadas as bases científicas para o desenvolvimento da sociologia.

Os rumos tomados pela sociologia em seu desenvolvimento inicial comungaram dos princípios defendidos por Saint-Simon. Ou seja, a posterior classificação dos indivíduos baseada nos ofícios por eles realizados, sem uma fundamentação crítica, foi a base da teoria evolucionista aplicada ao pensamento social. Além disso, essa compreensão pouco crítica e pouco questionadora à estrutura social vigente auxiliou o desenvolvimento e a aplicação dos postulados positivistas, cujo princípio era a ordem na finalidade do progresso social, o qual se limitava aos interesses da classe burguesa emergente.

1.2
Fatores determinantes para o surgimento da sociologia

A sociologia é uma ciência que resultou de profundas transformações que marcaram a história dos países europeus entre os séculos XVI e XVIII, provenientes principalmente da transição do sistema feudal para o capitalista. Três grandes revoluções acompanharam o desenvolvimento da sociologia e foram responsáveis por mudanças estruturais dentro da sociedade, alterando sua composição econômica, política e cultural: a Revolução Científica, a Revolução Industrial e a Revolução Francesa. O impacto causado por elas propiciou um ambiente favorável à analise empírica da sociedade, que passou a ser tomada como um objeto de estudo.

Dessa forma, compreendemos que a sociologia não é resultado de um único evento, mas que ela emergiu da conjunção de vários fatores responsáveis pela criação e pelo desenvolvimento dessa ciência no século XIX.

A Figura 1.1 representa a passagem do feudalismo para o capitalismo e ilustra de que forma as mudanças nos diversos âmbitos resultaram nas três grandes revoluções.

Figura 1.1 – Transição do feudalismo para o capitalismo

```
                  ┌─ Feudalismo
                  │           Econômicas ──▶ Revolução Industrial
Transições    ────┤           Sociais    ──▶ Revolução Científica
sociais           │           Políticas  ──▶ Revolução Francesa
                  └─ Capitalismo
```

1.2.1 Revolução Científica

De acordo com Damasio (2011), a Revolução Científica se refere à passagem de uma visão de mundo aristotélica para a ciência moderna, em que as soluções devem ser expressas por meio da linguagem matemática.

Os avanços alcançados pelo conhecimento foram os responsáveis pela ruptura com o pensamento religioso dominante e pela consequente adoção da ciência como principal veículo de compreensão social. A primeira onda da Revolução Científica foi responsável pelo desenvolvimento da ciência moderna, a qual, desde Nicolau Copérnico, passou a afirmar que não era a Terra o centro do Universo, mas sim o Sol, dando início a um longo processo de ressignificação social.

Situada temporalmente no século XVII, a Revolução Científica surgiu quando nomes como Galileu Galilei, Nicolau Copérnico e Isaac Newton divulgaram suas descobertas, alterando profundamente os conhecimentos de sua época. Os estudos elaborados por esses autores contribuíram para separar o saber filosófico do científico, atribuindo à ciência um caráter empírico.

Nicolau Copérnico (1473-1543)

O matemático e astrônomo Nicolau Copérnico ficou conhecido pela sua contribuição para a astronomia ao identificar, por meio de seus estudos matemáticos, as bases do heliocentrismo, teoria que mostrou o Sol como o centro do cosmos, ou seja, como o centro do sistema solar. Em seus estudos, Copérnico provou que a Terra não era o centro do Universo (teoria geocêntrica), como se acreditava até essa época.

Copérnico nasceu na cidade de Toruń, localizada na fronteira da Polônia com a Alemanha, tinha três irmãos e seu pai era comerciante. Aos 10 anos, tornou-se órfão, ficando sob a tutela de seu tio, Lucas Watzenrode, bispo de Ermland. A ligação de Copérnico com a Igreja Católica, já que seu tio era religioso, e o contexto histórico no qual estava imerso, a Renascença, proporcionaram-lhe contato com muitos estudiosos e com diversas teorias significativas para o avanço de sua cultura e de seu conhecimento, além de acesso aos saberes e à circulação de novas propostas que advinham da Igreja.

Em 1513, Copérnico construiu uma torre de observação, sem cobertura, para seus estudos astronômicos. Foi nesse contexto que surgiu seu breve *Comentário sobre as teorias dos movimentos dos objetos celestes a partir de sua disposição* (*De hypothesibus motuum coelestium a se constitutis commentariolus*). Trata-se de uma pequena obra, de seis páginas, segundo a qual era a Terra que se movia, ao passo que o Sol permanecia em repouso. A ideia de que a Terra seria um planeta em movimento em torno do Sol não era novidade, visto que já era defendida na Antiguidade por Aristarco de Samos (séc. III a.c.), dentre outros filósofos. A circulação dessa obra foi feita de maneira discreta, somente entre amigos próximos a Copérnico.

Essa apresentação quase anônima se deve a sua posição como integrante da Igreja Católica, pois ele queria perceber qual seria a recepção das novas concepções e seus impactos. Aproximadamente em 1530, Copérnico finalizou a obra *Da revolução dos corpos celestes* (*De revolutionibus orbium coelestium*), obra que continha seus estudos aprofundados sobre a nova teoria. No entanto, ele não a publicou de imediato, mas seus estudos circularam no meio clerical, obtendo pareceres positivos.

As proposições de Copérnico mudaram radicalmente a maneira como o ser humano percebe a natureza a seu redor. Seu espaço deixou de ser o centro de tudo. A Terra já não estava no centro do Universo; ela era, antes, parte dele, dentre muitos outros corpos celestes. Assim, reduziu-se ainda mais a importância da existência humana diante do cosmos, e amplificaram-se as possibilidades de estudos.

Galileu Galilei (1564-1642)

Os estudos do italiano Galileu (Galileo) Galilei marcaram definitivamente o início da ciência moderna. Físico, matemático, astrônomo e filósofo, Galileu promoveu uma revolução no modo de pensar e fazer ciência: desde a delimitação de um método científico baseado na experimentação até a popularização do conhecimento. Seus estudos apontaram crateras e montanhas na Lua, identificaram quatro das luas de Júpiter, verificaram o processo de fases lunares em Vênus, entre outras descobertas astronômicas.

Galileu nasceu em Pisa, na Itália. Aos 11 anos, foi enviado para estudar em um mosteiro em Vallombrosa, localizado a 30 quilômetros de Florença. Seu pai sabia que, nesse local, Galileu poderia ter acesso aos estudos de grego, latim e lógica. O jovem acabou aproveitando esse período e afeiçoando-se à vida monástica, apresentando-se como noviço. Porém, seu pai foi buscá-lo para que pudesse trabalhar e contribuir com o sustento da família.

Em 1592, Galileu assumiu a cátedra de Matemática na Universidade de Pádua. A partir desse episódio, houve um período de grande amadurecimento de seu trabalho. Ele podia se dedicar mais à elaboração e à sustentação dos seus projetos de pesquisa. Nesse período, aprofundou sua ciência geometrizada do movimento e a sustentação pela observação do sistema proposto por Nicolau Copérnico.

Além disso, Galileu buscou produzir materiais para colocar em prática e verificar a efetividade das pesquisas que estavam sendo realizadas. Foi nessa época que o físico italiano produziu o compasso geométrico e militar, bem como quadrantes, bússolas e lentes, além de ter aperfeiçoado as lunetas existentes, as quais, posteriormente, utilizou na construção de telescópios.

Essa mudança no fazer científico promoveu uma alteração significativa na maneira com que os estudiosos realizavam seus trabalhos. A verificação empírica dos resultados forçou as novas teorias a passar pelo crivo da prática, saindo do campo da teorização apenas.

Em 1610, Galileu publicou a obra *O mensageiro das estrelas* (*Sidereus nuncius*), em que descreveu em detalhes o solo lunar, apontando crateras e montanhas, comprovando, por meio de razões matemáticas, a existência de inúmeras estrelas e as enormes distâncias entre elas. Além disso, ao descobrir quatro satélites de Júpiter, que gravitavam ao redor desse planeta, permitiu, por analogia, que a teoria proposta por Copérnico (de que a Terra e a Lua giravam ao redor do Sol) fosse comprovada e reforçada em seus estudos. Em 1611, estando em Roma, obteve o apoio dos jesuítas sobre as questões propostas no livro *O mensageiro*.

Porém, em 1616, com as mudanças no papado, a Sagrada Congregação optou por colocar em seu índex inquisitório diversos livros que seriam proibidos. Entre eles, estavam todos aqueles que remetessem ao movimento da Terra e à centralidade do Sol. Galileu foi avisado de que deveria abster-se dessa teoria em suas aulas ou em seus trabalhos futuros.

Em 1632, Galileu publicou o livro *Diálogo sobre os dois máximos sistemas do mundo*. Nele, colocou em questão as concepções geocêntricas e heliocêntricas existentes. Com essa publicação, o autor foi convocado pela Inquisição a negar a teoria heliocêntrica. Suas obras foram banidas, e Galileu acabou condenado à prisão domiciliar pelo resto da vida.

A obra se divide em quatro jornadas (capítulos) que tratam de temas diversos: a organização geral do Universo; o movimento diurno (rotação da Terra); o movimento anual (translação da Terra em torno do Sol); e a teoria das marés.

Mais tarde, em 1638, na Holanda, Galileu publicou a obra *Discursos e demonstrações matemáticas acerca de duas novas ciências a respeito da mecânica e dos movimentos locais*. Nesse caso, a Inquisição não tinha alcance sobre o livro. O autor persistia, assim, em seu ímpeto de apresentar e comprovar as teorias de maneira empírica: era necessário testar as hipóteses, confirmando-as por meio de experimentos. Isso fez com que a produção de conhecimentos científicos fosse posta em um novo patamar, no qual a ciência poderia quebrar paradigmas e ampliar os campos de estudos em novas explorações.

Isaac Newton (1643-1727)

Um dos mais influentes estudiosos da ciência moderna, o inglês Isaac Newton foi astrônomo, alquimista, filósofo natural, teólogo e cientista, além, é claro, de físico e matemático – as áreas pelas quais se tornou mais conhecido. Nasceu em 25 de dezembro de 1642, em Woolsthorpe-by-Colsterworth, em Lincolnshire, na Inglaterra[6].

O pai de Newton, que já havia falecido quando ele nasceu, deixou a esposa em condições financeiramente razoáveis. Aos 18 anos de idade, Newton ingressou na Universidade de Cambridge. Nesse período, seu interesse residia nos pioneiros da ciência, como Descartes e os astrônomos Copérnico, Galileu e Kepler.

Em 1669, assumiu a cátedra de Matemática, o que lhe permitiu organizar e aprofundar seus estudos. Em 1670, começou a dar aulas de ótica. Utilizando-se de um prisma, ele demonstrou que era possível decompor a luz branca nas cores do arco-íris.

Nesse período, registrou-se a ocorrência de um fato que se tornou célebre em sua trajetória: a observação da queda de uma maçã, fenômeno que o teria feito refletir sobre se havia ou não uma força que atuasse sobre ela e a levasse ao chão, bem como se essa força poderia atuar também sobre a Lua, mantendo-a em uma órbita relacionada à Terra. Esse foi o início dos estudos sobre a força gravitacional.

Em 1687, Newton publicou uma das obras mais influentes da história da ciência: *Princípios matemáticos da filosofia natural*. É nela que estão presentes as três leis universais do movimento, que servem de base para

---

6 Existem divergências quanto à data de nascimento de Isaac Newton, já que a Inglaterra, na época, seguia outro calendário, devido a questões religiosas motivadas pelo protestantismo. Assim, o país estava defasado em dez dias em relação ao restante do continente europeu, por isso, na data de nascimento de Newton, já era 4 de janeiro de 1643 no restante da Europa.

a mecânica clássica, e da gravitação universal. Ela é composta de três volumes que versam sobre física, astronomia e mecânica. Os fundamentos nela expostos pautam-se em oito definições, sendo a primeira sobre a matéria, a segunda sobre o movimento e as outras seis referentes à força. Na obra, também estão presentes estudos sobre a lei da ação e reação, o conceito de massa, a lei da gravitação universal, a lei dos movimentos, a velocidade do som e a queda dos corpos. Newton validava, assim, os estudos realizados por Kepler e Copérnico, reafirmando o heliocentrismo para os estudos do Universo. Faleceu em 1726, aos 84 anos.

1.2.2 A influência das ciências naturais na estruturação da sociologia

Conforme pudemos observar, a partir do século XVI, os estudos científicos avançaram, possibilitando inúmeras mudanças que foram sentidas nos períodos seguintes. Durante os séculos XVIII e XIX, as novas descobertas demarcaram de vez o ponto em que as ciências se dividiram em *naturais*, *humanas* e *sociais*, deixando para trás as especulações filosóficas para verificar empiricamente os fenômenos que estavam sendo analisados.

Os métodos utilizados pelas distintas áreas diferiam entre si: enquanto as ciências naturais estruturaram-se em dados experimentais e quantificáveis, pautando-se na objetividade, as ciências humanas e sociais passaram a analisar o comportamento e a sociedade humana utilizando-se de dados que não apresentavam materialidade aparente. Nessas ciências, a pesquisa arquitetava-se com base em um viés qualitativo dos dados, buscando não somente quantificar a ocorrência dos fenômenos, mas também entender de que forma e sob quais circunstâncias eles tendem a ocorrer. Os episódios, pelo prisma das ciências sociais, por exemplo, são analisados de maneira conjunta, na intenção de compreender de forma articulada como diversos fatores influenciam as relações e as interações humanas.

A influência dos métodos e das pesquisas desenvolvidas pelas ciências naturais foi sentida no desenvolvimento da sociologia[7] já nos primeiros estudos denominados *sociológicos*, quando houve uma tendência ao **organicismo**. Ou seja, os primeiros estudos no âmbito social buscavam compreender a sociedade como um organismo vivo, em que cada um dos seus órgãos tinha uma função, sendo que o bom funcionamento da totalidade dependeria da atuação regular de cada parte operando de modo conjunto dentro do organismo.

Tais órgãos foram, assim, compreendidos como **tecidos sociais**, articulados aos conceitos trabalhados em biologia. Logo, as características universais da espécie humana passaram a ser percebidas como um todo, deixando de lado as especificidades. Dessa forma, contemplavam-se diferentes realidades sociais cumprindo com suas funções para a sua manutenção. Os estudos que buscaram analisar essas relações funcionais dos indivíduos no interior da sociedade receberam o nome de **funcionalismo**.

De modo geral, as primeiras pesquisas de cunho social realizadas sob a interferência dos conhecimentos das ciências naturais resultaram em análises abrangentes, as quais desconsideravam as especificidades das distintas organizações sociais. Nessas primeiras abordagens, o conceito de cultura ainda não estava bem definido. Portanto, a diversidade cultural não era compreendida sob a luz de suas particularidades.

---

7   A influência dos métodos de pesquisa das ciências naturais se estende às demais ciências sociais, como a antropologia, por exemplo. Os primeiros estudos das ciências sociais foram influenciados principalmente pelos conceitos da biologia e por suas principais teorias, como o evolucionismo e o organicismo.

Os primeiros estudos realizados tendiam a se limitar à interpretação do olhar europeu. Ou seja, a Europa e seu padrão cultural passaram a ser considerados os modelos ideais de civilização e cultura. As demais sociedades eram analisadas com base no ponto de vista do Velho Continente, que se colocava como superior e avançado em comparação aos demais, considerados inferiores e primitivos. Esse olhar etnocêntrico serviu como justificativa para o processo de colonização iniciado pelos países europeus, que visava dominar e explorar os povos conquistados.

De modo geral, a ciência moderna pautou-se na experimentação das suas teorias. O novo contexto social exigia que se justificassem as concepções por meio de experimentos, cálculos e regras bem definidas. Era preciso observar e verificar a natureza para dela extrair o conhecimento, compreendendo que o ser humano é parte integrante dessa natureza e que, portanto, também está sujeito às suas leis dela.

As novas descobertas e a contestação de antigos saberes que confrontavam as versões defendidas pela Igreja Católica levaram ao estabelecimento de uma atmosfera propícia para o desenvolvimento do pensamento social. Desde Maquiavel, que estava interessado em compreender a dinâmica de organização do Estado e demonstrar as forças políticas existentes nas ações dos governos, até Newton, que buscava respostas sobre a força da gravidade e o posicionamento dos astros celestes, o que se percebeu foi um grande movimento de mudanças, as quais foram responsáveis pela criação de um novo contexto social que questionou o papel da Igreja Católica, criticou a atuação política dos governantes e, acima de tudo, buscou a comprovação de suas hipóteses nos métodos empíricos da ciência moderna.

Sob essa ótica, cabe destacar algumas das ideias de Charles Darwin, um naturalista que ficou conhecido principalmente na biologia pelo desenvolvimento da teoria da evolução e adaptação das espécies.

Nos estudos sociais, esse autor também foi importante, pois suas ideias, pensadas para a análise da natureza, foram adaptadas para o estudo e a compreensão das distintas culturas. Nesse sentido, discutiremos a seguir de que forma a introdução das ideias darwinianas no pensamento social influenciou o desenvolvimento de concepções equivocadas e preconceituosas sobre a diversidade cultural.

Charles Darwin (1809-1882)

Foi observando a natureza e os seres vivos que o naturalista inglês Charles Darwin formulou uma teoria que representou uma ruptura crucial para a humanidade: sua teoria da seleção natural pautou toda a concepção evolutiva que colocou em xeque certezas teórico-filosóficas religiosas vigentes até então. Darwin, em seus estudos, sistematizou a teoria da evolução das espécies, destacando a adaptação como um dos mais importantes fatores de seleção natural, visto que os organismos mais bem adaptados ao meio são os mais capazes de sobreviver.

Para realizar suas pesquisas, Darwin participou de uma expedição que visitou diversos territórios do Hemisfério Sul. Seus relatos compuseram a obra denominada *A viagem do Beagle*, em que o cientista relata sua experiência, destacando os estudos zoológicos e geológicos realizados.

Síntese dos conceitos darwinistas

Em resumo, as principais concepções deixadas por Darwin, são:
- existe variação de características em todos os indivíduos;
- na reprodução das espécies, nem todos os descendentes chegam à vida adulta;
- há equivalência entre as gerações em relação ao número de seres;

- há disputa pela sobrevivência;
- organismos mais bem adaptados ao ambiente em suas variações têm maiores condições de sobrevivência;
- por conseguirem sobreviver, tais organismos deixam descendentes que herdam as adaptações positivas;
- por fim, a seleção natural atua para melhorar a adaptação dos organismos ao meio.

Com base nos princípios propostos por Darwin, organizou-se toda uma gama de estudos que analisaram as diferentes espécies de organismos vivos. Em referência ao seu idealizador, tais estudos ficaram conhecidos como *darwinistas*. Dessa forma, o *darwinismo* é pautado nos princípios da evolução, da adaptação e da seleção natural das espécies, considerando que os seres mais bem adaptados e mais bem preparados para viver no hábitat em que se encontram sobrevivem, ao contrário dos demais.

Porém, a teoria darwiniana não dava conta de explicar a origem e as características que favoreciam um organismo, fazendo-o prevalecer sobre outros, tampouco era capaz de explicar de que forma tais particularidades eram transmitidas para outras gerações de uma mesma espécie. Foi com a seleção natural, acrescida da percepção da variabilidade genética, que se evoluiu do darwinismo para o **neodarwinismo** ou **teoria sintética da evolução**.

O neodarwinismo se propunha a analisar a evolução dos organismos com o acréscimo dos estudos realizados pela genética. Substituía-se, assim, a noção de *herança*, realizada pelo cruzamento do sangue, pelos genes dos envolvidos. Nesse sentido, nos genes está a carga genética passível de interação e de alterações. Além disso, uma população é uma unidade passível de ser analisada como conjunto de organismos de uma mesma espécie.

É importante destacar que a variabilidade genética dos indivíduos depende de suas mutações e de sua reprodução sexuada. É do cruzamento e das mudanças sofridas pelos genes que novos genes se formam, trazendo à tona características que podem ou não ser úteis a determinada espécie.

Das teorias de Darwin voltadas para a compreensão da natureza, desenvolveu-se o que ficou conhecido como *darwinismo social*, ou seja, a transposição dos princípios darwinistas para a compreensão do funcionamento e da transformação das sociedades. Dessa adaptação, surgiram estudos no esforço de demonstrar como as sociedades se modificaram e se desenvolveram num mesmo sentido, considerando as transformações que ocorrem entre os povos como frutos da passagem de um estágio inferior para outro superior. O organismo social superior, dessa forma, sempre se mostra mais evoluído, adaptado e complexo. Isso justifica as teorias que pressupunham a existência de sociedades primitivas e de outras mais desenvolvidas e, além disso, dá razão a todo o processo colonizador exploratório realizado pelos povos europeus em outros continentes.

Foi com Herbert Spencer, pensador próximo a Darwin, que essa concepção ganhou força, visto que:

> A sociedade europeia, de fato, era vista como o ápice da evolução social humana, criando uma demanda por explicações racionais para essa crença. Herbert Spencer (1820-1903), seguindo essa tendência, foi um expoente da noção de progresso nas ciências humanas. Conhecido como o mais influente proponente da corrente atualmente chamada de "darwinismo social", Spencer chegou mesmo a usar o termo "sobrevivência do mais adaptado" (*survival of the fittest*) antes mesmo que Darwin. (Glória, 2009, p. 2)

Isso, por muito tempo, serviu como justificativa para que os europeus pudessem subjugar outros povos em nome do progresso e do avanço político-econômico, utilizando-se do expediente da escravização das populações conquistadas, as quais eram consideradas inferiores.

1.2.3 Revolução Industrial

O avanço do modo de produção capitalista na Europa Ocidental, aos poucos, foi transformando o Antigo Regime. Profundas trocas na estrutura das classes e no formato do Estado modificaram os países europeus.

De acordo com Quintaneiro, Barbosa e Oliveira (2002, p. 9-10),

> A dinâmica do desenvolvimento capitalista e as novas forças sociais por ele engendradas provocaram o enfraquecimento [...] dos estamentos tradicionais – aristocracia e campesinato – e das instituições feudais: servidão, propriedade comunal, organizações corporativas artesanais e comerciais.

A partir de meados do século XVIII, juntamente com a Revolução Industrial, surgiu o **proletariado**, emergente do antigo campesinato, e, com a urbanização, criou-se uma nova paisagem social, marcada pela fumaça das chaminés das fábricas, pela proliferação de doenças e pelas ondas de criminalidade.

A adoção do capitalismo e a modernização crescente da agricultura foram responsáveis pelo constante êxodo dos trabalhadores do campo para as cidades, as quais cresceram de forma desordenada e sem planejamento. Assim, o ambiente urbano foi se formando marcado pela pobreza, pelo problema do alcoolismo e pela violência, a qual atingia os membros mais desprotegidos pelas leis e pelas instituições do novo sistema.

Além do inchaço populacional, o ambiente urbano padecia de péssimas condições sanitárias e da fragilidade causada pela fome do estrato mais miserável da sociedade. A falta de saneamento básico, como rede de esgoto e água tratada, e o acúmulo de lixo nas casas e nas ruas contribuíam para a proliferação de doenças e epidemias, que intensificavam as taxas de mortalidade da população. Tais condições se agravavam ainda mais devido às jornadas de trabalho excessivas (que variavam de 12 a 18 horas diárias, além de os trabalhos serem feitos em condições insalubres e precárias.) às quais eram submetidos crianças, jovens, mulheres e homens.

Segundo Quintaneiro, Barbosa e Oliveira (2002, p. 10-11):

> Foi somente no limiar do século 18, com as revoluções industrial e agrícola na Inglaterra, que uma relativa abundância de alimentos juntamente com outros fatores ligados a melhorias na higiene promoveram uma sensível redução das taxas de mortalidade e um correspondente aumento da população. As quedas abruptas, uma constante na pauta demográfica dos períodos anteriores, tornaram-se menos frequentes. Entre 1800-1850, o crescimento populacional da Europa foi de 43%. Alguns países ultrapassaram os 50%. Na França, no início do século 19, a expectativa média de vida subiu a 38 anos, e 7% da população já chegavam aos 60 anos, embora 44% não passassem dos 20.

A constituição desse ambiente insalubre resultou em um aumento das manifestações políticas em prol de melhores condições de vida e de trabalho. Nesse cenário, emergiram formas expressivas de revoltas sociais que, a princípio, tinham como alvo as próprias máquinas, que eram destruídas pelos operários, como ocorrido no chamado *movimento ludista*. A partir desses conflitos, alguns direitos, aos poucos, foram conquistados e legitimados nas leis trabalhistas dos países europeus.

Além das mudanças ocorridas nos campos político e econômico, a Modernidade também contemplou uma série de transformações nos âmbitos pessoal e afetivo dos indivíduos. A instituição familiar passou gradativamente por uma transformação, e certos valores e sentimentos começaram a ser considerados na formação das novas famílias, como o afeto entre os cônjuges (o amor romântico) e o reconhecimento da infância e da adolescência como fases anteriores à vida adulta. O sentimento de família passou a ser construído e a fazer parte dos novos grupos de parantela, o que aconteceu também em decorrência da constituição do espaço privado, ou seja, da distinção e da separação do ambiente de trabalho em relação ao espaço familiar[8].

Com a introdução da industrialização, a relação estabelecida pelas pessoas também passou a ser diferente ao longo dos anos. Se antes as atividades eram reguladas pela obediência aos fenômenos da natureza (estações do ano, dia e noite, clima etc.), com a Revolução Industrial, a vida passou a ser ajustada pelo rigoroso controle de tempo exercido pelo relógio, bem como pela contratação de serviços de mão de obra operária. Os trabalhadores perderam o domínio da forma produtiva e seu serviço começou a ser medido pela venda da força de trabalho assalariada. As máquinas e as regras do capitalismo impuseram ao operário um ritmo de produção e uma rigorosa disciplina que não era conhecida até então. Dessa maneira, uma nova moralidade de trabalho se constituiu, e a formação de relações sociais mais abrangentes passou a configurar uma nova ordem na dinâmica social.

Pela lógica racional do capitalismo, o tempo se tornou sinônimo de capacidade de produção, representando a competência de se obter dinheiro. Sob essa ótica, a sociologia emergiu como uma proposta de interpretação para os novos fenômenos emergentes.

---

8 As mudanças na estrutura familiar ocorreram de maneira gradativa e em diferentes momentos. A construção do espaço privado também se deu de modo distinto dentro das classes burguesa e operária.

1.2.4 Revolução Francesa

Além do impacto ocasionado pela Revolução Industrial, atribui-se à Revolução Francesa (1789-1799) uma significativa responsabilidade para que o método sociológico de investigação se tornasse possível. Influenciada pelo movimento iluminista, a Revolução Francesa expressava os sentidos gestados dentro dessa filosofia, principalmente aqueles voltados para a contestação da ordem vigente e para a busca por explicações sociais pautadas no uso da razão.

O ponto culminante dos princípios iluministas ocorreu com a Revolução Francesa, "que terá um impacto decisivo na formação da Sociologia e na definição de seu principal foco: o conflito entre o legado da tradição e as forças da modernidade" (Quintaneiro; Barbosa; Oliveira, 2003, p. 13).

Apesar de a Revolução Francesa estar associada à defesa dos princípios da burguesia, ela contou com um substantivo apoio popular exercido principalmente por camponeses. Esse suporte se deveu ao próprio discurso unificado da Revolução Francesa, que se pautava no lema *Liberdade, Igualdade e Fraternidade*.

No entanto, Silva e Silva (2010) destacam que, apesar de adotar esse lema, a burguesia tinha seus projetos particulares: era, de fato, a real beneficiária dos novos valores, além de não pretender ir muito além no processo de radicalização política.

Assim, a classe social burguesa, que já possuía poderes econômicos no século XVIII, mas dispunha de pouca voz política, alcançou poder político por meio da revolução, construindo uma nova sociedade baseada na ideologia liberal.

Dessa forma:

A ideia de liberdade passou, então, a conotar emancipação do indivíduo da autoridade social e religiosa, conquista de direitos, e autonomia frente às instituições. A burguesia europeia ilustrada acreditava que a ação racional traria ordem ao mundo, sendo a desordem um mero resultado da ignorância. Educados, os seres humanos seriam bons e iguais. Embora o status da mulher continuasse a ser inferior, começava-se timidamente a pensar, e mesmo a promover, em algumas esferas, a igualdade civil entre os sexos. A ideia de que o progresso era uma lei inevitável que governava as sociedades consolida-se e vem a manifestar toda a sua força no pensamento social do século 19, atuando diretamente sobre os primeiros teóricos da Sociologia. Na busca de explicações sobre a origem, a natureza e os possíveis rumos que tomariam as sociedades em vias de transformação, temas tais como liberdade, moral, leis, direito, obrigações, autoridade e desigualdade ganham destaque e vêm a fazer parte também do elenco de questões que a Sociologia se coloca. (Quintaneiro; Barbosa; Oliveira, 2002, p. 13)

Ao formar um Estado desvinculado e independente da Igreja, a burguesia ocupou-se de proteger e incentivar a empresa privada capitalista. Várias ações foram tomadas para garantir que, além do poder econômico, essa classe também passasse a dispor de poder político. Entre seus desdobramentos, a Revolução Francesa conseguiu confiscar as propriedades da Igreja, criou novas instituições civis com caráter liberal, aboliu as corporações de ofício e transferiu ao Estado a responsabilidade pela educação.

Durante o processo revolucionário, o movimento dividiu-se em dois grupos: os jacobinos e os girondinos. Os jacobinos eram considerados revoltosos radicais e tinham o objetivo de continuar com a tomada revolucionária, levando esse processo até as últimas consequências. Os líderes desse lado tinham como bandeira conquistar para todos os homens a liberdade, a igualdade e a fraternidade propostas no movimento.

Por sua vez, o grupo dos girondinos era ligado aos princípios conservadores defendidos pela nobreza e pela burguesia. Esse lado da revolução defendia a necessidade de parar com o movimento, freando e controlando os trabalhadores. Interessava-lhe que os trabalhadores aquietassem seus ânimos e assumissem seus postos dentro das fábricas, interrompendo o fluxo de ideias contestadoras que estavam sendo gestadas.

Em meio a essa conjuntura, os intelectuais ligados à burguesia sentiram a necessidade de restaurar a paz e a coesão social necessárias para estabilizar novamente a sociedade. Dentro desse fluxo de acontecimentos políticos e sociais de tamanha expressão, eles buscaram identificar quais normas regiam a vida em comunidade. Para tanto, verificou-se que isso seria possível somente por meio da criação de uma ciência da sociedade. Em tais condições, foram postos os mecanismos necessários para o surgimento da sociologia, que se propunha a compreender e a explicar as mudanças sociais da Europa Ocidental do século XVIII, além de buscar encontrar meios que reestabelecessem a ordem social.

Síntese

Neste capítulo, vimos que a sociologia é uma ciência que surgiu no continente europeu no século XIX como tentativa de explicar os problemas de ordem social emergentes das transições que caracterizaram o surgimento da Modernidade. Identificamos que, antes de a sociologia se consolidar como uma ciência autônoma, movimentos culturais expressivos a antecederam, principalmente vinculados às mudanças no pensamento filosófico, as quais ajudaram a lançar as bases para sua formação. Verificamos, também, alguns autores que contribuíram para a formação do Renascimento e do Iluminismo e, principalmente, analisamos de que forma esses movimentos foram importantes para a gestação de novas ideias nos âmbitos político, cultural e econômico, assinalando grandes transformações históricas.

Ainda, foi possível compreender que, muito além de ser uma "ciência da crise", criada para explicar os problemas decorrentes do processo de transição do Antigo Regime para a Modernidade, a sociologia é uma ciência que visa explicar os fatores que interferem nos processos de mudanças sociais, demonstrando que as sociedades não são estáticas, mas dinâmicas, e que muitos de seus fenômenos podem ser compreendidos por meio da análise de elementos sociais.

Indicação cultural

A REVOLUÇÃO francesa. Direção: Doug Shultz. EUA: The History Channel, 2012. 90 min.

Para aprofundar os estudos sobre a Revolução Francesa, indicamos esse documentário, que traça um panorama histórico sobre o evento e apresenta as origens, os principais fatos e os desdobramentos do processo revolucionário desencadeado em 1789 que significou uma grande ruptura na estrutura da humanidade. A produção mostra os contrastes entre o luxo da nobreza e a miséria vivenciada pela maioria da população como fatoresdas transformações que ocorreriam no mundo posteriormente.

Atividades de autoavaliação

1. Assinale V para as afirmativas verdadeiras e F para as falsas.
   ( ) A sociologia é uma ciência que surgiu no século XIX como tentativa de compreender as mudanças de ordem política, econômica e social que assolaram os países europeus no século XVIII.
   ( ) O surgimento da sociologia está vinculado aos desdobramentos de três grandes revoluções: a Revolução Industrial, a Revolução Científica e a Revolução Inglesa.
   ( ) As primeiras expressões do pensamento social que resultaram na sociologia emergiram ainda no século XVI, por meio dos ideários renascentistas.
   ( ) A Revolução Francesa foi considerada uma revolução de ordem burguesa. O principal objetivo dessa classe era institucionalizar a propriedade privada e garantir o acesso ao poder político, uma vez que ela já dispunha do poder econômico.
   ( ) A Revolução Industrial não contribuiu para o surgimento da sociologia, pois, mesmo com a chegada das indústrias, o trabalho campesino permaneceu inalterado.

   Indique a alternativa que apresenta a sequência correta:
   a) F, V, F, V, V.
   b) V, V, F, F, F.
   c) V, F, V, V, F.
   d) V, F, V, F, V.
   e) F, V, F, V, F.

2. Sobre o início da sociologia, assinale a alternativa correta:

a) A sociologia surgiu na Europa no século XIX, na tentativa de apresentar soluções para os problemas de ordem social decorrentes da transição para a Modernidade.

b) A sociologia surgiu na Europa no século XVIII, buscando solucionar os problemas sociais causados pela Revolução Industrial e pregando a retomada do Antigo Regime.

c) A sociologia surgiu na Europa no século XVII, em um movimento único, restrito às classes populares que reivindicavam direitos trabalhistas.

d) A sociologia surgiu na Europa no século XVI, na tentativa de manter as condições sociais existentes entre os povos.

e) A sociologia surgiu na América do Norte no século XIX, ligada diretamente a movimentos identitários que buscavam sua autoafirmação.

3. Leia o fragmento da notícia a seguir assinale V para as afirmativas verdadeiras e F para as falsas.

Os imigrantes e refugiados haitianos no Brasil e a violação de seus direitos trabalhistas

Desde 2010, o Brasil é um dos países onde mais se encontram imigrantes haitianos e isso ocorre em virtude da oferta de auxílios como alimentação, moradia e vistos provisórios de trabalho que vem sendo concedidos aos mesmos. [...]

> Importante ressaltar que mesmo a situação de permanência irregular no país não pode se sobrepor aos direitos trabalhistas garantidores de uma vivência digna à pessoa humana, e como tal, afastada das condições de trabalho análogas à de escravo.
>
> A despeito disso, em duas operações realizadas em 2013 pelo Ministério do Trabalho e Emprego, 121 migrantes foram resgatados de condições análogas às de escravidão, sendo que, na maior delas, aproximadamente 100 haitianos estrangeiros foram retirados de situações deploráveis e degradantes.
>
> Para alguns movimentos sociais e organizações que atuam em defesa dos migrantes e refugiados, casos como estes se multiplicam no país todos os dias e, inclusive, há violações que não se tornam públicas. [...]

Fonte: Salvo, 2017.

( ) A disponibilidade de haitianos para o mercado de trabalho gera um tratamento igualitário por parte dos empregadores, dada a noção vigente de que não existem diferenças que justifiquem outros procedimentos.

( ) É possível visualizar noções ligadas ao darwinismo no tratamento para com os haitianos, percebendo neles uma inferioridade sociocultural que justificaria os trabalhos subvalorizados e degradantes.

( ) O tratamento dessemelhante aos haitianos deve-se à relação que o povo brasileiro teve com as diferentes etnias presentes em seu território, em que a raça negra foi escravizada por um grande período.

( ) Não é possível perceber resquícios de etnocentrismo, preconceito e/ou racismo nas práticas apontadas pela notícia veiculada.

Indique a alternativa que apresenta a sequência correta:
a) V, F, F, V.
b) F, V, V, F.
c) V, V, F, F.
d) F, V, F, F.
e) F, F, V, V.

4. Assinale a alternativa **incorreta** sobre o período iluminista:
   a) O Iluminismo contemplou as diversas áreas de pensamento, desde a filosofia até as ciências naturais e sociais, influenciando todo um processo de transformação social.
   b) Os filósofos e pensadores do período iluminista, também conhecido como o *século das luzes*, combatiam as crenças do Antigo Regime.
   c) O Iluminismo ocorreu entre os séculos XIV e XVI, marcando uma nova fase no desenvolvimento da história da humanidade, responsável pelo deslocamento da visão do teocentrismo para a do antropocentrismo.
   d) Originário da palavra alemã *aufklärung*, o termo *iluminismo* significa "esclarecimento" e foi usado para definir uma nova postura do homem como um ser iluminado e esclarecido que faz uso da razão como fonte principal de conhecimento.
   e) O ideário do período iluminista era trazer novamente a luz da razão em contraposição ao obscurantismo vivenciado nos séculos anteriores.

5. Sobre a Revolução Industrial, assinale V para as afirmativas verdadeiras e F para as falsas.

( ) Com a urbanização, criou-se uma nova paisagem social, marcada pela fumaça das chaminés das fábricas, pela proliferação de doenças e por ondas de criminalidade.

( ) Com a Revolução Industrial, a vida passou a ser ajustada pelo controle do tempo e pela contratação de serviços de mão de obra operária.

( ) Os trabalhadores ganharam o controle da forma produtiva, e o serviço passou a ser medido pela venda da força de trabalho assalariada.

( ) As máquinas e as regras do capitalismo impuseram ao operário um ritmo de produção e uma rigorosa disciplina que não eram até então conhecidos.

Indique a alternativa que apresenta a sequência correta:
a) V, V, F, V.
b) F, F, V, V.
c) V, V, V, F.
d) F, V, F ,V.
e) V, F, F, V.

Atividades de aprendizagem

Questões para reflexão

1. Por que é importante para o sociólogo compreender as estruturas social, política e econômica dos diferentes períodos e contextos históricos?

2. De que forma as mudanças econômicas e políticas afetam a dinâmica da vida social?

Atividade aplicada: prática

1. Assista ao filme *Tempos modernos*, de Charles Chaplin, e reflita sobre de que forma a Modernidade alterou a percepção do tempo pela humanidade. Em seguida, escreva um texto crítico a respeito de sua reflexão.

    TEMPOS modernos. Direção: Charlie Chaplin. EUA: United Artists, 1936. 87 min.

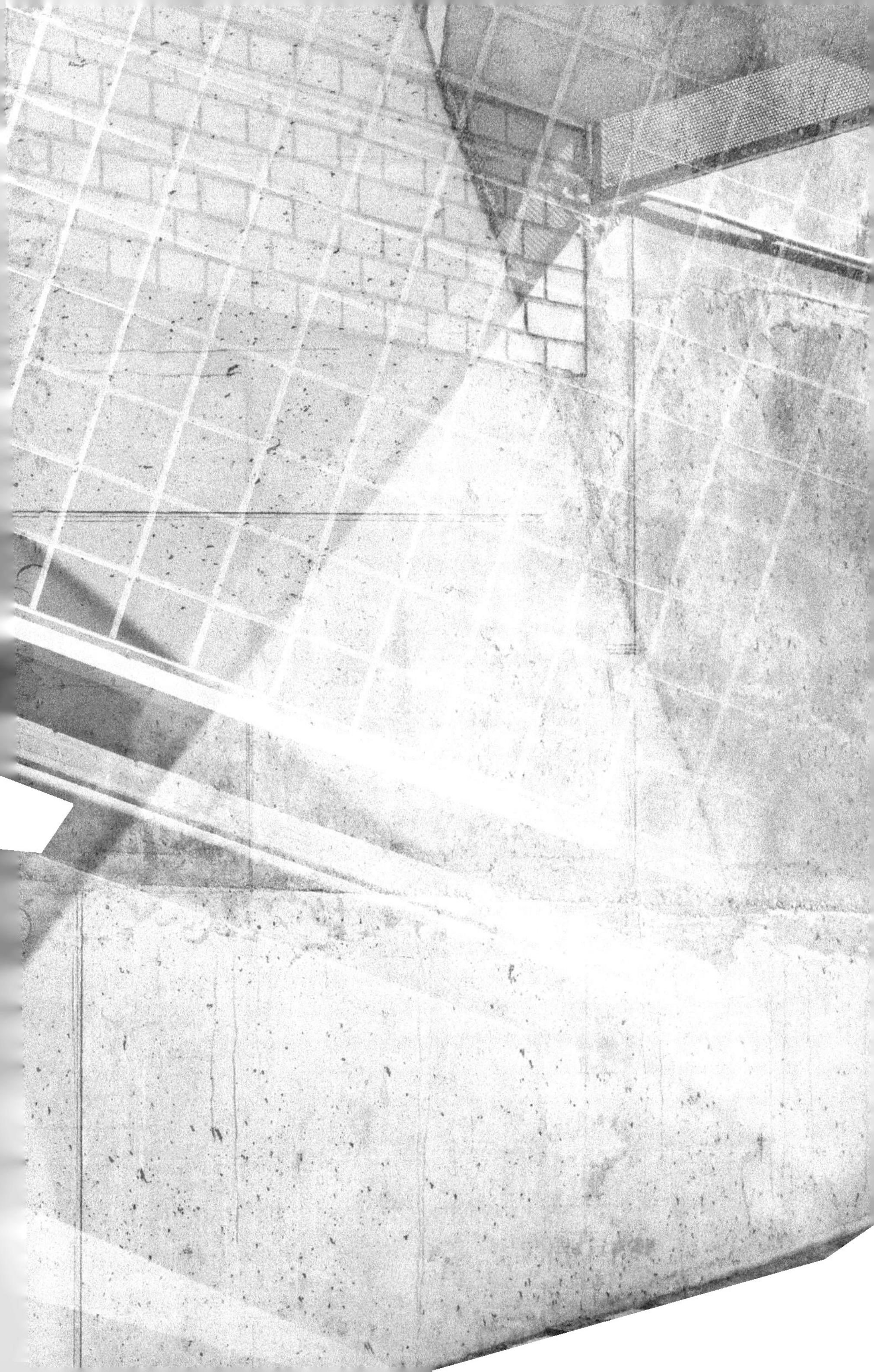

2

Sociologia geral: objeto e método

Silvana Silva

Neste capítulo, discutiremos as conceituações do método e do objeto de estudo da sociologia segundo seus autores clássicos: Durkheim, Weber, Marx e, por que não, Auguste Comte?[1] Também apresentaremos uma abordagem geral sobre o que compreendemos por *sociologia*, qual sua importância e de que forma ela, aos poucos, foi reconhecida pela sua principal característica: a de se tratar de uma ciência empírica.

Observaremos que, para realizar interpretações sociais, a sociologia faz uso de

---

1 Optamos por dedicar um capítulo para analisar as contribuições de Auguste Comte para o desenvolvimento do positivismo e da sociologia, embora o autor nem sempre seja considerado referência do pensamento sociológico clássico. Algumas literaturas preferem não destacar esse autor como um dos fundadores clássicos da sociologia, tendo em vista que ele não apresentou de maneira clara e articulada quais seriam o objeto e o método de pesquisa dessa ciência. No entanto, decidimos abordá-lo, pois consideramos importante mostrar que, apesar da limitação metodológica de Comte, ele influenciou muitos pensadores com a doutrina positivista. Ao conceber a sociologia, o filósofo destacou estar diante de uma ciência diferente, responsável por compreender os fenômenos sociais, embora, para tanto, não a tenha sistematizado de modo particular, mas como uma continuidade, um encadeamento entre as ciências naturais e as sociais.

métodos e conceitos diversos e que os conhecimentos produzidos por seus teóricos instrumentalizam os pesquisadores, que podem acionar diversas abordagens ao analisar, compreender e identificar as causas dos distintos fenômenos sociais.

Faremos, de início, uma análise geral e introdutória sobre cada um dos autores citados no parágrafo anterior, os quais serão detalhadamente abordados com maior profundidade nos capítulos seguintes do livro. Nossa intenção é mostrar que os conceitos de *método* e de *objeto* em sociologia foram desenvolvidos de maneira distinta pelos autores clássicos, que utilizaram uma definição própria para esse fim.

2.1
Sociologia geral

De modo geral, podemos dizer que a sociologia é uma ciência que emergiu da Modernidade e que tem como objetivo compreender as diferentes formas de organização social. De maneira bastante simplista, trata-se do estudo do homem pelo próprio homem, vinculado a uma organização social. No entanto, para que seus resultados expressem considerações válidas, e não apenas simples opiniões, é preciso que suas pesquisas e o exercício da atividade sociológica sejam mais abrangentes e envolvam uma série de recursos e métodos articulados.

De acordo com Giddens (2008, p. 2),

> A Sociologia é o estudo da vida social humana, grupos e sociedades. É uma tarefa fascinante e constrangedora, na medida em que o tema de estudo é o nosso próprio comportamento enquanto seres sociais. A esfera de acção do estudo sociológico é extremamente abrangente, podendo ir da análise de encontros casuais entre indivíduos que se cruzam na rua até a investigação de processos sociais globais.

Nessa perspectiva, podemos observar que o campo de atuação da pesquisa sociológica atinge grandes proporções e não se refere apenas ao estudo do homem em sociedade, mas também da sociedade como um todo, considerando a dimensão das relações sociais. Dessa forma, a sociologia é uma ciência que instrumentaliza os pesquisadores por meio deseus métodos de pesquisa, permitindo que eles desnaturalizem os fenômenos sociais e compreendam as interferências históricas, culturais e econômicas que influenciamo desenvolvimento de situações específicas. Sob esse prisma, ela se constitui como um importante instrumento de análise social, que viabiliza, acima de tudo, o surgimento de uma *imaginação sociológica*[2], ou seja, de uma capacidade de compreensão que consegue perceber as articulações sob as quais os processos sociais estão imersos.

Nessa dimensão de análise, o olhar sociológico é capaz de acionar distintas percepções e teorias para compreender e explicar os eventos sociais. Muitos dos fenômenos que parecem ser apenas de caráter individual são, na verdade, expressões de questões sociais. Segundo Giddens (2008, p. 2), a sociologia nos ensina "que o que consideramos natural, inevitável, bom ou verdadeiro pode não o ser, e que o que tomamos como 'dado' nas nossas vidas é fortemente influenciado por forças históricas e sociais". Como exemplo, podemos elencar algumas situações que parecem problemas de ordem pessoal, mas que são reflexos de causas sociais: divórcio, desemprego, violência e suicídio.

No caso do divórcio, suas bases sociais estão assentadas nas mudanças pelas quais as sociedades contemporâneas têm passado, as quais podem ser de ordem cultural, econômica ou religiosa. Para explicar sociologicamente esse evento, podemos tomar como exemplo a maior

---

2   Expressão utilizada pelo autor norte-americano Charles Wright Mills, em 1970.

autonomia social, política e econômica adquirida pelas mulheres, que se constituiu como um dos fatores que colaboraram para o aumento das separações dos casais.

Nas últimas décadas, as mulheres conseguiram alcançar alguns direitos, dentre os quais o de ocupar espaços que antes eram limitados aos homens, por meio do acesso à escolarização e do ingresso no mercado de trabalho. Isso, associado a uma maior tolerância religiosa e cultural com indivíduos divorciados (principalmente mulheres), tem influenciado as decisões de ruptura de relacionamentos. Além disso, o uso de métodos contraceptivos garante às mulheres maior empoderamento e controle sobre seu corpo. É um fenômeno que, à primeira vista, parece apenas de âmbito individual, mas que, na realidade, é resultado de uma série de fatores que convergem entre si e resultam em mudanças de âmbito social.

Por sua vez, o desemprego, além de ser um problema pessoal para aquele que foi demitido e não consegue encontrar um novo vínculo empregatício, muitas vezes é resultado de processos sociais de maior abrangência, como crises econômicas, que resultam em demissões em série. Nessa situação, o problema pode afetar a estrutura social de cidades, estados e países, sendo uma questão pública que expressa problemas de cunho social.

No que se refere à violência e ao suicídio, apesar de também estarem associados a problemas psicológicos, muitas vezes esses comportamentos resultam de intensas dificuldades que têm origem social. São efeitos de situações que, em muitos casos, remetem à incidência de infortúnios que os ocasionam. Ou seja, tais expressões não são a causa em si, mas o efeito, a consequência de problemas sociais que as antecedem. Elas podem estar associadas ao uso de drogas, às condições de vulnerabilidade social, à baixa escolaridade e aos fatores étnico-raciais.

Assim, o objeto de estudo da sociologia é muito mais complexo e multifacetado do que se imagina. Estudar o homem e a sociedade envolve a apropriação de conhecimentos variados que requerem noções de economia, consciência das diferenças culturais, conhecimento dos efeitos políticos, autoconscientização, entendimento das classes sociais e compreensão das identidades sociais. Nessa perspectiva, o objeto de estudo da sociologia é plural, consistindo na análise e na compreensão dos fenômenos de recorrência e transformação social, assim como nas práticas sociais de relação e interação coletiva e nas apropriações simbólicas que o homem estabelece.

Os fundadores da sociologia, também chamados de *autores clássicos*, divergem quanto à definição do objeto dessa ciência. Auguste Comte, Émile Durkheim, Max Weber e Karl Marx desenvolveram diferentes definições de objetos e adotaram métodos de compreensão social distintos. No caso de Comte, considerado o pai da sociologia por criar esse conceito, não houve o desenvolvimento conceitual de um objeto e de um método próprio para a nova ciência criada. Comte assentou-se nos ideários positivistas que amparavam os métodos desenvolvidos pelas ciências naturais, sobretudo a biologia, para explicar a sociedade.

2.1.1 O positivismo de Auguste Comte

A filosofia positivista acreditava que a ciência tem normas preestabelecidas e que por meio delas é possível atingir uma transformação social alçada nos princípios da ordem para o progresso – prever para prover. Nas palavras de Comte (1978b, p. 54), "a ciência conduz a previdência, e a previdência permite regular a ação".

Segundo Comte, a sociedade deve ser estudada sob os mesmos princípios que regulamentam o estudo das ciências naturais, ou seja, livre da interferência de juízos de valor emitidos pelo pesquisador em suas análises. De acordo com esse entendimento, a sociologia é uma ciência neutra, e seus fenômenos são explicados de maneira objetiva e imparcial pelo pesquisador, que produz um conhecimento "positivo".

A adoção dos métodos das ciências naturais na elaboração de explicações sobre os fenômenos sociais pauta-se na verificação de dados, na análise de informações e na construção de explicações e teorias gerais e abrangentes, que visam determinar a "verdade" sobre a "realidade".

De acordo com Comte (1978b, p. 53), a física social é "a ciência que tem por objeto próprio o estudo dos fenômenos sociais considerados com o mesmo espírito que os fenômenos astronômicos, físicos, químicos e fisiológicos, isto é, como submetidos a leis naturais invariáveis, cuja descoberta é o objetivo especial de suas pesquisas".

O termo *sociologia* foi usado por Comte apenas em 1839, em seu livro *Curso de filosofia positiva*. O projeto da sociologia comtiana tinha o objetivo de formular leis gerais e invariáveis sobre o funcionamento social. O autor não estava preocupado em detectar as causas responsáveis pela eclosão de conflitos sociais. O propósito de sua sociologia se limitava ao objetivo de reestabelecer a ordem social, evitando conflitos.

2.1.2 O funcionalismo de Émile Durkheim

O francês Émile Durkheim (1858-1917) é considerado o pioneiro na definição do objeto de estudo da sociologia e na elaboração de um método próprio para essa ciência, considerando sua especificidade e, principalmente, sua distinção no que se refere às ciências naturais.

Em seu livro *As regras do método sociológico*, Durkheim apresenta o objeto de estudo da sociologia: **o fato social**. O propõe que os fatos sociais sejam expostos a uma metodologia própria de análise para que se observem as três características básicas comuns a todos eles:

a coercitividade, a generalidade e a exterioridade[3]. Dentro da lógica durkheimiana, os fatos sociais devem ser estudados como "coisas", garantindo que entre o pesquisador e os fenômenos estudados haja um distanciamento imprescindível para manter a imparcialidade da pesquisa. Dessa forma, para analisar o fato social, Durkheim utiliza o método positivista, no qual a objetividade e a neutralidade são requisitos essenciais ao cientista social (Teske, 2005).

De acordo com Durkheim (2007, p. 2), os fatos sociais[4] consistem em "maneiras de agir, de pensar e de sentir que apresentam essa notável propriedade de existirem fora das consciências individuais". Nessa perspectiva, eles se constituem em comportamentos adotados pelos indivíduos que expressam, mesmo que de modo inconsciente, a submissão a regras e a normas estabelecidas pela sociedade. Para Durkheim, a sociedade antecede ao indivíduo e impõe sobre este um aparato de coerção. E como tais comportamentos tendem a abranger de maneira regular parte significativa da sociedade, atribui-se a eles a característica da generalização e, por independerem da vontade individual dos sujeitos, são também classificados como *exteriores*.

Dessa forma:

> Um fato social se reconhece pelo poder de coerção externa que exerce ou é capaz de exercer sobre os indivíduos; e a presença desse poder se reconhece, por sua vez, seja pela existência de alguma sanção determinada, seja pela resistência que o fato opõe a toda tentativa individual de fazer-lhe violência. Contudo, pode-se defini-lo também pela difusão que apresenta no interior do grupo, contanto que, conforme

---

3   As características do fato social serão abordadas em profundidade no Capítulo 4, destinado especificamente a Durkheim.

4   No Capítulo 4, veremos que os fatos sociais são divididos em normais e patológicos e explicaremos em que eles consistem. Por ora, limitar-nos-emos apenas a informar o leitor sobre o que é um fato social e a citar alguns exemplos.

as observações precedentes, tenha-se o cuidado de acrescentar como segunda e essencial característica que ele existe independentemente das formas individuais que assume ao difundir-se. (Durkheim, 2007, p. 10)

Segundo o pensamento durkheimiano, a associação entre as várias individualidades resulta no que o autor chama de *consciência coletiva*[5]. Para Durkheim, a organização social só é possível graças a esse tipo de consciência, que permite aos indivíduos se integrarem ao meio social. Em síntese:

> a sociedade não é simples soma de indivíduos, e sim sistema formado pela associação, que representa uma realidade específica com seus caracteres próprios. Sem dúvida, nada se pode produzir de coletivo se consciências particulares não existirem; mas esta condição necessária não é suficiente. É preciso ainda que as consciências estejam associadas, combinadas, e combinadas de determinada maneira; é desta combinação que resulta a vida social e, por conseguinte, é esta combinação que a explica. Agregando-se, penetrando-se, fundindo-se, as almas individuais dão nascimento a um ser, psíquico se quisermos, mas que constitui individualidade psíquica de novo gênero. (Durkheim, 2007, p. 99)

Outra obra de grande importância de Durkheim é o livro *O suicídio*[6], publicado em 1897. Nessa obra, o autor aborda o suicídio como um fato social, constatando que esse fenômeno decorre não apenas de fatores psicopatológicos individuais, mas também de interferências externas, aspectos sociais que afetam o indivíduo em grande proporção, como é o caso da desorganização social (Nova, 2004).

---

5 No Capítulo 4, trataremos com maior profundidade do conceito de *consciência coletiva*.

6 Apresentaremos maiores explicações sobre a abordagem do suicídio como fato social no Capítulo 4.

Além do suicídio, podemos pensar, por exemplo, no casamento como um fato social regido por normas específicas que variam conforme a sociedade e em decorrência de mudanças históricas e temporais. No entanto, esse fato social pode ser analisado da seguinte forma: ele é geral, no sentido de que as distintas sociedades compartilham da ideia do casamento e as uniões matrimoniais são comuns ou, em outros termos, situações regulares à boa parte dos indivíduos. O casamento é, portanto, um fenômeno de abrangência, ou seja, atende ao princípio da generalidade.

Além disso, ele é exterior à vontade individual. A lógica da união matrimonial antecede ao nascimento do indivíduo. Trata-se de um fato preestabelecido na sociedade, dotado de uma racionalidade compartilhada, que não muda nem se extingue apenas pela vontade de alguém que não o aceite. Nesse sentido, o casamento como fato social é exterior à vontade individual do sujeito.

Por sua vez, a racionalidade lógica que regulamenta as normas e os princípios para o casamento afeta os indivíduos que, de alguma forma, não compartilham dessa lógica. Ou seja, de modo inconsciente, os sujeitos são induzidos a pensar no casamento como uma condição necessária que, dentro do pressuposto da "normalidade" e, por sua vez, da recorrência, passa a ser concebida como indispensável a todos em algum momento da vida.

Essa imposição social, por meio da racionalidade do costume, faz com que, de certa forma, os indivíduos que não se submetem a essa convenção sejam julgados em relação aos valores da ética e da moral à qual estão submetidos. Nesse sentido, temos nessa situação a coercitividade operando sobre os sujeitos, de modo consciente ou não.

A princípio, o que precisamos compreender é que, para Durkheim, a sociedade é um agente externo aos indivíduos, que os faz submissos às suas vontades por meio de seus fatores determinantes. De acordo com esse autor, a educação é um processo de integração social, em que os indivíduos são diariamente ensinados sobre as normas de conduta social e, assim, são introduzidos na estrutura da organização sociocultural.

2.1.3 Max Weber e a sociologia compreensiva

Ao contrário de Durkheim, que buscou construir sua teoria com base na definição do objeto de estudo sociológico, o alemão Max Weber (1864-1920) orientou sua produção com base no sujeito e na subjetividade. Para Weber, as explicações da realidade social partem do indivíduo e da sua capacidade de desenvolver ações sociais. Com essa orientação, o autor propiciou uma mudança na sociologia e inaugurou um novo caminho, um novo jeito de interpretar a realidade social por meio da teoria sociológica compreensiva (Sell, 2010).

Em Weber, não há uma teoria geral da sociedade, pois ele estava preocupado em identificar o que havia de singular nas situações sociais, tendo em vista que elas são históricas e, portanto, fenômenos singulares e irrepetíveis. O autor definiu o campo de atuação da sociologia por intermédio do conceito de *ação social*. Para ele, as ações podem ser compreendidas pelo viés do indivíduo.

De acordo com Weber (1991, p. 3), sociologia "significa uma ciência que pretende compreender interpretativamente a ação social e assim explicá-la em seu curso e seus efeitos". Com base nessa definição, podemos compreender que, para Weber, o objeto de análise da sociologia é a ação social, e o método, a interpretação e a compreensão das ações.

A sociologia na perspectiva weberiana se propõe a recuperar a razão e a finalidade que os próprios indivíduos conferem às ações sociais que realizam. A principal característica que distingue esse autor de Durkheim e de Marx está na negação de Weber com relação à preponderância da estrutura social sobre os indivíduos. A proposta da sociologia weberiana consiste em concentrar sua atenção nas ações sociais desenvolvidas pelos sujeitos, e não na estrutura social como se ela fosse absolutamente determinante.

Para Giddens (2008), no entendimento de Weber, os fatores econômicos são importantes, no entanto as ideias e os valores também têm impacto sobre a mudança social. Conforme o autor:

> Ao contrário de Durkheim ou Marx, Weber não acreditava que as estruturas existiam externamente aos indivíduos ou que eram independentes destes. Pelo contrário, as estruturas da sociedade eram formadas por uma complexa rede de ações recíprocas. A tarefa da Sociologia era procurar entender o sentido por detrás destas ações. (Giddens, 2008, p. 13)

Sob essa ótica, de acordo com Aron (1999, p. 456-457, grifo nosso):

> As questões a partir das quais Max Weber elaborou uma sociologia da religião, da política e da sociedade atual foram de ordem existencial. Tem a ver com a existência de cada um de nós, com relação a vida em sociedade, a verdade religiosa ou metafísica. Max Weber perguntou-se quais as regras a que obedece o homem de ação, quais as leis da vida política, que sentido o homem pode dar a sua existência neste mundo. Qual é a relação entre a concepção religiosa de cada pessoa e a maneira como vive, sua atitude em relação à economia, ao Estado? A sociologia weberiana se inspira numa filosofia existencialista que propõe uma dupla negação: **nenhuma ciência poderá dizer aos homens como devem viver, ou ensinar as sociedades como se devem organizar. Nenhuma ciência poderá indicar a humanidade qual é o seu futuro.** A primeira negação o opõe a Durkheim, a segunda a Marx.

Para tornar viável o processo de análise das ações sociais, Weber as classificou em quatro categorias possíveis, apontando quais seriam os sentidos básicos de cada uma: ação social racional com relação a fins;

ação social racional com relação a valores; ação social afetiva; e ação social tradicional[7].

Um aspecto importante no que se refere à ação social é que ela também pode se estabelecer por meio da omissão. Isso significa que ela pode ser, na verdade, uma omissão, uma vez que esta é um tipo de ação. Com isso, Weber mostrou que, além das ações, as interações entre os indivíduos são a base para a formação de grupos e de instituições sociais, visto que, quando o sentido da ação social é compartilhado por vários agentes, temos a relação social (Sell, 2010).

A relação social compreende a partilha dos significados implícitos nas ações sociais. Isso quer dizer que a formação de grupos e de instituições está condicionada à adesão de sentidos e às práticas sociais. "Há uma relação social quando o sentido de cada ator, de um grupo de atores que age, se relaciona com a atitude do outro, de modo que suas ações são mutuamente orientadas. O professor e seus alunos vivem uma relação social" (Aron, 1999, p. 492).

Além das definições de *ação* e de *relação social*, Weber estabeleceu qual a função lógica desses conceitos como instrumentos de interpretação da realidade social, uma vez que, para o autor, o conhecimento sociológico é diferente dos produzidos pelas ciências da natureza, pois o sociólogo investiga aspectos dos quais faz parte e com os quais interage.

Contrariando o pensamento positivista, Weber parte do princípio de que o conhecimento humano não é capaz de atingir nem de reproduzir a verdade e a realidade absolutas. Dessa forma, a explicação sociológica só é capaz de captar determinados elementos da realidade, e estes, por sua vez, são condicionados pela cultura na qual o sociólogo está inserido (Sell, 2010).

---

7   Esses tipos de ação social serão analisados no Capítulo 5, destinado a Max Weber.

Portanto, como são os próprios sociólogos que escolhem quais aspectos da realidade serão analisados, Weber estabelece a necessidade da criação daquilo que ele denomina *tipos ideais*, ou seja, modelos elaborados que servem como referências para a análise social. O tipo ideal de Weber é um método de análise que consiste em exagerar em determinadas características para obter formas de comparação.

Mais adiante, no Capítulo 5, abordaremos os demais conceitos que compõem o pensamento desenvolvido pelo autor, bem como a importância de Weber para as análises realizadas sobre o Estado, a economia, a política, a sociedade e a religião.

2.1.4 Karl Marx e o materialismo histórico-dialético

Ao contrário dos autores anteriormente descritos, o alemão Karl Marx (1818-1883) adotou uma perspectiva diferente de se fazer sociologia, considerando que entre indivíduos e sociedade há uma constante interação e, dessa forma, ambos não podem ser compreendidos de maneira isolada. Marx foi filósofo e economista. No entanto, seus estudos contêm práticas investigativas de cunho social que o tornam um sociólogo de profissão.

Marx inaugurou um novo jeito de pensar que, além de compreender o indivíduo como vinculado à sua sociedade e às suas condições materiais de existência, também percebe a organização social como um campo de iminente conflito. Para esse autor, a existência de duas classes sociais com interesses antagônicos (burguesia e proletariado) é o principal motivo dos conflitos sociais. Segundo Marx, a propriedade privada de posse da burguesia é a causa da exploração do homem pelo homem e da apropriação da força de trabalho operária, gerando alienação e exploração.

Karl Marx produziu grande parte de suas obras na companhia de seu amigo, Friedrich Engels (1820-1895). Ambos se conheceram em 1844, em Paris, devido ao contato estabelecido com grupos socialistas franceses e à participação na Revista Anais Franco-Alemães (Sell, 2010). Por intermédio da análise das obras produzidas por esses grandes autores, é possível identificar que, em suas pesquisas, o objeto de estudo da sociologia consiste nas relações sociais marcadas pelo conflito entre classes. É, portanto, papel da sociologia analisar e compreender historicamente tais conflitos, amparados pelo método materialista histórico e dialético.

Para compreendermos em que consiste esse método, primeiramente é necessário conhecer a crítica que Marx e Engels realizaram à estrutura social capitalista, tendo em vista que suas obras foram marcadas pelo comprometimento com a classe operária e pelo desejo de construção de um novo tipo de sociedade: a sociedade socialista (Sell, 2010). Ainda de acordo com Sell (2010), na construção de seu pensamento, Marx dialogou com três correntes teóricas que faziam parte do seu tempo: a **filosofia alemã**, o **socialismo utópico** e a **economia política**.

Da filosofia alemã, Marx herdou os princípios do método dialético de Georg Wilhelm Friedrich Hegel (1770-1831). Assim como outros autores, Marx fazia parte de um grupo crítico à filosofia de Hegel, cujos representantes eram chamados de *esquerda hegeliana*. A dialética de Hegel estava assentada na teoria do idealismo. E, embora o pensamento de Marx tenha se estruturado na dialética hegeliana, ele fundamentou sua experiência de pesquisa no método materialista.

Da mesma forma, foi na crítica do socialismo utópico que Marx construiu a teoria do socialismo científico. De acordo com o autor, embora os socialistas utópicos fossem críticos ao sistema capitalista, eles não propuseram uma forma de combate a esse sistema. Para o filósofo alemão, a única forma de acabar com o capitalismo era pela formação da ditadura do proletariado, que, por meio de uma revolução, construiria o socialismo. Faziam parte do socialismo utópico autores como Charles Fourier (1772-1837), Henri de Saint-Simon (1760-1825) e Pierre-Joseph Proudhon (1809-1865).

No que se refere à economia política, Marx, em seus estudos, fez uso dos conhecimentos abordados pelos ingleses Adam Smith (1723-1790) e David Ricardo (1772-1823). Por meio desses autores, Marx construiu uma análise profunda da sociedade baseada na compreensão econômica, mostrando de que forma a estrutura capitalista regula o funcionamento social.

Nas obras *Sobre a questão judaica*, *Contribuição à crítica da filosofia do direito de Hegel: introdução* e *Manuscritos econômicos e filosóficos*, Marx articula a dialética hegeliana ao materialismo de Feuerbach, incorporando a essa filosofia sua crítica. Para Marx, não basta à filosofia produzir explicações sobre o mundo, cabe a ela transformá-lo.

Concordamos com Sell (2010, p. 40) quando ele argumenta que

a teoria filosófica de Marx – posteriormente chamada de materialismo dialético – foi adotada por diversos pensadores como um novo conjunto de pressupostos filosóficos para a sociologia. Ao mesmo tempo, a sua teoria de análise da sociedade – chamada de materialismo histórico – foi empregada por certas correntes como um método de estudo para a realidade social. É por esta razão que podemos falar de uma "teoria sociológica marxista".

As contribuições de Marx foram muito significativas para o trabalho teórico metodológico das ciências sociais.

Dialética e materialismo

Dentro da filosofia europeia, a dialética apresenta uma longa história. No entanto, foi Hegel quem abordou e sistematizou o método dialético no contexto moderno: "A tradição filosófica dominante na Europa até o início da modernidade pressupunha a existência, além do mundo sensível e histórico, de uma outra dimensão mais real e povoada de substâncias ou de essências imutáveis que seriam os verdadeiros objetos do conhecimento" (Quintaneiro; Barbosa; Oliveira, 2002, p. 26-27).

A filosofia de modelo idealista desenvolvida por Hegel faz parte dessa trajetória de pensamento. Segundo o autor, no prefácio da obra *Princípios da Filosofia do Direito*: "o que é racional é real, e o que é real é racional" (Hegel, 1997, p. XXXVI). Dentro dessa percepção, a realidade histórica se desenvolve uma manifestação da razão, ou seja, inserido em um constante processo de autossuperação, uma vez que a dialética expressa o sentido de movimento desencadeado pelas próprias contradições.

Conforme Hegel (citado por Quintaneiro; Barbosa; Oliveira, 2002, p. 27), "Assim como a opinião se prende rigidamente à oposição do verdadeiro e do falso, assim, diante de um sistema filosófico, ela costuma esperar uma aprovação ou uma rejeição e, na explicação de tal sistema, costuma ver somente ou uma ou outra".

Dentro da concepção dialética, o sujeito é orientado a compreender que o conhecimento não pode ser apropriado como um ato finito, pois a lei da dialética consiste no constante movimento de superação[8]. De acordo com Quintaneiro, Barbosa e Oliveira (2003, p. 26) "a ótica dialética cuida de apontar as contradições constitutivas da vida social que resultam na negação e superação de uma determina a ordem".

---

8 A intenção de Hegel, ao apresentar seu método dialético, era entender a história como movimento. Isso era necessário porque, até então, era predominante na filosofia o método metafísico. Ao contrário da dialética, para a metafísica, a realidade possui uma essência que a define. Embora as coisas se modifiquem, os filósofos metafísicos explicam que a essência das coisas permanece a mesma (Sell, 2010).

Os seguidores de Hegel se dividiram em dois grupos com ideias opostas. De um lado, surgiu uma tendência de direita, com um viés conservador; de outro, reuniram-se críticos às ideias hegelianas, os chamados *neo-hegelianos* ou *hegelianos de esquerda*, dentre os quais destacavam-se Marx e Engels, que foram críticos contundentes ao idealismo hegeliano, apesar de manterem a fidelidade à dialética como um método, ou seja, no que se refere à sua proposta de negação, conflito e reformulação ou aos preceitos de tese, antítese e síntese.

Segundo Marx (1996, p. 140), "Por sua fundamentação, meu método dialético não só difere do hegeliano, mas é também a sua antítese direta. [...] Para mim, [...] o ideal não é nada mais que o material, transposto e traduzido na cabeça do homem". Dessa forma, podemos perceber que Marx adotou o método dialético conforme concebido por Hegel, no entanto ele negou o conteúdo da dialética hegeliana.

Outro ponto que esteve presente nas discussões filosóficas do século XVIII diz respeito à crítica sobre a perda do autocontrole pelos homens, referente ao encantamento operado sobre os homens que os induz à preocupação com o acúmulo de riquezas. Para Hegel, esse processo caracterizava a formação de uma consciência alienada, separada da consciência real. E isso só poderia ser superado por meio da formação de uma autoconsciência objetivada na razão.

Ludwig Feuerbach (1804-1872) foi um importante filósofo que aderiu ao grupo dos neo-hegelianos e desempenhou um importante papel na transição do idealismo para o materialismo dialético. Para ele, a alienação é gerada na religião, uma vez que os homens se submetem às vontades dos deuses, que foram criados por eles próprios. Por se tratar de uma projeção da mente humana, Feuerbach vê no fenômeno religioso a fonte da alienação.

Marx e Engels, apesar de, inicialmente, compartilharem das ideias de Feuerbach, passaram a ser críticos ao autor, pois consideravam que não bastava ter consciência do mundo, era necessário atuar sobre ele, transformando-o.

No prefácio da obra *A ideologia alemã*, Marx e Engels (1998, p. 3) assim se expressam:

> Até agora, os homens sempre tiveram ideias falsas a respeito de si mesmos, daquilo que são ou deveriam ser. Organizaram suas relações em função das representações que faziam de Deus, do homem normal etc. Esses Produtos de seu cérebro cresceram a ponto de dominá-los completamente. Criadores, inclinaram-se diante de suas próprias criações. Livremo-los, pois, das quimeras, das ideias, dos dogmas, dos seres imaginários, sob o jugo dos quais eles se estiolam. Revoltemo-nos contra o domínio dessas ideias. Ensinemos os homens a trocar essas ilusões por pensamentos correspondentes à essência do homem, diz alguém; a ter para com elas uma atitude crítica, diz outro; a tirá-las da cabeça, diz o terceiro e – a realidade atual desmoronará.

Quintaneiro, Barbosa e Oliveira (2002, p. 27-28) explicam que

> É nesse ponto que a teoria marxista articula a dialética e o materialismo sob uma perspectiva histórica, negando, assim, tanto o idealismo hegeliano quanto o materialismo dos neo-hegelianos. Isto resultou na reformulação não só da dialética como da concepção dos fundamentos da alienação. Marx e Engels questionam o materialismo feuerbachiano que se limitava a captar o mundo como objeto de contemplação e não como resultado da ação humana. Por isso, não fora capaz de vê-lo como passível de transformação através da atividade revolucionária ou crítico-prática. É a unidade entre a teoria e a práxis que dá sentido à frase: "Os filósofos limitaram-se a interpretar o mundo de distintos modos, cabe transformá-lo." Para Marx e Engels, a alienação associa-se às condições materiais de vida e somente a transformação do processo de vida real, por meio da ação política, poderia extingui-la. Na sociedade capitalista, o sujeito que realiza as potencialidades da história é o proletariado, libertando a consciência alienada que atribui à realidade histórica uma aparência mágica, enfeitiçada.

Marx e Engels (1998, p. 3-4) descrevem os filósofos revolucionários alemães[9] da seguinte maneira: "o primeiro tomo desta obra se propõe a desmascarar esses cordeiros que se consideram, e são considerados, como lobos; mostrar que seus balidos só fazem repetir, em linguagem filosófica, as representações dos burgueses alemães, e que as fanfarronadas desses comentaristas filosóficos só fazem refletir a irrisória pobreza da realidade alemã".

A principal característica da análise marxista consiste, portanto, em estar fundamentada na avaliação das situações materiais. Se, para Hegel, a história da humanidade é a história do desenvolvimento do espírito, de acordo com Marx e Engels, ela reflete uma estrutura social, assim como o Estado.

> A estrutura social e o Estado nascem continuamente do processo vital de indivíduos determinados; mas desses indivíduos não tais como aparecem nas representações que fazem de si mesmos ou nas representações que os outros fazem deles, mas na sua existência **real**, isto é, tais como trabalham e produzem materialmente; portanto, do modo como atuam em bases, condições e limites materiais determinados e independentes de sua vontade. (Marx; Engels, 1998, p. 18, grifo do original)

Sobre essa situação, podemos pensar, por exemplo, no acesso a bens culturais, como cinemas, teatros, cursos de línguas estrangeiras etc. Nem todos possuem meios de acessar esses produtos. Logo, em uma situação hipotética de uma sala de aula, não são todos os estudantes que conseguem compreender da mesma forma distintas situações.

---

9   Na obra *A ideologia alemã*, Marx e Engels se utilizam dessa expressão em referência aos jovens hegelianos ou neo-hegelianos a quem estão dirigindo suas críticas. Para os autores, tais filósofos, ao se limitarem em suas descrições, acabaram por representar os interesses burgueses, e não o proletariado.

Se considerarmos a estrutura da qual emerge cada um deles, certamente alguns conhecem conceitos que a outros são totalmente alheios.

Para Marx e Engels (1998), a forma como os indivíduos manifestam suas formas de vida refletem aquilo que eles são, o que, por sua vez, é consequência do que e de como eles produzem. Nesse sentido, os autores expressam sua compreensão materialista e, também, o sentido econômico que a estrutura exerce sobre os indivíduos, determinando suas condições de vida e de classe.

Segundo os autores:

> A produção das ideias, das representações e da consciência está, a princípio, direta e intimamente ligada à atividade material e ao comércio material dos homens; ela é a linguagem da vida real. As representações, o pensamento, o comércio intelectual dos homens aparecem aqui ainda como emanação direta de seu comportamento material. O mesmo acontece com a produção intelectual tal como se apresenta na linguagem da política, na das leis, da moral, da religião, da metafísica etc. de todo um povo. São os homens que produzem suas representações, suas ideias etc., mas os homens reais, atuantes, tais como são condicionais por um determinado desenvolvimento de suas forças produtivas e das relações que a elas correspondem, inclusive as mais amplas formas que estas podem tomar. (Marx; Engels, 1998, p. 18-19)

Essa forma de pensar desenvolveu a abordagem social que denominamos de *materialismo histórico*, visto que:

> Ao contrário da filosofia alemã, que desce do céu para a terra, aqui é da terra que se sobe ao céu. Em outras palavras, não partimos do que os homens dizem, imaginam e representam, tampouco do que eles são nas palavras, no pensamento, na imaginação e na representação dos outros, para depois se chegar aos homens de carne e osso; mas partimos dos homens em sua atividade real, é a partir de seu processo de vida real que representamos também o desenvolvimento dos reflexos e das repercussões ideológicas desse processo vital. (Marx; Engels, 1998, p. 19)

Já ao considerarmos a abordagem **materialista dialética**, que também faz parte dos pressupostos teóricos e analíticos desenvolvidos por Marx, percebemos que, para ele, todo fenômeno cultural ou social é transitório. De acordo com o pensamento do autor, os homens estão em constante processo de mudança e, no decorrer do tempo histórico, alteram suas formas de produção, o que, da mesma forma, resulta em uma transformação nas suas relações econômicas, as quais, por sua vez, são necessárias e determinantes do modo de produção (Quintaneiro; Barbosa; Oliveira, 2002).

Assim, tanto os processos relacionados aos meios econômicos de produção quanto as concepções dos homens são transitórios. Marx considera que em toda relação social existe a influência de fatores externos, inclusive da ideologia, que afeta a condição dos vínculos materiais.

Síntese

Neste capítulo, verificamos que o pensamento sociológico clássico se desenvolveu baseado em diferentes olhares sobre a sociedade e seus processos constitutivos. Nesse sentido, diante das transformações, dos problemas e dos conflitos sociais, cada um dos intelectuais formadores da sociologia se posicionou de maneira distinta e, portanto, específica.

Também observamos as diferentes conceituações de método e objeto da sociologia. Identificamos em Comte os pressupostos positivistas; em Durkheim, o funcionalismo e a relação de coerção estabelecida dentro da relação entre indivíduo e sociedade, além do conceito de *fato social*; em Weber, analisamos seu enfoque sobre as ações praticadas pelos indivíduos e seus diferentes processos de racionalização ao atuar socialmente, variando entre os modelos racional, afetivo e tradicional; por último, estabelecemos um contato inicial com o método materialista histórico-dialético de Marx. Vimos que o método histórico-dialético, também chamado de *marxismo*, originou-se da apropriação do pensamento filosófico dos neo-hegelianos e, ao mesmo tempo, constituiu-se da crítica firmada às concepções desses autores. Dessa forma, pudemos compreender um pouco melhor de que forma a sociologia foi construída e se consolidou como uma ciência, com método e objetos específicos de estudo.

Em cada um dos capítulos seguintes, abordaremos com maior profundidade o pensamento e as contribuições dos fundadores da sociologia.

Atividades de autoavaliação

1. Sobre a sociologia, assinale a alternativa incorreta:
   a) É uma ciência que instrumentaliza seus pesquisadores por meio de seus métodos de pesquisa, permitindo que os sociólogos desnaturalizem os fenômenos sociais e compreendam as interferências históricas, culturais e econômicas que influenciam o desenvolvimento de situações específicas.
   b) É uma ciência que emerge da Modernidade e que tem como objetivo compreender as diferentes formas de organização social.
   c) É o estudo da vida social humana, de seus grupos e de suas sociedades.
   d) É uma ciência natural que tem por objetivo desenvolver uma classificação dos indivíduos.
   e) É uma ciência que tem como objeto de estudo a análise dos processos interativos entre os indivíduos e as estruturas sociais em que estão inseridos, com valores, regras, normas, e os conflitos e as cooperações advindos dessas condições.

Para responder às questões 2 e 3, leia atentamente o texto abaixo.

Filhos não impedem que as mulheres tenham uma carreira. São os maridos

Pesquisa com ex-alunos de Harvard revela que casais priorizam a ascensão do homem
No Brasil, elas representam só 6,3% dos assentos nos conselhos de administração
Em 2013, Sheryl Sandberg, diretora de operações do Facebook e uma das mulheres mais poderosas do mundo, publicou um livro polêmico no qual argumentava que um dos segredos do sucesso profissional de uma mulher é escolher um bom cônjuge [...].

Contrariando a crença popular de que só as mulheres solteiras podem chegar ao topo do mundo corporativo, a número dois do Facebook defendia, num capítulo intitulado *Faça de seu companheiro um companheiro de verdade*, que a maioria das mulheres em posições de liderança no mundo empresarial tem uma cara-metade. Só que esta é muito bem escolhida.

A ascensão das mulheres às altas esferas corporativas é rara; elas ocupam menos de 20% dos cargos de responsabilidade nas 500 empresas mais importantes do mundo, segundo a lista elaborada pela *Fortune*.

Na América Latina, 47 das 100 maiores empresas da região não possuem uma única mulher em seu conselho de administração, segundo um relatório publicado em maio pela Corporate Women Directors International (CWDI), um grupo de pesquisa com sede em Washington [...].

Essa desigualdade vem sendo associada à preferência feminina por dedicar mais tempo aos cuidados com os filhos e o lar. No Brasil, 45,9% das mulheres economicamente ativas estavam ocupadas no primeiro trimestre de 2015, enquanto que 67,4% dos homens estavam ocupados, segundo a Pesquisa Nacional por Amostra de Domicílios (PNAD) realizada pelo IBGE. Em março deste ano, uma tabulação realizada pelo jornal *O Globo* com dados da PNAD mostrou que, de 2001 a 2013, a média de horas dedicadas pelas mulheres a tarefas domésticas, como cuidar dos filhos e limpar a casa, caiu de 26 para 20 por semana. No entanto, a média dos homens não oscilou e permaneceu em cinco horas.

Além disso, 85% das mulheres se dedicam a estas atividades, em contraste com os 45% dos homens que colaboram em casa. Ainda segundo a publicação, mesmo aquelas que possuem um alto grau de escolaridade, como mestrado ou doutorado, dedicam mais horas ao trabalho doméstico que os homens, inclusive os que são apenas alfabetizados. [...]

Em 2014, um estudo publicado na *Harvard Business Review* demonstrou com dados que as mulheres insatisfeitas com sua trajetória profissional não atribuíam isso a terem deixado a carreira em segundo plano para cuidar dos filhos, e sim ao fato de terem priorizado a carreira de seus cônjuges [...].

"Os casais jovens que estiverem pensando em criar um projeto de vida comum deveriam ter uma conversa sobre quais são suas pretensões profissionais e pessoais. É muito importante escolher uma pessoa que respeite nossos desejos", diz Stone.

Nessa pesquisa, 74% das ex-alunas afirmavam ter um trabalho em tempo integral, com uma jornada média de 52 horas semanais. Entre os motivos para a falta de oportunidades na hora de assumir cargos de responsabilidade, a maioria delas dizia que se sentiram descartadas por causa da maternidade, ou que haviam ficado estigmatizadas após solicitarem horários flexíveis ou jornadas reduzidas durante algum período. Entre as mulheres entrevistadas, 28% haviam tirado, ao menos uma vez, uma licença de seis meses ou mais para cuidar das crianças, algo que apenas 2% dos homens fizeram.

> Há alguma característica da mulher que se destaque sobre o homem na hora de comandar um projeto? O relatório *Women Matter 2013*, elaborado pela consultoria internacional McKinsey, destaca sua capacidade de tomar decisões de forma participativa e seu envolvimento no desenvolvimento das pessoas, entre outras. "Homens e mulheres costumam entrar nas empresas na mesma proporção, mas enquanto eles vão subindo no organograma, elas vão ficando pelo caminho. O *networking* é muito importante na hora de ascender, e elas não têm acesso", afirma Custódia Cabanas, diretora da Área de Recursos Humanos da IE Business School (uma das mais reconhecidas escolas de negócios e empreendedorismo do mundo) e coautora de um relatório intitulado *As Mulheres na Alta Direção na Espanha*. [...]

Fonte: Betim; Menárguez, 2015, grifo do original.

2. Sobre o texto lido, assinale V para as afirmativas verdadeiras e F para as falsas.

( ) Os maridos, culturalmente introduzidos em uma sociedade que ainda se configura como misógina e machista, são considerados o principal entrave para a participação das mulheres no mercado de trabalho. Tal fato simboliza a existência de relações desiguais de poder entre homens e mulheres.

( ) Priorizar a carreira do cônjuge em detrimento de sua atuação profissional é uma prática da mulher inexistente nas diferentes sociedades.

( ) As empresas priorizam os homens em suas esferas corporativas devido a uma concepção errônea de que as mulheres não conseguem se dedicar completamente ao trabalho, o que reforça a noção patriarcal existente na sociedade.

( ) A insatisfação em relação às carreiras femininas, segundo estudo da Harvard de 2014, está relacionada ao fato de elas terem de deixar em segundo plano suas carreiras para cuidar dos filhos.

( ) A inserção das mulheres no mercado de trabalho não promoveu na mesma proporção a inserção dos homens nas atividades domésticas. Enquanto 85% das mulheres se dedicam à dupla jornada, apenas 45% dos homens colaboram de alguma forma em casa.

Indique a alternativa que apresenta a sequência correta:
a) V, V, F, F, V.
b) F, F, V, V, F.
c) V, F, V, F, V.
d) V, F, F, V, F.
e) F, V, F, V, F.

3. Em relação ao trecho "Essa desigualdade vem sendo associada à preferência feminina por dedicar mais tempo aos cuidados com os filhos e o lar" (Betim; Menárguez, 2015), é correto afirmar que:
   a) Normalmente, os homens preferem não passar mais tempo com os filhos em suas casas, pois é uma tarefa que não lhes diz respeito.
   b) A dedicação à família e ao lar é uma característica inata das mulheres, cabendo ao homem o sustento e o cuidado com a família.
   c) Devido à maternidade ser uma característica própria das mulheres, cabe a elas se organizar de modo a passar mais tempo com os filhos.

d) Os homens não conseguem participar mais ativamente das atividades domésticas devido ao fato de terem funções de trabalho que exigem maior esforço físico.

e) O trecho apresenta um juízo de valor vigente na sociedade, segundo o qual o cuidado com os filhos e com o lar é uma característica feminina.

4. Assinale V para as afirmativas verdadeiras e F para as falsas.

( ) Os fundadores da sociologia, também chamados de *autores clássicos*, divergem quanto à definição do objeto de estudo dessa ciência. Auguste Comte, Émile Durkheim, Max Weber e Karl Marx desenvolveram diferentes definições de objetos e adotaram métodos de compreensão social distintos.

( ) O objeto de estudo da sociologia é complexo e multifacetado. Estudar o homem e a sociedade envolve a apropriação de conhecimentos variados, que requerem noções de economia e consciência das diferenças culturais, além de conhecimentos sobre os efeitos políticos e de autoconscientização.

( ) Para se tornar um bom sociólogo, basta ao pesquisador ter uma boa retórica para convencer e persuadir seus leitores e interlocutores.

( ) No caso de Auguste Comte, considerado o pai da sociologia por criar o conceito que a norteia, não houve o desenvolvimento conceitual de um objeto e de um método próprio para a nova ciência.

Indique a alternativa que apresenta a sequência correta:
a) V, V, F, V.
b) V, F, F, V.
c) F, V, F, F.
d) V, F, V, F.
e) V, V, F, F.

5. Sobre o conceito de *fato social*, analise as respostas contidas nas opções que seguem e assinale aquelas que julgar corretas.

(02) Fato social é o conceito utilizado por Durkheim em referência ao que ele classifica como objeto de estudo da sociologia.

(04) O fato social deve considerado uma "coisa" para indicar a postura de distanciamento que o sociólogo deve ter do seu objeto de estudo.

(08) Fato social é o método de pesquisa desenvolvido por Durkheim.

(16) Os fatos sociais consistem em maneiras de agir, pensar e sentir que apresentam a notável propriedade de existir fora das consciências individuais.

Agora, marque a alternativa que corresponde à soma dos números entre parênteses das respostas que você marcou como corretas:
a) 06.
b) 12.
c) 20.
d) 22.
e) 24.

Atividades de aprendizagem

Questões para reflexão

1. Explique de que forma cada um dos autores clássicos (Durkheim, Weber e Marx) compreende a relação entre indivíduo e sociedade.

2. Por que a omissão, segundo a teoria de Max Weber, também é considerada uma ação social?

Atividade aplicada: prática

1. Leia o texto a seguir, escrito por Flávia Azevedo para a página *on-line* do *Jornal Correio*. Após realizar a leitura, reflita sobre de que forma o comportamento feminino vem sofrendo modificações nos últimos anos. Em sua reflexão, recorra a possíveis explicações sociológicas para esse fenômeno social, pontuando o que a autora coloca como justificativa. Em seguida, produza um texto com suas conclusões.

> **Não tá faltando homem. É a gente que não quer mais.**
>
> Eu acho uma pândega quando vejo um homem dizer que "tá faltando homem no mercado nacional". Assim, tirando onda, como se ele mesmo fosse um exemplar raríssimo de uma espécie em extinção. Com isso, ele quer se gabar do fato de ser minoria numérica e também dizer que "tem muito viado no mundo". Então, estar diante de um brasileiro, do gênero masculino e heterossexual, devia ser algo capaz de fazer qualquer mulher heterossexual declarar amor. Imediatamente. Porque ele é uma raridade.

Tá certo que, de vez em quando, sai uma matéria dizendo da última pesquisa que prova que há mais mulheres do que homens no planeta. Não discuto números, mas no Brasil, por exemplo, são 96,7 homens para cada 100 mulheres. É uma diferença mínima. Isso não é "faltar homem", francamente.

Sobre a parte "tem muito viado no mundo", não é possível que alguém não saiba que sempre houve homens gays, que a única diferença é o fato de que a maioria, felizmente, não se esconde mais. Espero que todos entendam também que lésbicas não são uma criação da esquerda contemporânea, que elas sempre estiveram aqui. De forma que o arco-íris não "rouba" homem hétero de ninguém porque inclui ambos os gêneros e, noves fora, fica tudo igual.

Muito além dos números e das teorias homofóbicas de botequim, há a subjetividade, o corpo a corpo, o andar por aí, a observação de quem anda dispensando quem. E, pelo que eu vejo, a situação é bem outra. Não tá faltando homem hétero de jeito nenhum.

Fato é que dizemos que "tá faltando homem" pensando numa coisa e eles repetem "tá faltando homem" entendendo outra. O que a gente tá dizendo é que "tá faltando homem QUE PRESTE no mercado". O que a ararinha azul humana precisa saber é que estamos falando de qualidade. Rá! Não basta ser "macho" mais não.

[...]

Homem não tá faltando, mas quase não se acha mais a espécie "mulher de antigamente". Quer dizer... de ter, tem. Mas acabou. Tá acabando. Tá bem no fim do estoque. A gente não engole mais qualquer um. E o que tá faltando é homem pra essa mulher que nos tornamos.

Ainda tem mulher que "suporta", que faz de tudo pra manter um sujeito qualquer no lugar de marido, namorado, homem oficial pra exibir. Mas, muitas de nós já não são assim. Eu podia estar casada. A maioria das minhas amigas solteiras, também. Porque em quase todas as histórias, fomos nós – e não eles – que dissemos: parou, acabou, não quero mais não. Teve choro. Teve vela. Na maioria dos casos, inclusive, teve muito "mimimi". Masculino, bom saber.

Mudamos e foi muito. Eu não suporto mais o que, em outros tempos, suportei. Não dou mais aqueles mil descontos porque "homem é mesmo assim". Para cada amiga descasada, sem namorado e sem perspectivas de paixão, há pelo menos um cara disponível a quem ela diz "nem morta!". Para cada convite de homem babaca (aqueles que a gente tentava consertar), há uma farra com as amigas, um show pra ir com a galera, um livro bacana pra ler, uma noite pra dormir em paz. Fazemos nossas escolhas. E a mudança foi essa. A gente até gostaria, mas agora tem que ser bom. A paciência acabou.

Solidão? Talvez sim. Soube, outro dia, que tem mulher viajando para turismo sexual. Consensual. Marca pelos aplicativos, sai do país, transa, se diverte a vera e volta em paz. E quando isso parece mais simples do que andar pela cidade, é que um abismo se colocou entre nós. Estamos em lados opostos, nos olhando com estranhamento e repulsa. Uma situação com muitas nuances, um efeito de avanços sociais. Muita estrada diante de nós. Vamos caminhar. E pra começo de conversa, o importante é entender: não tá faltando homem. É a gente é que não quer mais.

Texto da colunista Flavia Azevedo/Jornal CORREIO

Fonte: Azevedo, 2017.

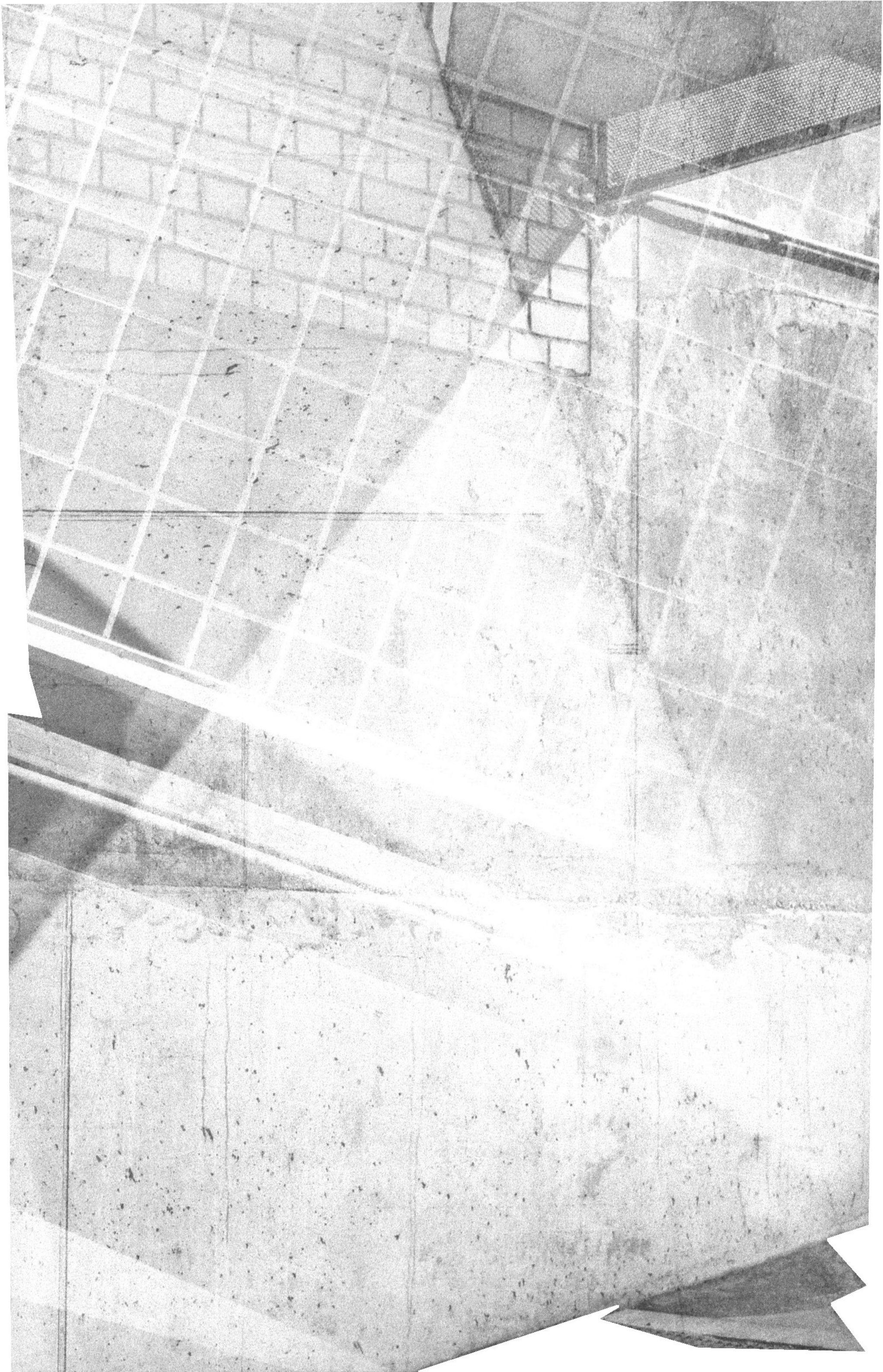

– 3 –

Auguste Comte e o positivismo

Cleverson Lucas dos Santos

Neste capítulo, abordaremos Auguste Comte e sua contribuição para o estabelecimento das bases da sociologia. Em meio à turbulência pós--revolucionária francesa, Comte elaborou sua obra preocupando-se em organizar a nova sociedade que estava surgindo. Seus trabalhos sofreram influência de intelectuais como Saint-Simon, Francis Bacon, Galileu Galilei e René Descartes.

Ele desenvolveu e organizou seu trabalho em quatro grandes linhas que perpassam todos os seus escritos:
1. o estabelecimento de uma filosofia positiva que permitisse ao homem compreender a sociedade pelas leis naturais e obter a evolução social;
2. a classificação das ciências, inserindo uma nova área do conhecimento, capaz de sintetizar todas as demais: a física social, a sociologia;
3. a obtenção, nessa ciência, da máxima objetividade teórico-metodológica para conduzir o estudo da sociedade;
4. a instauração de uma religião positiva, que promovesse, ao final, a reforma moral e social da humanidade.

Toda a teoria cumpriria, assim, uma dupla função: promover o conhecimento e restaurar a condição humana até então existente.

3.1
Condições históricas de Comte

Para iniciarmos nossos estudos, traremos à discussão as condições em que nasceu e cresceu Auguste Comte. Não para vincularmos sua obra à sua biografia, mas para percebermos em que medida seus escritos podem dialogar com tais conjunturas.

Auguste Comte (Isidore Auguste Marie François Xavier Comte) é natural de Montpellier, na França. Sua família era monarquista e católica. Giannotti (1978) conta-nos que as relações de Comte com a família foram sempre conflituosas. Em alguns momentos, Giannotti revela a influência de tais relações no desenvolvimento da vida de Comte e até mesmo de certas orientações dadas às suas obras, sobretudo em seus últimos anos de vida[1].

Em 1806, aos 9 anos, Comte ingressou em um internato, o Liceu de Montpellier, onde permaneceu até completar 15 anos. Em 1814, aos 16 anos, entrou na Escola Politécnica de Paris, o que também influenciou a formação de seu pensamento[2]. Essa escola provinha da Revolução Francesa, do avanço da ciência e da técnica, resultados da Revolução Industrial.

O curto período de permanência de Comte nessa escola serviu para que o filósofo tivesse contato com o trabalho de cientistas como o físico Sadi Carnot (1796-1832), o matemático Joseph-Louis Lagrange (1736-1813) e o astrônomo Pierre-Simon Laplace (1749-1827). De Lagrange, destacamos o trabalho *Mecânica analítica*, que teria sido a inspiração para que Comte visualizasse a possibilidade de abordar os princípios de cada ciência sob uma perspectiva histórica.

Com os movimentos reacionários de 1816, a Escola Politécnica foi descontinuada, forçando Comte a deixá-la, embora ele tenha permanecido em Paris. Conforme Gianotti (1978), Comte teve contato com ideólogos a exemplo de Destutt de Tracy (1754-1836), Pierre-Jean-Georges Cabanis (1757-1808) e Volney (1757-1820). Também leu teóricos ligados

---

1 "Frequentemente, Comte acusava os familiares (à exceção de um irmão) de avareza, culpando-os por sua precária situação econômica. O pai e a irmã, ambos de saúde muito frágil, viviam reclamando maior participação de Auguste em seus problemas. A mãe apegou-se a ele de forma extremada, solicitando sua atenção 'da mesma maneira que um mendigo implora um pedaço de pão' para sobreviver, como diz ela em carta ao filho já adulto. Tão complexos laços familiares foram afinal rompidos por Comte, mas deixaram-lhe marcas profundas". (Giannotti, 1978, p. I)

2 Em carta de 1842 a John Stuart Mill (1806-1873), Comte fala da Escola Politécnica como a primeira comunidade verdadeiramente científica, que deveria servir como modelo para toda a educação superior.

à economia política, como Adam Smith (1723-1790) e Jean-Baptiste Say (1767-1832), além de filósofos e historiadores, como David Hume (1711-1776) e William Robertson (1721-1793). Além disso, em seus estudos, há influência do Marquês de Condorcet (1743-1794). A obra *Esboço de um quadro histórico dos progressos do espírito humano*, de Condorcet, traz apontamentos importantes sobre os progressos conquistados pela humanidade em suas invenções para o desenvolvimento científico e tecnológico. Tais avanços foram determinados pelo pensamento racional que pautou o trabalho do próprio Comte.

Após ter saído da Escola Politécnica, em 1817, Comte tornou-se secretário de Saint-Simon (1760-1825), recebendo uma influência profunda desse filósofo. Essa ligação durou pouco, pois ambos romperam a relação devido à discordância de Comte em relação à postura de Saint-Simon de deixar de lado os planos de elaborar uma reforma teórica do conhecimento e se voltar à prática, a fim de estruturar uma nova elite industrial e científica capaz de reformar a ordem social.

> Comte acreditava que a verdadeira renovação deveria primeiramente ser teórica, pois os pensamentos e sentimentos deveriam ser transformados antes de qualquer ação prática. Ele entendia que todas as tentativas anteriores teriam naufragado por não observarem essa trajetória, ao criarem constituições, leis, instituições sociais, sem que as pessoas estivessem preparadas para isso. Assim, seria necessária, em primeiro lugar, a disseminação da ciência, de modo a formar uma corporação de cientistas, que teriam por missão reformar os pensamentos e sentimentos, o que, por sua vez, levaria espontaneamente às novas formas mais avançadas de instituições sociais. Nessa visão, a educação teria um papel primordial e seriam as ideias, e não as condições materiais, os principais motores de transformação e evolução social. (Rocha, 2006, p. 43)

Dessa divergência, Comte escreveu o ensaio *Plano de trabalhos científicos necessários à reorganização da sociedade* (1822), em relação ao qual Saint-Simon posicionou-se contrário. Esse e outros textos escritos durante essa fase compuseram posteriormente um apêndice do último volume da obra Sistema de política positiva (1854), denominado "Opúsculos de filosofia social" (1816-1828). As obras que compõem esse apêndice são: *Separação geral entre as opiniões e desejos* (1819); *Sumária apreciação do conjunto do passado moderno* (1820); *Plano de trabalhos científicos necessários à reorganização da sociedade* (1822); *Considerações filosóficas sobre a ciência e os cientistas* (1825); *Considerações sobre o poder espiritual* (1826); e *Exame do tratado de Broussais sobre a irritação* (1828). Ao incluir composições de sua juventude no final da obra *Sistema depolítica positiva*, Comte buscou demonstrar que os ideais expressos nesses textos eram consoantes com aquilo que ele estava produzindo, bem como que ele não havia se distanciado daquilo sobre o qual já havia refletido.

Seu curso de filosofia positiva surgiu em 1826, como forma de ele tentar se manter após o rompimento com Saint-Simon. Nele, o autor dava aulas particulares de Matemática. Nesse período, Comte também foi acometido de uma crise mental, seguida de um processo depressivo.

Foi durante o período de 1830 a 1842 que Comte sistematizou a obra *Curso de filosofia positiva*, que continha seis volumes. Nessa época, o autor também estava passando por dificuldades financeiras e vivia à margem do mundo acadêmico. Várias tentativas de se efetivar na Escola Politécnica, na Academia das Ciências ou na Faculdade da França tinham sido frustradas. Conforme Rocha (2006), em 1832, com a intermediação de Navier, então professor de Cálculo na Escola Politécnica, Comte foi nomeado repetidor de Análise e de Mecânica Racional e, em 1936, foi indicado como examinador de admissão dessa instituição de ensino.

Essa coleção de trabalhos conta com a seguinte estrutura, segundo Benoit (1991, p. 391, grifo nosso):

> Tomo I – Preliminares Gerais e a Filosofia da Matemática, escritas durante o primeiro semestre de 1830; Tomo II – A Filosofia da Astronomia e a Filosofia da Física, escritas respectivamente durante o mês de setembro de 1834 e primeiro semestre de 1835; Tomo III – A Filosofia da Química e a Filosofia da Biologia, escritas no mês de setembro de 1835; Tomos IV e V – A parte dogmática da Filosofia Social, no que se refere ao estado teológico e metafísico, escritos entre 21 de abril de 1840 e 26 de fevereiro de 1841; e Tomo VI – Complemento histórico da Filosofia Social e conclusões gerais, escritos entre 20 de maio de 1841 e 13 de julho de 1842.

Os conceitos de Comte perpassam todas as suas obras, as quais, quando são organizadas dessa forma, podem ser analisadas como uma composição única e coesa.

Os livros *Discurso sobre o espírito positivo* (1848) e *Discurso sobre o conjunto do positivismo* (1848) foram escritos durante uma etapa da vida em que Comte já se encontrava fora da Escola Politécnica, pois tinha perdido o cargo de examinador de admissão da instituição. Críticas presentes no *Curso de filosofia positiva*, prefácio do Tomo VI, dirigidas aos matemáticos da Politécnica foram a motivação de sua saída. Nessa condição, novamente sem recursos para se manter, Comte teve a ajuda de amigos e admiradores, como o filósofo John Stuart Mill e o dicionarista Émile Littré (1801-1881), seu discípulo (Gianotti, 1978).

Foi nesse período, em 1844, que Comte conheceu Clotilde de Vaux, com quem estabeleceu uma relação que o levou a modificar significativamente suas concepções teóricas (Gianotti, 1978). A íntima amizade lhe fez aprofundar sentimentos e necessidades emocionais. Foi desse contato que Comte propôs, em diversos tratados, a instituição de uma nova religião, de cunho positivista, ligada à humanidade. São dessa fase as obras *Catecismo positivista* (1852), *Sistema de política positiva* (1854), *Apelo aos conservadores* (1855) e *Síntese subjetiva* (1856).

Como destaca Giannotti (1978, p. VIII):

> Para esse trabalho, preparou-se, fazendo "higiene cerebral", por ele entendida como abstenção de quaisquer leituras e aprofundamento na meditação solitária. Pretendia, assim, afastar-se de todos os elementos perturbadores e assegurar unidade ao projeto de constituição das doutrinas da nova religião.

Esse isolamento permitiu a Comte não ter contato com ideias e teorias externas àquela que pretendia produzir.

3.2
Concepções teóricas

É importante ressaltar que, por si só, ninguém é capaz de estabelecer e formatar todo um campo de estudos, com objeto e métodos teórico-práticos definidos. Com o pensamento sociológico, também não é diferente. Muitos contribuíram para o seu surgimento e sua constituição como ciência autônoma. Para Auguste Comte, cabe um lugar de destaque singular, visto que foi ele que cunhou o termo *sociologia* (*socius* + *logos* = "estudo do social"). A noção inicial proposta por Comte era *física social*, área que deveria se contrapor às demais físicas: a celeste, a terrestre (mecânica e dinâmica) e a orgânica (vegetal e animal). O autor instituía, assim, um saber que permitisse aplicar métodos científicos para o estudo da sociedade. A noção de física social já era utilizada por outros estudiosos contemporâneos de Comte, seus rivais, levando-o à utilização do termo *sociologia* em seus estudos: "Originalmente, Comte usou a expressão 'física social', mas alguns dos seus rivais intelectuais também a usavam. Comte queria distinguir o seu ponto de vista da visão dos seus rivais, de modo que criou o termo 'Sociologia' para descrever a disciplina que pretendia estabelecer" (Giddens, 2008, p. 8).

Esse novo campo deveria abarcar leis gerais que permitissem ao homem compreender os fenômenos naturais e sua dinâmica. Assim, Comte buscava propor uma ciência pautada no conhecimento científico, pela qual o homem seria capaz de conhecer e dominar a natureza.

Para compreendermos a evolução do pensamento comteano em suas diferentes produções, destacamos o que ele próprio menciona na obra *Curso de filosofia positiva* sobre aquilo que viria a propor:

> A circunscrição geral do campo de suas investigações, traçada com toda severidade possível, constitui, para o espírito, preliminar particularmente indispensável num estudo tão vasto e até aqui pouco determinado, como aquele de que vamos nos ocupar. É a fim de obedecer a essa **necessidade lógica** que eu creio dever indicar-lhes, desde este momento, a série de considerações fundamentais que deram nascimento a este novo curso. (Comte, 1978a, p. 3, grifo nosso)

Sua formação como físico preponderou no sentido de formatar uma ciência – *positiva*, em suas palavras – a respeito da sociedade em que ele estava inserido. Observando sua busca por uma ciência que obedecesse a leis gerais, não nos é possível reduzir o positivista apenas a esses aspectos. É importante reforçar que seu ideário, que perpassou suas diferentes obras, ficou conhecido como *positivismo*.

Vale lembrar que o pensamento expresso por Comte, como comentamos, refletia os acontecimentos turbulentos de seu tempo. Por conta da Revolução Francesa, diversas mudanças foram introduzidas na sociedade, e a industrialização alterou radicalmente o modo de vida da população. Era imperativo que os pensadores da época buscassem compreender essas mudanças e sistematizar algo para analisar o funcionamento das transformações. Partindo do mundo natural, físico, Comte acreditava que todas as disciplinas científicas apresentavam uma lógica que lhes era comum, tocando, assim, leis universais que permeavam todas elas. Giddens (2008, p. 7, grifo nosso) destaca que, para Comte,

> Tal como **a descoberta das leis do mundo natural nos permite controlar e prever** os acontecimentos à nossa volta, também desvendar as **leis que governam a sociedade humana nos pode ajudar a configurar o nosso destino e a melhorar o bem-estar da humanidade**. Comte acreditava que a sociedade se submete a leis invariáveis, de um modo muito semelhante ao que sucede no mundo físico.

A noção de ciência positiva adveio justamente desta característica: ao se trabalhar com métodos, tal como se analisa o mundo físico, tende-se a ter uma preocupação apenas com fatos observáveis pela experiência. Sob essa ótica, a sociologia permitiria aos cientistas, com base na análise dos fenômenos vivenciados, prever como acontecimentos futuros poderiam ocorrer. O conhecimento sobre a sociedade seria, então, produzido e pautado em provas advindas da observação, da comparação e da experimentação.

3.3
O cerne do pensamento comteano

De acordo com Comte (1978a, p. 4): "Se de um lado toda teoria positiva deve necessariamente fundar-se sobre observações, é igualmente perceptível, de outro, que, para entregar-se à observação, nosso espírito precisa duma teoria qualquer".

A filosofia erigida por Comte pautava-se na concepção de que a sociedade somente seria reorganizada se, primeiramente, houvesse uma reforma intelectual do homem, pela via teórica, capaz de fomentar naturalmente as práticas sociais. Inserida em um período de intensas transformações, a mudança almejada por Comte deveria iniciar nas trilhas do pensamento. A compreensão dos fenômenos sociais sob um viés normatizante que pudesse prever sua dinâmica era o caminho para formatar as atitudes necessárias à evolução humana.

Com isso, Comte constituiu três linhas gerais para todo o seu trabalho:

1. uma **filosofia** da história, **positiva**, capaz de alcançar todos os homens;
2. uma **fundamentação** a fim de possibilitar a classificação das ciências por essa filosofia positiva, complementadas por uma sociologia que oferecesse o arcabouço teórico necessário à reforma prática das instituições;
3. uma **forma religiosa** dirigida para a nova sociedade que emergiria após a renovação social.

Essas propostas são consoantes com o que destaca Rocha (2006, p. 55) sobre o momento em que foi proposto todo esse ideário:

> A percepção de que a ciência explicava e solucionava mais problemas, além de ampliar sobremaneira a compreensão do mundo, permitindo até mesmo, uma previsão dos movimentos planetários com um grau de precisão sem par, aumentou o clima de confiança em relação à ciência, pelo menos por parte da elite pensante europeia.

Foi sobre essa perspectiva que se assentou a teoria desenvolvida por Comte. Ou seja, as concepções elaboradas por ele garantiam à nova ciência um estatuto de credibilidade. Sobre o conhecimento científico, depositou-se nele grande confiança e, em relação às outras formas possíveis de conhecimento, ele destacava-se.

A filosofia positiva de Comte prevê a existência de uma lei fundamental que rege os fenômenos observáveis, tanto nos diferentes campos das ciências naturais quanto no campo social, que ele visava instaurar. A razão para isso é que, ao entender que as leis do mundo natural e sua previsibilidade permitem aos sujeitos controlar e prever os acontecimentos que lhes circundam, então existem leis que regem a sociedade, e o conhecimento delas contribui para dar melhores condições para o bem-estar da humanidade.

É o próprio autor quem destaca o princípio de suas ideias:

> Estudando, assim, o desenvolvimento total da inteligência humana em suas diversas esferas de atividade, desde seu primeiro voo mais simples até nossos dias, creio ter descoberto uma grande lei fundamental, a que se sujeita por uma necessidade invariável, e que me parece poder ser solidamente estabelecida, quer na base de provas racionais fornecidas pelo conhecimento de nossa organização, quer na base de verificações históricas resultantes dum exame atento do passado. **Essa lei consiste em que cada uma de nossas concepções principais**, cada ramo de nossos conhecimentos, passa sucessivamente por **três estados históricos diferentes: estado teológico ou fictício, estado metafísico ou abstrato, estado científico ou positivo.** (Comte, 1978a, p. 2, grifo nosso)

Assim, por meio dessas considerações, Comte determinou que as sociedades passam sucessivamente por **três estágios**, também denominados *estados*: **teológico, metafísico e científico** ou positivo. A esse princípio o autor chamou de *lei dos três estados* (Figura 3.1), os quais seriam alcançados naturalmente por todas as sociedades por meio de um constante processo evolutivo. O objetivo previsível disso era o próprio ajustamento social às novas normas e regras em ascensão, que pensavam o conhecimento cientifico como fim a ser alcançado, considerando a evolução e a adaptação social, assim como almejavam as teorias evolucionistas e organicistas.

Comte afirma que

> o espírito humano, por sua natureza, emprega sucessivamente, em cada uma de suas investigações, três métodos de filosofar, cujo caráter é essencialmente diferente e mesmo radicalmente oposto: primeiro, o método teológico, em seguida, o método metafísico, finalmente, o método positivo. Daí três sortes de filosofia, ou de sistemas gerais de concepções sobre o conjunto de fenômenos, que se excluem mutuamente: a primeira é o ponto de partida necessário da inteligência humana; a terceira, seu estado fixo e definitivo; a segunda, unicamente destinada a servir de transição. (Comte, 1978a, p. 4)

E o autor complementa o trecho com o questionamento: "Ora, cada um de nós, contemplando sua própria história, não se lembra de que foi sucessivamente, no que concerne às noções mais importantes, **teólogo** em sua infância, **metafísico** em sua juventude e **físico** em sua virilidade?" (Comte, 1978a, p. 4, grifo do original). Assim, o autor considera como construção do conhecimento real e concreto aquilo que pode ser assentado sobre fatos observáveis na natureza.

Figura 3.1 – Lei dos três estados

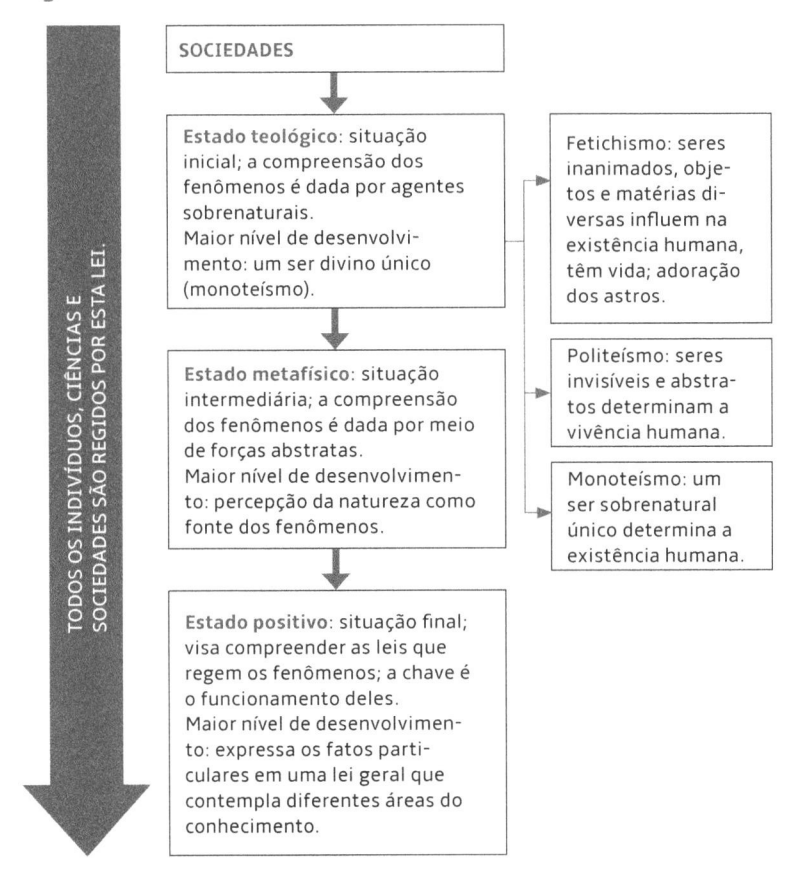

```
TODOS OS INDIVÍDUOS, CIÊNCIAS E
SOCIEDADES SÃO REGIDOS POR ESTA LEI.
```

SOCIEDADES

Estado teológico: situação inicial; a compreensão dos fenômenos é dada por agentes sobrenaturais.
Maior nível de desenvolvimento: um ser divino único (monoteísmo).

Fetichismo: seres inanimados, objetos e matérias diversas influem na existência humana, têm vida; adoração dos astros.

Estado metafísico: situação intermediária; a compreensão dos fenômenos é dada por meio de forças abstratas.
Maior nível de desenvolvimento: percepção da natureza como fonte dos fenômenos.

Politeísmo: seres invisíveis e abstratos determinam a vivência humana.

Monoteísmo: um ser sobrenatural único determina a existência humana.

Estado positivo: situação final; visa compreender as leis que regem os fenômenos; a chave é o funcionamento deles.
Maior nível de desenvolvimento: expressa os fatos particulares em uma lei geral que contempla diferentes áreas do conhecimento.

Vamos, a seguir, explicar cada uma dessas fases para o desenvolvimento do espírito humano.

3.3.1 Estado teológico

Nesse estado, a observação dos fenômenos reduz-se a um número extremamente baixo e dá lugar à atuação da imaginação. Diante da natureza, o homem tenta obter respostas por meio da crença na intermediação do sobrenatural. O mundo é explicado pelas narrativas mitológicas, que tratam da intervenção de deuses e espíritos no mundo natural (Gianotti, 1978, p. X).

Comte percebeu a existência de uma mentalidade teológica que permitiria uma compreensão absoluta da realidade; o ser humano seria, nesse caso, o detentor de todo o conhecimento existente e, desse modo, não iria além dos limites colocados pelos seres sobrenaturais para a resolução dos fenômenos que aconteciam ao seu redor. Assim, o homem poderia ter resolvido ou não suas necessidades e indagações pela intervenção dessas entidades.

Em síntese: no estado teológico, a crença e as ideias religiosas determinam as ações dos sujeitos. Os fenômenos sociais são a expressão das vontades sobrenaturais.

Além de explicar a natureza e seus acontecimentos, essa mentalidade serve para manter a **coesão social**, respaldada na vida moral. Em uma sociedade determinada previamente, não há alteração possível das condutas dos sujeitos que dela fazem parte. Nesse caso, a forma política pauta-se na autoridade centralizada na monarquia, aliada ao militarismo.

Divisão do Estado teológico

Para aprofundar a compreensão desse estado, Comte (1978a) o subdivide ainda em três períodos:
1. Fetichismo – Atribuição de vida e poder a seres inanimados.
2. Politeísmo – Existência de diversos deuses que contêm traços da natureza humana.
3. Monoteísmo – Crença em um único Deus.

Sobre o fetichismo, Comte (1978a, p. 43, grifo nosso e do original) menciona:

A mais imediata e mais pronunciada constitui o **fetichismo** propriamente dito. Este consiste, sobretudo, em atribuir a todos os corpos exteriores vida essencialmente análoga à nossa, apesar de quase sempre mais enérgica, segundo sua ação ordinariamente mais potente. **A adoração dos astros caracteriza o grau mais elevado dessa primeira fase teológica** que, no início, apenas difere do estado mental em que param os animais superiores.

Nessa primeira fase, a relação com a natureza é transcendental e mística. Comte (1978a) aponta a existência de tais práticas em sociedades tribais, consideradas primitivas.

No politeísmo, o autor ressalta que:

> A filosofia inicial sofre, pois, a mais profunda transformação que pode comportar o conjunto de seu destino real, na medida em que a vida é por fim retirada dos objetos materiais, para ser misteriosamente transportada para seres fictícios diversos, habitualmente invisíveis. A intervenção ativa e contínua destes torna-se agora a fonte direta de todos os fenômenos exteriores e, em seguida, até mesmo dos fenômenos humanos. (Comte, 1978a, p. 44)

Os seres naturais anímicos perdem destaque e são substituídos por entidades invisíveis residentes em um plano superior. Sobre essa etapa, há, na sequência, por parte do autor, um juízo de valor depreciativo sobre o desenvolvimento intelectual das diferentes raças, em que algumas seriam mais desenvolvidas do que outras.

Sobre a etapa do monoteísmo, percebe-se que a distância entre os seres e seus princípios explicativos aumenta, e o homem reúne as divindades em uma entidade apenas. Nesse sentido, Comte (1978a, p. 44) aponta que ocorre

> o inevitável declínio da filosofia inicial que, a despeito de conservar por longo tempo grande influência social, ainda mais aparente do que real, sofre então rápido decréscimo intelectual, consequência espontânea dessa simplificação característica, onde a razão vem restringir cada

vez mais o domínio anterior da imaginação, deixando gradualmente desenvolver o sentimento universal, até então quase insignificante, da sujeição necessária de todos os fenômenos naturais a leis invariáveis.

Essa etapa seria, então, a transição para o próximo estado, o metafísico.

3.3.2 Estado metafísico

A explicação dos diferentes fenômenos existentes advém agora das forças que substituem as divindades do estado anterior. Em um primeiro momento, surgem as forças física, química e vital para explicar a realidade que cerca a humanidade. Em um momento seguinte, elas unem-se em uma única força, a natureza, equivalendo ao monoteísmo.

Porém, Comte (1978a, p. 46) frisa o caráter contraditório do regime metafísico ou ontológico, ressaltando que este "se encontra sempre nesta inevitável alternativa de tender a uma restauração vã do estado teológico, para satisfazer às condições da ordem, ou de conduzir a uma situação puramente negativa, a fim de escapar ao império opressivo da teologia".

Há, assim, uma aproximação entre o metafísico e o teológico, em que ambos buscam o entendimento das coisas em sua essência, origem e finalidade. Giannotti (1978) expõe a diferença entre as duas: a metafísica coloca o abstrato no lugar do concreto e a argumentação no lugar da imaginação. O autor ainda complementa:

> Com isso, a metafísica destruiria a ideia teológica de subordinação da natureza e do homem ao sobrenatural. Na esfera política, o espírito metafísico corresponderia a uma substituição dos reis pelos juristas; supondo-se a sociedade como originária de um contrato, tende-se a basear o Estado na soberania do povo. (Gianotti, 1978, p. IX-X)

Em síntese: no estado metafísico, as forças naturais regem os sujeitos e os fenômenos são frutos da ação da natureza sobre o homem.

3.3.3 Estado positivo ou científico

O último estado pauta-se na observação, à qual a imaginação e a argumentação se subordinam. As proposições positivas devem corresponder a um fato existente, particular ou universal.

Como destaca o próprio Comte (1978a, p. 6, grifo do original):

> o caráter fundamental da filosofia positiva é tomar todos os fenômenos como sujeitos a leis naturais invariáveis, cuja descoberta precisa e cuja redução ao menor número possível constitui o objetivo de todos os nossos esforços, considerando como absolutamente inacessível e vazia de sentido para nós a investigação das chamadas causas, sejam primeiras, sejam finais.

Cabe mencionar um detalhe: após elaborar toda a sua teoria positivista e todos os seus desdobramentos, foi somente em 1855, na obra *Apelo aos conservadores*, em que se dirige aos governantes e aos dirigentes, que Comte delimita as acepções em que entende o termo *positivo*: "real, útil, certa, precisa, relativa, orgânica e simpática" (Comte, 1899, p. 25). Cada termo é contraposto a uma noção, em tese, diametralmente oposta, para, além de delimitar aquilo que ele gostaria, apresentar o que ele não gostaria que fosse entendido:

> Como todos os termos vulgares elevados assim gradualmente à dignidade filosófica, a palavra *positivo* oferece, em nossas línguas ocidentais, várias acepções distintas, mesmo afastando o sentido grosseiro, que de início se vincula a ela entre os espíritos mal cultivados. Mas importa notar aqui que todas essas diversas significações convêm igualmente à nova filosofia geral, indicando-lhe alternativamente diferentes propriedades características. Assim, esta aparente ambiguidade não mais oferecerá qualquer inconveniente real. Seria preciso ver nisso, ao contrário, um dos principais exemplos dessa admirável condensação de fórmulas que, nas populações avançadas, reúne, sob uma única expressão usual, vários atributos distintos, quando a razão pública chega a reconhecer sua ligação permanente. (Comte, 1978a, p. 60, grifo do original)

Por exemplo, ao termo *real*, Comte opõe as noções de *quimérico* ou *fantasioso*, isto é, o real deve ser entendido como aquilo que é concreto, em oposição ao abstrato. Esse movimento é próprio da evolução humana, que progride das quimeras infantis às fases concretas da vida adulta.

Esse estado foi desencadeado pelos avanços científicos de Copérnico, Galileu e Newton, que moveram a humanidade à aplicação de técnicas científicas no mundo social. Foi desse ideário, construído posteriormente ao desenvolvimento das ciências (física, química e biologia), que Comte considerou a sociologia a mais importante e complexa das ciências. Sob essa ótica, diferentemente dos estados anteriores, que buscavam a compreensão dos fenômenos em sua origem e em sua finalidade, passou-se a dar importância para a compreensão de como eles ocorrem.

Há, assim, uma tendência ao empirismo, uma vez que "é a experiência sensível que determina o acesso ao mundo dos fatos e uma ciência que faz asserções sobre o real é sempre uma ciência experimental" (Moraes, 1995, p. 125). Porém, o empirismo puro reduzido à experiência não pode ser a única forma de apreensão de um conhecimento assentado em fatos isolados.

Essa visão positiva procura compreender as leis que regem os fenômenos existentes na natureza, não mais buscando as suas causas. "O espírito positivo não tem a pretensão de procurar a causa geradora dos fenômenos. Esta via não tem saída. Seria preciso procurar indefinidamente as causas das causas. Apenas pretende analisar com exatidão as circunstâncias do seu emergir" (Arbousse-Bastide, 1984, p. 29).

O que está em jogo, mediante esse estado, é o estudo de como as leis imutáveis perpassam os diferentes eventos observáveis. Mesmo para compreender fenômenos psicológicos, deve-se buscar relações imutáveis presentes, assim como no trabalho com fenômenos físicos.

Esses procedimentos, segundo Comte, já estavam nos trabalhos dos gregos, ao analisarem a astronomia matemática, e teriam retornado nos trabalhos de Francis Bacon (1561-1626), Galileu Galilei (1564-1642) e René Descartes (1596-1650), que seriam os fundadores da filosofia positiva, para o autor.

> Todos os bons espíritos repetem, desde Bacon, que somente são reais os conhecimentos que repousam sobre fatos observados. Essa máxima fundamental é evidentemente incontestável, se for aplicada, como convém, ao estado viril de nossa inteligência. Mas, reportando-se à formação de nossos conhecimentos, não é menos certo que o espírito humano, em seu estado primitivo, não podia nem devia pensar assim. Pois, se de um lado toda teoria positiva deve necessariamente fundar-se sobre observações, é igualmente perceptível, de outro, que, para entregar-se à observação, nosso espírito precisa duma teoria qualquer. Se, contemplando os fenômenos, não os vinculássemos de imediato a algum princípio, não apenas nos seria impossível combinar essas observações isoladas e, por conseguinte, tirar daí algum fruto, mas seríamos inteiramente incapazes de retê-los; no mais das vezes, os fatos passariam despercebidos aos nossos olhos. (Comte, 1978a, p. 4)

O estado positivo levaria, ao final, a um avanço nas diferentes áreas do conhecimento e da vida humana, em que o poder espiritual recairia sobre os estudiosos e os cientistas, detentores da teoria, e o poder material estaria no controle dos industriais, que colocariam em prática toda essa teorização.

Em síntese: no estado positivo, não mais se busca explicar o porquê dos fenômenos, mas sim como eles funcionam e se repetem na sociedade como um todo. É a compreensão desses funcionamentos que permite aos sujeitos prever os rumos que devem tomar em suas ações.

3.4
Classificação das ciências

Figura 3.2 – Classificação das ciências

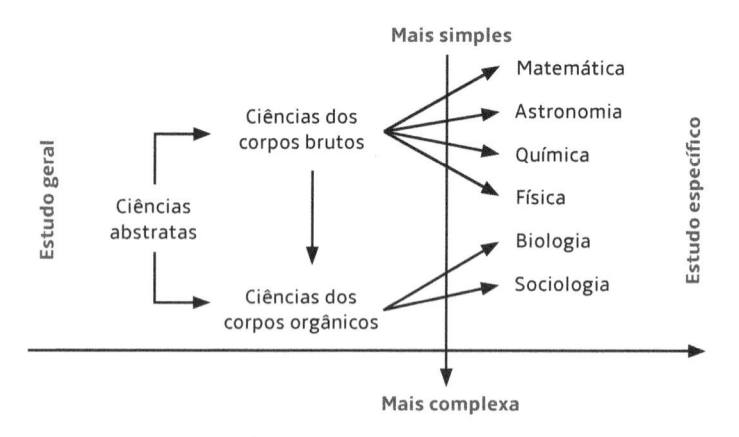

```
                                    Mais simples
                                         │
                                         ├──→ Matemática
                    Ciências dos         │
                    corpos brutos ──────┤──→ Astronomia
         ┌─────────→                    │
Estudo  │                               ├──→ Química         Estudo
geral   │  Ciências                     │                    específico
        │  abstratas                    ├──→ Física
        │                               │
        │                               ├──→ Biologia
        └─────────→ Ciências dos        │
                    corpos orgânicos ──→├──→ Sociologia
                                         │
                                         ▼
                                    Mais complexa
```

Fonte: Elaborado com base em Comte, 1978a.

Comte, ao delinear como devem ser os estudos das ciências, propõe uma abordagem em que o cientista lança seu olhar sobre o conhecimento e percebe uma categorização que parte do estudo geral em direção ao específico da realidade; e, em outro nível, a análise dos estudos que o autor considera mais simples para aqueles que ele julgou serem mais complexos. Assim, como vemos na Figura 3.2, estão dispostos os planos de análises que apontam quais ciências estão em cada um desses polos. Conjuntamente, cada área compreende um grau de complexidade naquilo que o autor chamou de *corpos brutos*, indicando elementos físico-naturais e orgânicos da sociedade humana.

A proposta positivista poderia retomar a possibilidade de haver unidade entre as diferentes áreas do conhecimento, pois, ao se reduzir as ciências a um pequeno grupo de leis imutáveis, é possível aplicar a todas elas os mesmos métodos, independentemente do campo em questão.

Essa unidade do conhecimento não é apenas individual, mas também coletiva; isso faz da **filosofia positiva o fundamento intelectual da fraternidade entre os homens, possibilitando a vida prática em comum**. A união entre a teoria e a prática seria muito mais íntima no estado positivo do que nos anteriores, pois o conhecimento das relações constantes entre os fenômenos torna possível determinar seu futuro desenvolvimento. O conhecimento positivo caracteriza-se pela previsibilidade: **"ver para prever" é o lema da ciência positiva. A previsibilidade científica permite o desenvolvimento da técnica** e, assim, o estado positivo corresponde à indústria, no sentido de exploração da natureza pelo homem. (Gianotti, 1978, p. XI, grifo nosso)

Toda ciência também passa, cada uma a sua maneira, pelos três estados propostos por Comte. Além disso, o autor entende que as ciências jamais chegariam à compreensão plena dos seus objetos e que cada área do conhecimento percorre de maneira diversa as diferentes fases de desenvolvimento percebidas para atingir o estágio de maior complexidade, que seria o positivo. Comte (1979a) percebe, no entanto, que em todas essas áreas faz-se presente uma ordem invariável que mantém a progressão dessa evolução.

Segundo Comte, as ciências classificam-se de acordo com a maior ou menor simplicidade de seus objetos respectivos. **A complexidade crescente permite estabelecer a sequência: matemáticas, astronomia, física, química, biologia e sociologia.** As matemáticas possuem o maior grau de generalidade e estudam **a realidade mais simples e indeterminada**. A astronomia acrescenta a força ao puramente quantitativo, estudando as **massas dotadas de forças de atração**. A física soma a qualidade ao quantitativo e às forças, **ocupando-se do calor, da luz, etc.**, que seriam forças qualitativamente diferentes. A **química** trata de **matérias qualitativamente distintas**. A biologia ocupa-se dos **fenômenos vitais**, nos quais a matéria bruta é enriquecida pela organização. Finalmente, **a sociologia estuda a sociedade**, onde os seres vivos se unem por laços independentes de seus organismos. (Gianotti, 1978, p. XII, grifo nosso)

Comte ainda acrescenta dois outros critérios para justificar a classificação das ciências: um é de ordem histórica, segundo o qual elas estão na ordem em que foram surgindo; e o outro, de ordem didática, pelo qual elas estão em ordem de dependência relativa. Isto é, "as ciências mais complexas e mais concretas dependem, pois, das ciências mais abstratas e menos complexas, quer no plano dos objetos, quer no plano dos métodos" (Tavares; Ferro, 2001, p. 287).

As leis imutáveis de cada ciência constituem, então, os fenômenos positivos verificáveis por Comte, que ainda ressalta:

> Eis a grande mas, evidentemente, única lacuna que se trata de preencher para constituir a filosofia positiva. Já agora que o espírito humano fundou a física celeste; a física terrestre, quer mecânica, quer química; a física orgânica, seja vegetal, seja animal, resta-lhe, para terminar o sistema das ciências de observação, fundar a física social. Tal é hoje, em várias direções capitais, a maior e mais urgente necessidade de nossa inteligência. Tal é, ouso dizer, o primeiro objetivo deste curso, sua meta especial. (Comte, 1978a, p. 9, grifo do original)

O autor ainda destaca que seu curso de filosofia positiva seria impossível sem a fundação da física social:

> devo fazer notar que os dois objetos, um especial, outro geral, que me proponho, apesar de serem distintos em si mesmos, são necessariamente inseparáveis. Pois, de um lado, seria impossível conceber um curso de filosofia positiva sem a fundação da física social, já que lhe faltaria, então, um elemento essencial. (Comte, 1978a, p. 9)

Assim, a física social, que posteriormente Comte passou a chamar de *sociologia*, reuniria em si toda a filosofia positiva, agregando as diferentes ciências, que traziam diversas parcelas do real, dando-lhe a plenitude necessária do conhecimento e efetivando a seguinte afirmação comteana, conforme exposto por Giannotti (1978a, p. XII): "um sistema verdadeiramente indivisível, onde toda decomposição é radicalmente artificial [...], tudo relacionando-se com a Humanidade, única concepção completamente universal".

Para Comte, essa nova área do conhecimento abarca parte da psicologia, a economia política, a ética e a filosofia da história. Em seu método, tais estudos vinculam-se às etapas de desenvolvimento e à sociedade inseridos na progressão dos fatos da história.

Outro ponto de destaque na classificação das ciências e no estabelecimento da sociologia comteana refere-se aos conceitos que o autor emprestou da física para analisar a sociedade: estática social e dinâmica social.

A **estática social** é o estudo da **ordem** social em determinado momento histórico, isto é, a sociedade é estudada com base em seus componentes estruturais internos, que lhe dão sustentação. Como exemplos, podemos citar estruturas como Estado, instituições, família etc.

Por sua vez, a **dinâmica social** trata do **progresso**, da evolução das sociedades no tempo. Assim, ela analisa as diferentes sociedades, comparando-as em relação a seus processos evolutivos, bem como à história universal.

Conforme destaca Gianotti (1978, p. XII, grifo nosso); "Para Comte, a dinâmica social subordina-se à estática, pois o **progresso** provém da **ordem** e aperfeiçoa os elementos permanentes de qualquer sociedade: religião, família, propriedade, linguagem, acordo entre poder espiritual e temporal, etc.".

Vale lembrar que essa concepção teórica influenciou intensamente pensadores brasileiros, tanto que esses dois termos positivistas (*ordem* e *progresso*) compõem a bandeira nacional brasileira.

3.5
Religião da humanidade

Comte levou até o limite sua proposta de reforma intelectual e social da humanidade. Não bastava ter uma filosofia norteadora ou encaminhamentos políticos para que ela fosse aplicada. Era preciso formular uma religião para a nova sociedade que emergiria com a efetivação do positivismo. A proposta era construir uma religião da humanidade, em que fé e preceitos dogmáticos seriam substituídos pelos fundamentos científicos. Conforme Giddens (2008), a sociologia estaria no centro dessa nova religião. O autor ainda complementa:

> Comte estava perfeitamente consciente do estado da sociedade em que vivia: estava preocupado com as desigualdades que a industrialização produzia e a ameaça que elas constituíam para a coesão social. **A solução a longo prazo, de acordo com a sua perspectiva, consistia na produção de um consenso moral que ajudaria a regular, ou unir, a sociedade, apesar dos novos padrões de desigualdade.** Embora o caminho de Comte para a reconstrução da sociedade nunca se tivesse concretizado, a sua contribuição para a sistematização e unificação da ciência da sociedade foi importante para a posterior profissionalização da Sociologia enquanto disciplina acadêmica. (Giddens, 2008, p. 8, grifo nosso)

Com a reforma das instituições, a sociologia deveria conduzir a política, reorganizando, assim, toda a sociedade. Nesse caso, vislumbrava-se a necessidade de uma nova elite científico-industrial capaz de levar adiante os fundamentos positivos e de desenvolver as técnicas correspondentes a cada ciência, em prol do bem comum.

É importante frisar que o pensamento de Comte alterou-se significativamente com o contato com Clotilde de Vaux, em 1844. Por meio dela, o autor buscou fazer uma regeneração moral, e o seu pensamento se ampliou para elementos utópicos e religiosos.

Com Clotilde em sua vida, o sentimento passou a ter centralidade, deixando a razão em segundo plano, pois,

> Em vez de uma filosofia ou uma filosofia da história, o positivismo comteano evoluiu na direção de uma religião da humanidade, com sua teologia, seus rituais, sua hagiografia. Pretendendo ser uma concepção laica, fundia o religioso com o cívico, ou melhor, o cívico se tornava religioso. Os santos da nova religião eram os grandes homens da humanidade, os rituais eram festas cívicas, a teologia era sua filosofia e sua política, os novos sacerdotes eram os positivistas. Na base da nova humanidade, Comte colocou o sentimento do altruísmo, substituto da caridade católica. (Carvalho, 2004, p. 130)

Nesse contexto, Comte categorizou o que seriam as instituições altruístas: a família, a pátria e a humanidade.

Nessa guinada, a mulher passou a ter uma relevância maior dentro de seu entendimento de evolução social. O autor elaborou, assim, a alegoria da figura feminina como Virgem-Mãe da humanidade. A imagem de Clotilde de Vaux foi associada a essa entidade da religião positivista.

Em relação ao crescente número de proletários industriais, a posição de Comte era claramente conservadora: de manutenção do *status quo* social. Seu olhar vislumbrava uma mecânica social na qual as peças completavam o todo e em que os conflitos de classe deveriam ser superados por meio da acomodação, justificada pelo entendimento de que todos deveriam cumprir com suas funções dentro da sociedade.

3.6
Influência positivista no Brasil

A teoria de Auguste Comte encontrou uma grande aceitação em certos setores da sociedade brasileira, influenciando intelectuais e políticos no final do século XIX. O movimento republicano brasileiro contou com o apoio de grupos ligados ao positivismo instalados no país, como a atuação de Benjamin Constant, um dos criadores da sociedade positivista do Brasil (em 1876). Algumas obras de Comte, inclusive, apresentam impressões em português graças a esses grupos.

À época da Proclamação da República, segundo Carvalho (2004, p. 9), "havia no país pelo menos três correntes que disputavam a definição da natureza do novo regime: o liberalismo à americana, o jacobinismo à francesa, e o positivismo".

Mesmo com a supremacia da primeira linha teórica, o positivismo consolidou elementos significativos do novo regime de governo, estabelecendo o imaginário necessário para validar a nova condição social brasileira, pois adveio de seus quadros a definição de qual seria a bandeira a ser utilizada pela nação.

Nesse contexto, proclamada a República, qual seria a bandeira? Diversas propostas surgiram, mas predominou a desenhada por Décio Villares, ligado à Igreja Positivista do Brasil, que chegou ao governo provisório por intermédio de Benjamin Constant:

> Na concepção da bandeira positivista, como em quase tudo, os ortodoxos seguiram as indicações de Comte. Segundo este, na primeira fase da transição orgânica da humanidade deveriam ser mantidas as bandeiras vigentes, com o acréscimo da divisa política "**Ordem e Progresso**". Tomaram então a bandeira imperial, conservaram o fundo verde, o losango amarelo e a esfera azul. Retiraram da calota os emblemas imperiais: a cruz, a esfera armilar, a coroa, os ramos de café e tabaco. As estrelas que circulavam a esfera foram transferidas para dentro da calota. A principal inovação, a que gerou maior polêmica, a que ainda causa resistência, foi a introdução da divisa "Ordem e Progresso", em uma faixa que, representando o zodíaco, cruzava a esfera em sentido descendente da esquerda para a direita. (Carvalho, 2004, p. 112-113, grifo nosso)

Coube a Teixeira Mendes fazer a defesa da nova bandeira, dizendo que ela transcendia os princípios positivistas, embora estes fossem aplicáveis ao contexto em questão, visto que o passado e o futuro estavam ali representados: a retomada das cores imperiais e a nova proposta republicana de ordenamento social.

Síntese

Neste capítulo, observamos como Auguste Comte desenvolveu sua filosofia positiva, estabelecendo a lei dos três estados à qual toda a humanidade estaria sujeita. O autor destacou o positivismo na qualidade de ideário reformista moral e social da sociedade, pautado na ciência em todos os âmbitos de sua vivência, considerando tanto aspectos teóricos e práticos quanto religiosos, como a igreja positivista.

Vimos que, em Comte, o conhecimento científico se distingue dos demais, tendo em vista sua condição de maior credibilidade e confiança. Para o autor, a ciência e a industrialização apontam para o progresso social. A perspectiva conservadora adotada por Comte nos revela seu posicionamento diante dos conflitos sociais de seu período: para ele, a revolução significa desordem e, portanto, deve ser evitada. Os conflitos se resolveriam, assim, pela imposição da ordem, a qual, por sua vez, restauraria a coesão social. Dessa forma, ao ocuparem classes sociais distintas e funções específicas, os indivíduos estariam contribuindo para o sucesso e o progresso social.

A sociologia de Comte não se propunha a mudanças e a questionamentos sociais, mas ao reestabelecimento da ordem e à resolução dos constantes conflitos de categoria classista que se alastravam.

Indicações culturais

> A ÚLTIMA religião. Direção: Hugo Pinto. Portugal: Um Segundo Filmes, 2015. 50 min.
>
> A CAPELA positivista de Porto Alegre. Direção: Yuri Victorino da Silva. Brasil: Arqvive Memória e Informação, 2008. 38 min.
>
> Neste capítulo, indicamos dois documentários sobre a religião positivista deixada por Comte. O primeiro é A última religião, dirigido pelo jornalista português Hugo Pinto e gravado em

Porto Alegre. No documentário, o jornalista retrata as origens, o culto e os seguidores da religião sistematiza por Auguste Comte. O segundo tem o título *A capela positivista de Porto Alegre* e conta com a direção de Yuri Victorino da Silva, abordando o único templo positivista ainda em atividade no Brasil – um dos últimos redutos do pensamento proposto por Comte. Há, entre seus adeptos, o reforço pela explicação dos fenômenos naturais e sociais na condição de relações verificáveis, empíricas. Para os positivistas, as coisas existentes no mundo têm e devem permanecer em seu lugar preestabelecido, para um perfeito funcionamento social.

Atividades de autoavaliação

1. Sobre a física social proposta por Comte, assinale V para as afirmativas verdadeiras e F para as falsas.

    ( ) A física social é uma nova área, articulada à compreensão da existência de outras físicas, como a celeste, a terrestre e a orgânica.

    ( ) A física social busca analisar a sociedade em relação à sua própria dinâmica constitutiva.

    ( ) A física social compreende os fenômenos relativos à sociedade regidos por leis naturais imutáveis.

    ( ) A física social, em razão do uso de seu nome por outros autores da época, teve sua concepção alterada por Comte para *sociologia*, para diferenciá-la e delimitar seu alcance.

    Indique a alternativa que apresenta a sequência correta:
    a) V, F, V, V.
    b) F, F, V, F.
    c) V, F, F, V.
    d) F, V, V, F.
    e) F, V, F, F.

2. Sobre a lei dos três estados desenvolvida por Auguste Comte, assinale V para as afirmativas verdadeiras e F para as falsas.
   ( ) São estados alcançados de maneira artificial, pelo desenvolvimento do conhecimento humano.
   ( ) Todos os estados são alcançados pelas sociedades de maneira natural, incentivadas pelos cientistas.
   ( ) O primeiro estado é o teológico, cujo auge é a existência de uma divindade única.
   ( ) O segundo estado subdivide-se em três subáreas.
   ( ) O método positivo é o estado final mais elevado a ser alcançado pela sociedade.

   Indique a alternativa que apresenta a sequência correta:
   a) V, V, F, V, V.
   b) F, F, V, V, V.
   c) V, F, V, F, F.
   d) F, V, V, F, V.
   e) V, V, V, F, F.

3. Na constituição da filosofia positivista, Comte realizou uma classificação das ciências. Sobre esses conceitos, assinale V para as afirmativas verdadeiras e F para as falsas.
   ( ) No processo de classificação das ciências, Comte organizou o conhecimento dos conceitos mais simples para os mais complexos.
   ( ) A matemática para Comte, é uma das áreas mais complexas e específicas de estudo da natureza.
   ( ) A sociologia faz um recorte mais específico da realidade, estudando a parte correspondente aos indivíduos inseridos na natureza.
   ( ) As ciências estão divididas em *ciências dos corpos brutos* e *ciências dos corpos orgânicos*.

Indique a alternativa que apresenta a sequência correta:
a) F, F, V, F.
b) V, F, F, V.
c) V, V, V, F.
d) V, V, F, F.
e) F, V, V, F.

4. Assinale qual alternativa não corresponde ao pensamento de Comte:
   a) Concepção conservadora da dinâmica social, segundo a qual cada sujeito deve estar adequado ao seu lugar na sociedade.
   b) O positivismo apresenta um ideal libertário para a sociedade, visando à superação.
   c) Comte delimitou a existência de uma lei dos três estados para compreender o nível de desenvolvimento das diferentes sociedades.
   d) Para Comte, a revolução na sociedade causa desordem, por isso deve ser combatida e evitada.
   e) Em relação ao crescente número de proletários industriais, a posição de Comte é claramente conservadora, de modo a favorecer a manutenção do *status quo* na sociedade.

5. Assinale a alternativa correta:
   a) Tendo em vista o aumento de trabalhadores rurais, a posição de Comte era libertadora, de modo a favorecer a transformação da sociedade.
   b) Auguste Comte desenvolveu sua filosofia materialista estabelecendo a lei dos três estados, à qual toda a humanidade está sujeita.
   c) Comte propôs a mudanças e questionamentos sociais, buscando acabar com a ordem social dominante estabelecida.

d) Para Comte, a ciência e a industrialização apontam para o retrocesso social.

e) Comte acreditava que a revolução é o meio pelo qual a sociedade pode alcançar o estado positivo.

Atividades de aprendizagem

Questões para reflexão

1. Qual a influência da formação inicial de Auguste Comte como físico para a formação da área dos estudos das ciências sociais?

2. Com relação ao primeiro estado da sociedade, explique as subdivisões existentes. Quais exemplos de sociedades atuais podem ser relacionados a ele?

Atividade aplicada: prática

1. Os diferentes governos, em suas distintas esferas de poder (municipal, estadual e federal), adotam lemas e perspectivas ideológicas em seus *slogans* de divulgação, como podemos observar, por exemplo, na inserção dos princípios positivistas na bandeira do Brasil, por meio da frase "*Ordem e Progresso*", que evoca o projeto de nação que se buscava para o país no momento histórico em que ela foi constituída.

   Em governos recentes, como o de Michel Temer (2016-2018), esse mote retornou como instrumento institucional. Considerando diferentes períodos históricos, reflita sobre as seguintes questões:

a) Os efeitos de sentido na retomada desse lema são os mesmos?
b) Há presente também um projeto de nação?
c) Qual seria a intencionalidade dessa retomada?

Após responder às questões, produza um texto elencando suas conclusões.

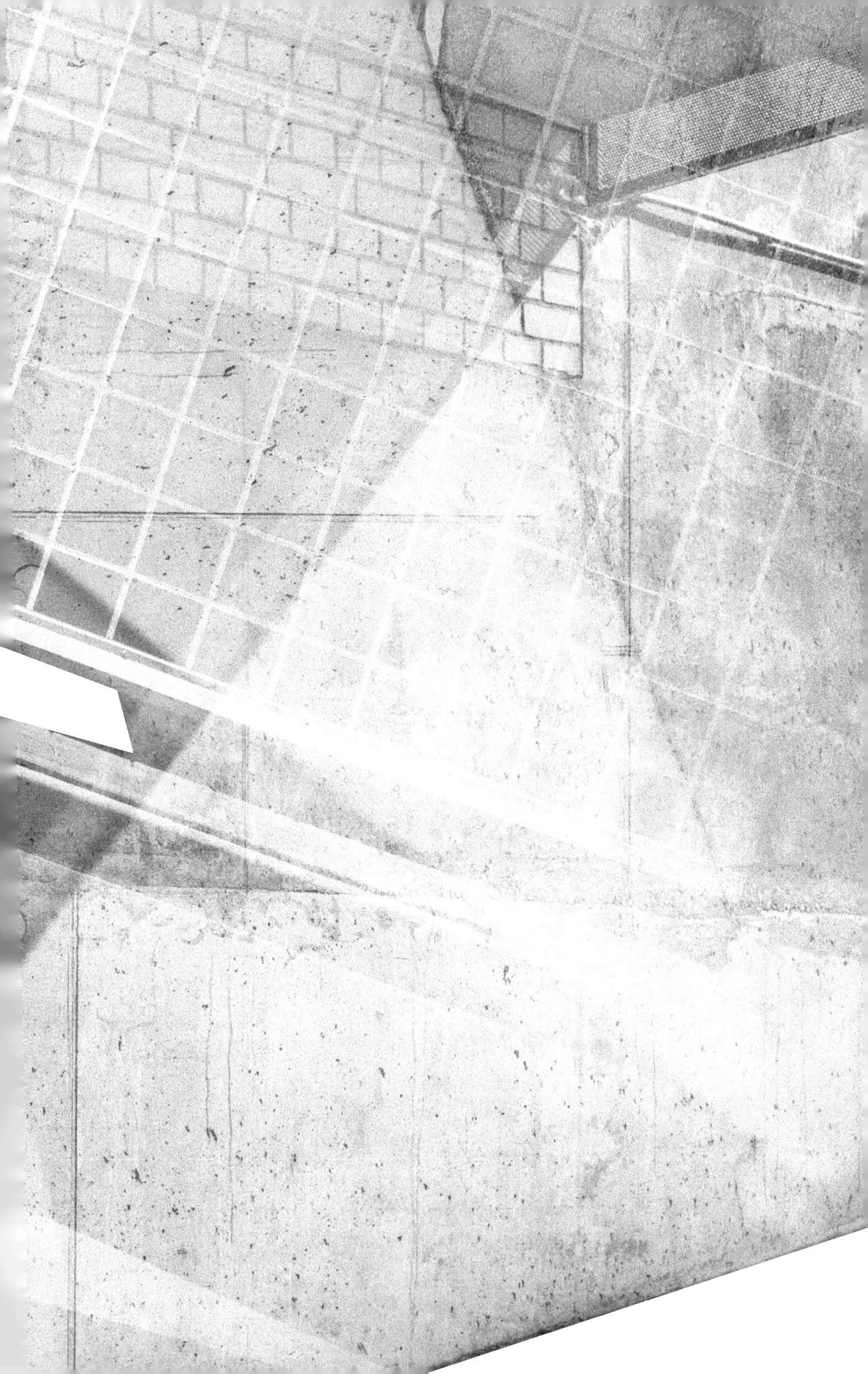

4. Durkheim e o funcionalismo

Silvana Silva
Cleverson Lucas dos Santos

Neste capítulo, discutiremos sobre a consolidação da sociologia como área do conhecimento pela obra de Émile Durkheim. Foi com esse intelectual que a sociologia ganhou o meio acadêmico, sendo esse autor o primeiro professor dessa disciplina na França.

Nesse sentido, veremos os principais conceitos do autor com base em suas principais obras: *As regras do método sociológico*, *Da divisão do trabalho social* e *As formas elementares da vida religiosa*. Nosso objetivo é identificar as principais contribuições da sociologia funcionalista, destacando a observação fundamental de Durkheim: os indivíduos não são livres, mas condicionados a fatores sociais de integração.

4.1
Condições históricas

Émile Durkheim foi um intelectual, nascido em Epinal, na Alsácia, no leste da França. Por ser filho de um rabino, estava inserido em uma religiosidade judaica. Realizou seu aprendizado na Escola Normal Superior de Paris, onde iniciou seus estudos filosóficos. Posteriormente, passou um período na Alemanha e, mais tarde, integrou-se à Universidade de Sorbonne. Como destaca Costa (1997), Durkheim lecionou Sociologia em Bordeaux, primeira cátedra dessa ciência criada na França. Em 1902, transferiu-se para Sorbonne, para onde levou inúmeros cientistas, entre eles seu sobrinho Marcel Mauss, reunindo-os num grupo que ficou conhecido como *Escola Sociológica Francesa*.

No momento histórico em que Durkheim desenvolveu seus estudos, a França enfrentava um período de grande crise. Tomazi (2000) ressalta que a derrota na Guerra Franco-Prussiana e o aniquilamento da Comuna de Paris (1870-1871) haviam deixado marcas profundas na sociedade francesa, o que exigia uma reformulação de toda a sua estrutura. Um período de contradições sociais e econômicas, de miséria e avanço da produção industrial, elementos que aprofundaram as discussões em torno dos rumos daquela sociedade.

Estudiosos de diferentes linhas teóricas buscavam delinear um método científico capaz de compreender toda aquela efervescência social e, consequentemente, prever seus rumos. Foi nesse contexto que Durkheim dedicou-se a entender os métodos científicos e os valores éticos que guiavam a vida social. Seus esforços foram no sentido de conter o contexto político, que ele acreditava estar passando por um processo de degeneração moral.

As principais obras do autor são *Da divisão do trabalho social* (1893), *As regras do método sociológico* (1895), *O suicídio* (1897) e *Formas elementares da vida religiosa* (1912), entre outros escritos. O cerne de sua teoria encontra-se retratado nesses livros.

De grande importância para a sociologia, Durkheim foi o responsável pela consolidação acadêmica dessa área como ciência. Por meio de sua obra, o autor definiuo fato social como objeto de estudo para a sociologia e traçou um caminho metodológico para suas pesquisas, ao eleger, como recurso teórico a ser utilizado como explicação sociológica, o funcionalismo.

4.2
O fato social e o funcionalismo

Durkheim desenvolveu com riqueza de detalhes o funcionamento de sua teoria, estipulando um objeto de estudo para a sociologia e delineando um caminho científico de pesquisa para compreender de que forma a sociedade se organizava e se comportava. Para Aron (1999, p. 292), o que se percebe quanto à questão metodológica em Durkheim é que "para estudar cientificamente um fenômeno social é preciso estudá-lo objetivamente, isto é, do exterior, encontrando o meio pelo qual os estados de consciência não perceptíveis diretamente podem ser reconhecidos e compreendidos".

A primeira regra apresentada no livro As *regras do método sociológico* é, justamente, considerar os fatos sociais como *coisas*, evitando as pré-noções que se interpõem entre o estudo e o fato concreto propriamente dito. A necessidade de se considerar o **fato social** uma coisa decorre da importância de se perceber sua existência imaterial – uma coisa com particularidades próprias, externa aos indivíduos e que atua efetivamente sobre eles, determinando suas ações. Embora essa definição não seja sentida, por estar internalizada e ser inconscientemente aceita, ela existe e demonstra a intensidade de sua força quando se tenta rompê-la.

Para Durkheim, a postura do sociólogo diante de seu objeto de estudo deve ser a mesma de todo cientista diante de qualquer assunto que lhe seja exterior. Com base nessa perspectiva de análise, que pressupõe a imparcialidade do pesquisador, Durkheim buscou demonstrar como os fatos sociais atuam dentro da sociedade. Ou seja, o princípio do recurso funcionalista na explicação sociológica consiste em identificar a função do fato social, compreendendo sua relação de causa e efeito dentro do sistema social.

Dessa forma, o funcionalismo recebe essa denominação por dois motivos: primeiramente, porque se refere à comparação feita pelo autor entre a sociedade e um organismo vivo, que depende da interligação de seus órgãos funcionando em harmonia, em segundo lugar, porque objetiva identificar a função correspondente ao fato social, ou seja, o fim, a finalidade de tal fato.

4.2.1 O fato social

Conforme já expusemos anteriormente, o fato social consiste, para Durkheim (2007, p. 2), em "maneiras de agir, de pensar e de sentir que apresentam essa notável propriedade de existirem fora das consciências individuais". Contudo, apesar dessa definição bastante abrangente, não significa que tudo o que acontece na sociedade pode ser considerado fato social. No início da obra *As regras do método sociológico*, Durkheim já chamava a atenção para isso. Para ele, a designação *social* parecia estar sendo empregada sem restrições e com pouca qualificação a quase todos os fenômenos que, embora apresentassem algum interesse social, referiam-se a acontecimentos regulares e não apresentavam um âmbito de cunho analítico, ao menos na perspectiva de fatos sociais.

Todo indivíduo come, bebe, dorme, raciocina, e a sociedade tem todo o interesse em que essas funções se exerçam regularmente. Portanto, se esses fatos fossem sociais, a sociologia não teria objeto próprio, e seu domínio se confundiria com o da biologia e da psicologia. Mas, na realidade, há em toda sociedade um grupo determinado de fenômenos que se distinguem por caracteres definidos daqueles que as outras ciências da natureza estudam. Quando desempenho minha tarefa de irmão, de marido ou de cidadão, quando executo os compromissos que assumi, **eu cumpro deveres que estão definidos, fora de mim e de meus atos, no direito e nos costumes**. Ainda que eles estejam de acordo com meus sentimentos próprios e que eu sinta interiormente a realidade deles, esta não deixa de ser objetiva; **pois não fui eu quem os fiz, mas os recebi pela educação**. (Durkheim, 2007, p. 2, grifo nosso)

Na descrição realizada por Durkheim, são expostas as características que um fenômeno precisa apresentar para ser analisado como um fato social. Quando Durkheim (2007, p. 2) expressa que "eu cumpro deveres que estão definidos, fora de mim e de meus atos, no direito e nos costumes", estamos diante de duas dessas características: a coercitividade e a exterioridade.

No que se refere à **coercitividade**, o autor deixa claro que ela se manifesta em dois âmbitos: o do direito e o dos costumes. Isso significa que não obedecemos apenas às regras instituídas pelos códigos do direito, mas também somos inconscientemente obedientes aos costumes e às tradições ensinadas por nossos antepassados. A **exterioridade** pode ser compreendida nessa passagem quando o autor declara que tanto no que diz respeito aos costumes quanto no âmbito do direito as regras não partem do indivíduo, mas, antes, de uma organização social conivente. Na sequência, o autor explica: "Ainda que eles [os costumes] estejam de acordo com meus sentimentos próprios e que eu sinta interiormente a realidade deles, esta não deixa de ser objetiva; pois não fui eu quem os fiz, mas os recebi pela educação" (Durkheim, 2007, p. 2). Novamente, observamos o papel ativo da coerção por meio do ato educativo e também verificamos o que apontamos como a terceira característica do fato social: a **generalidade**. A educação é um processo regular que atinge, em diferentes perspectivas e composições, se não a todos, a uma grande parte dos indivíduos, sendo um fenômeno de abrangência geral e de introjeção de hábitos, normas, regras e costumes.

Dessa forma, para um acontecimento ser considerado fato social, ele precisa apresentar três características: exterioridade, generalidade e coercitividade.

Exterioridade

Na definição durkheimiana, a exterioridade se refere à capacidade de existência e de atuação dos fatos sociais de modo independente da vontade dos indivíduos. Isso significa que os fatos sociais não estão sujeitos à adesão consciente nem ao desejo individual. As maneiras sociais ensinadas são construções anteriores, isto é, ao nascerem, os indivíduos encontram as convenções já estabelecidas.

Generalidade

Para ser um fato social, o fenômeno deve abranger uma dada coletividade e ter uma repetição regular, ou seja, deve ser geral na extensão de uma sociedade e independente de manifestações individuais (Durkheim, 2007).

Coercitividade

A coercitividade diz respeito à capacidade de exercer coerção social sobre os indivíduos, ou seja, fazê-los se conformarem com as regras já existentes ou, então, puni-los diante da inobservância das leis. Em outras palavras, a coerção é a capacidade de convencer e de gerar comodismo às sanções sociais, determinando formas de agir, de compreender e de relacionar-se socialmente. Pode se converter em formas de punição nos casos que configurem desobediência, como aqueles em que as regras não são seguidas.

Nesse sentido, o fato social obriga o desenvolvimento de comportamentos predeterminados, que são seguidos até mesmo de maneira inconsciente pelos indivíduos. Segundo Nova (2004, p. 79), "a exterioridade e a independência dos fatos sociais em relação aos indivíduos são uma consequência da sua intersubjetividade: na medida em que eles são partilhados coletivamente, possuem uma existência própria".

E continua o autor:

> o poder de coerção dos fatos sociais não é necessariamente percebido como tal pelos indivíduos, a saber, como uma pressão externa sobre o seu comportamento, já que os fatos sociais, sendo coletivos, só atuam quando assimilados pelos indivíduos como modos de convívio, ideias e sentimentos tidos como indiscutivelmente normais, como se fossem algo que pertença a ordem inevitável das coisas. (Nova, 2004, p. 79-80)

Conforme Durkheim (2007, p. 2-3),

> Se tento violar as regras do direito, elas reagem contra mim para impedir meu ato, se estiver em tempo, ou para anulá-lo e restabelecê-lo em sua forma normal, se tiver sido efetuado e for reparável, ou para fazer com que eu o expie, se não puder ser reparado de outro modo. Em se tratando de máximas puramente morais, a consciência pública reprime todo ato que as ofenda através da vigilância que exerce sobre a conduta dos cidadãos e das penas especiais de que dispõe. [...] Se não me submeto às convenções do mundo, se, ao vestir-me,

não levo em conta os costumes observados em meu país e em minha classe, o riso que provoco, o afastamento em relação a mim, produzem embora de maneira mais atenuada, os mesmos efeitos que uma pena propriamente dita.

Para Durkheim (2007), a sociedade é maior do que o indivíduo e se impõe a ele, determinando seu comportamento. Dessa forma, integrada ao conceito de fato social, aparece, na teoria de Durkheim, a concepção de consciência coletiva. Embora os indivíduos tenham valores, gostos e jeitos de agir particulares, que representariam suas consciências individuais, no interior dos grupos existem comportamentos padronizados que constituem a consciência coletiva, pois não dependem das condutas dos indivíduos (Costa, 1997). Os conceitos de **consciência coletiva** e **consciência individual** foram abordados por Durkheim na obra *Da divisão do trabalho social* (1893), em que o autor analisou as solidariedades de tipo mecânica e orgânica, produzidas nas sociedades pré-capitalistas e capitalistas, respectivamente.

4.2.2 Fato social normal e fato social patológico

Conforme Durkheim, os fenômenos sociais podem ser normais ou patológicos. Dessa forma, são necessárias regras metodológicas que permitam compreender o que esses tipos são e identificar as distinções entre eles. Segundo Durkheim (2007, p. 58), "Chamaremos normais os fatos que apresentam as formas mais gerais e daremos aos outros o nome de mórbidos ou patológicos".

Para compreender a distinção realizada pelo autor, vamos acompanhar o que ele próprio escreveu sobre os dois fatos:

> Todo fenômeno sociológico, assim como, de resto, todo fenômeno biológico, é suscetível de assumir formas diferentes conforme os casos, embora permaneça essencialmente ele próprio. Ora, essas formas podem ser de duas espécies. Umas são gerais em toda a extensão da

espécie; elas se verificam, se não em todos os indivíduos, pelo menos na maior parte deles e, se não se repetem identicamente em todos os casos nos quais se observam, mas variam de um sujeito a outro, essas variações estão compreendidas entre limites muito próximos. **Há outras, ao contrário, que são excepcionais; elas não apenas se verificam só na minoria, mas também acontece que, lá mesmo onde elas se produzem, muito frequentemente não duram toda a vida do indivíduo.** Elas são exceção tanto no tempo como no espaço. (Durkheim, 2007, p. 58, grifo nosso)

Para melhor explicar a tipologia do fato social em normal ou patológico, Durkheim estabelece alguns pontos que precisam ser considerados. Como característica da tipologia de explicação funcionalista, o autor se propõe a discutir o conceito de normalidade ou de anormalidade dentro da sociedade baseado nos conhecimentos produzidos pela biologia. Dessa forma, o normal é associado à saúde, ao bom funcionamento, à regularidade. Já o anormal é associado à doença, ao desconforto, ao sofrimento. Logo, assim como na biologia, o normal também deve ser relativizado, considerando-se a necessidade de se observarem organismos que pertencem a uma mesma espécie e que estejam inseridos em um mesmo estágio evolutivo.

Segundo Durkheim (2007, p. 59):

Vê-se que um fato só pode ser qualificado como patológico em relação a uma espécie dada. As condições da saúde e da doença não podem ser definidas *inabstracto* e de maneira absoluta. [...] Cada espécie tem sua saúde, por que tem seu tipo médio que lhe é próprio [...]. É preciso renunciar a esse hábito, ainda muito difundido, de julgar uma instituição, uma prática, uma máxima moral, como se elas fossem boas ou más em si mesmas e por si mesmas, para todos os tipos.

Nessa perspectiva, a análise da normalidade do fato social só pode ser aplicada quando se considerarem tipos médios que lhe são próprios. Interpretações comparativas não podem ser aplicadas de maneira indistinta a espécies ou, no caso específico da sociologia, a sociedades diferentes. Isso significa que nem tudo o que é julgado normal para uma sociedade X também o é para uma sociedade Y. Além desse primeiro pressuposto a ser desenvolvido na análise do fato social, o princípio da variável evolutiva dentro da mesma espécie (mesma sociedade) também é acionado por Durkheim (2007, p. 60): "Um fato social não pode, portanto, ser dito normal para uma espécie social determinada, a não ser em relação a uma fase, igualmente determinada, de seu desenvolvimento".

Dessa forma, um fato social só pode ser considerado anômico se ele apresentar uma condição de excepcionalidade. Ou seja, os **fatos sociais patológicos** estão associados a condições em que eles não atingem a grande maioria do grupo e à característica de serem inconstantes, tendo um caráter de exceção tanto no tempo quanto no espaço.

Ao diferenciar os fatos sociais entre normais e patológicos, Durkheim retira do crime o *status* de patologia e o coloca no interior da sociedade como normalidade. O autor percebe que o crime é normal, necessário e útil para o desenvolvimento social: "Em primeiro lugar, o crime é normal porque uma sociedade que dele estivesse isenta seria inteiramente impossível" (Durkheim, 2007, p. 68). Mais adiante, o autor explica que "O crime é, portanto, necessário; ele está ligado às condições fundamentais de toda vida social e, por isso mesmo, é útil; pois as condições de que ele é solidário são elas mesmas indispensáveis à evolução normal da moral e do direito" (Durkheim, 2007, p. 71).

Nesse sentido, quando aplicamos as medidas aprendidas para categorizarmos um fato social, observamos que o crime está presente em todas as sociedades, de todos os tipos. Portanto, estamos diante de uma situação comum. Não que a morbidez dos crimes não assuste, mas é normal que haja criminalidade. O que caracterizaria uma situação de anomia seriam situações excepcionais em que a quantidade de delitos aumentasse, atingindo níveis elevados. Nesse caso, regulado por fatores sociais, o crime exacerbado passaria a ser analisado como um fenômeno anômico, que expressa uma situação social irregular – portanto, uma desordem.

Podemos pensar esse exemplo com base em situações contemporâneas: o crime em si, na tipologia durkheimiana, é um fato normal. No entanto, em situações de grave crise social e econômica, percebe-se que a violência tende a apresentar taxas constantes de aumento. Isso, por sua vez, representa um índice de anormalidade que contradiz a normalidade da criminalidade em si.

Percebemos um exemplo disso na situação seguinte: no dia 30 de outubro de 2017, o portal *Último Segundo* publicou uma matéria com a seguinte manchete: "Brasil tem recorde de violência com sete mortes intencionais por hora em 2016" (IG São Paulo, 2017). A notícia aponta um aumento significativo da violência em relação ao ano anterior, 2015[1], e articula-se a isso um condicionante de que se vivenciava no país um período de grave instabilidade política e de grande crise econômica. Além disso, a imprensa alternativa e tradicional (Braga, 2017) já registra a possibilidade de o Brasil retornar ao mapa da fome, em razão da alta do número de desempregados no país nos últimos anos (2014-2019).

Em meio a essa situação conflituosa e de anormalidade em que se encontrava o país, o aumento da violência era inevitavelmente uma

---

1   De acordo com a notícia, o "País contabilizou mais de 61 mil mortes violentas intencionais no ano passado [2016], número que indica alta de 3,8% em relação a 2015 e equivale ao total de vítimas da explosão da bomba atômica de Nagasaki, na 2ª Guerra" (IG São Paulo, 2017).

condição previsível[2], o que expressa de maneira significativa as considerações realizadas por Durkheim. Ou seja, a anormalidade ocorre em situações excepcionais – no caso do crime, quando há elevação dos índices de violência, ele pode ser caracterizado como um problema patológico.

4.2.3 O suicídio, a coesão e a anomia

Aron (1999, p. 298) destaca o rigor do estudo realizado por Durkheim na obra *O suicídio*, na qual o autor "começa por definir o fenômeno; continua com uma refutação das interpretações anteriores; estabelece uma tipologia; e, com base nessa tipologia, desenvolve uma teoria geral do fenômeno considerado". No livro em questão, o suicídio é analisado por meio de uma perspectiva que permite abordá-lo não como um fenômeno individual, mas sim como um fenômeno de raízes estritamente sociais e, portanto, de abordagem sociológica. De acordo com Durkheim (2000, p. 17):

> se em vez de enxergá-los apenas como acontecimentos particulares, isolados uns dos outros e cada um exigindo um exame à parte, considerarmos o conjunto dos suicídios cometidos numa determinada sociedade durante uma unidade de tempo, constataremos que o total assim obtido não é uma simples soma de unidades independentes, uma coleção, mas que constitui por si mesmo um fato novo *e sui generis*, que tem sua unidade e sua individualidade, por conseguinte sua natureza própria, e que além do mais, essa natureza é eminentemente social.

---

2   A respeito do aumento da violência no Brasil e de sua relação com o desemprego, recomendamos a leitura da notícia *Crimes e mortes disparam no Brasil com crise na segurança e desemprego*, de Alessandra Mello. Disponível em: <https://www.em.com.br/app/noticia/politica/2017/02/13/interna_politica,846921/crimes-e-mortes-disparam-no-brasil-com-crise-na-seguranca-e-desemprego.shtml>. Acesso em: 19 fev. 2019.

Com efeito, para uma mesma sociedade, desde que a observação não abranja um período por demais extenso, esse número é quase invariável.

Para Weisheimer (2008a) a contribuição imediata da obra *O suicídio* foi definir o que ficou conhecido como **lei do suicídio**. Ou seja, o reconhecimento de que as taxas de suicídio variam em conformidade com o grau de integração estabelecido entre o indivíduo e a sociedade (Durkheim, 2000).

O estudo realizado por Durkheim desenvolveu-se entre os anos de 1841 e 1872 e foi realizado em seis países europeus: França, Prússia, Inglaterra, Saxônia, Baviera e Dinamarca. Por meio de análises comparativas das taxas de suicídio, Durkheim constatou que os índices variavam em decorrência de situações específicas vivenciadas em cada país. Segundo o autor, "Cada sociedade tem, portanto, em cada momento de sua história, uma disposição definida para o suicídio. Mede-se a intensidade relativa dessa disposição tomando a razão entre o número total global de mortes voluntárias e a população de todas as idades e todos os sexos" (Durkheim, 2000, p. 20).

O suicídio é uma expressão existente entre os indivíduos e atende aos princípios que o definem como um fato social. Quanto à decisão que leva a essa prática, Durkheim identificou a existência de fatores externos, os quais podem variar em relação à baixa adesão aos valores sociais ou, pelo contrário, à forte adesão a tais valores. Nessa perspectiva, o desajuste entre os princípios individuais e os princípios coletivos tende a influenciar os indivíduos na decisão de cometer suicídio. Por fim, temos a definição de suicídio dada por Durkheim: "**Chama-se suicídio todo caso de morte que resulta direta ou indiretamente de um ato, positivo ou negativo, realizado pela própria vítima e que ela sabia que produziria esse resultado**" (Durkheim, 2000, p. 14, grifo do original).

Com base nessa definição e da constatação de que o suicídio consiste em uma prática relacionada a fatores sociais, Durkheim o divide em três categorias: **egoísta, altruísta** e **anômico**. Nos itens a seguir, vamos analisar em que consiste cada uma dessas tipologias.

O suicídio egoísta

Segundo Aron (1999, p. 302), "o suicídio egoísta é analisado graças à correlação entre a taxa de suicídio e os contextos sociais integradores, a religião e a família, esta última considerada sob o duplo aspecto de casamento e prole". Nesse tipo de suicídio, o indivíduo não consegue se integrar normalmente aos valores que regem as instituições. Sob essa ótica, a baixa adesão às regras sociais indica uma baixa relação de coerção, o que resultaria na expressão desse ato.

Segundo Michel Lallement (2005, p. 221):

> quando esta força está ausente (isto é, quando a integração social ao grupo se enfraquece), então homens e mulheres se mostram mais inclinados a tirar-se a própria vida. É o que prova a taxa de suicídio mais alta entre os solteiros (cuja vida desregrada goza de maior tolerância que a de um pai de família), que não se beneficiam deste quadro integrador que é a família.

As explicações produzidas para indicar as possíveis causas do suicídio egoísta aparecem associadas ao fator de baixa coesão social, ou seja, incidem sobre aqueles indivíduos que supostamente não estão ou não se sentem integrados à sociedade. Nessa perspectiva, o caráter de integração e de coesão social é indicativo de que a sociedade está funcionando de maneira adequada. Para Durkheim, assim como para Comte e os demais positivistas, o princípio da ordem é fundamental para a manutenção da sociedade. Segundo Weisheimer (2008a), o exemplo típico desse suicídio é o praticado por adolescentes ou por artistas vanguardistas.

O suicídio altruísta

No caso altruísta, o "indivíduo se mata devido a imperativos sociais, sem pensar sequer em fazer valer seu direito à vida" (Aron, 1999, p. 303). Esse tipo de suicídio, ao contrário do anterior, explicita uma grande adesão aos valores sociais a ponto de o indivíduo escolher as causas coletivas à sua própria vida. A força de coerção nesse tipo de suicídio aparece associada a um tipo de norma vinculada aos valores culturais. O suicídio altruísta ocorre com frequência em sociedades tradicionais, em que os indivíduos impõem grandes valores ao grupo de origem.

Os exemplos citados por Durkheim para o suicídio altruísta são: suicídios de idosos em sociedades tradicionais, que associam à velhice e à doença um caráter vergonhoso; viúvas que são obrigadas a se matar por ocasião do falecimento de seus maridos; e, ainda, o caso de servidores que se matam quando seus chefes morrem (Durkheim, 2000)[3].

Dessa forma, segundo Durkheim (2000), em todos esses casos, estabelece-se que, se a pessoa se mata, não é porque se arroga o direito de fazê-lo, mas, o que é bem diferente, **porque tem esse dever**. Quando falta a essa obrigação, é punida com a desonra e, também, na maioria das vezes, com castigos religiosos.

O suicídio anômico

O suicídio anômico é característico das sociedades modernas. Nesse tipo de suicídio, ocorre uma correlação estatística entre seus índices e as fases do ciclo econômico, considerando as oscilações características das sociedades modernas. De acordo com Aron (1999), esse é o tipo de

---

3   "Nos limites das terras dos visigodos, havia um rochedo alto, chamado Pedra dos Ancestrais, de cujo topo os velhos se precipitavam quando se cansavam da vida. Encontra-se o mesmo costume entre os trácios, hérulos, etc." (Durkheim, 2000, p. 270).

suicídio que mais interessa a Durkheim, justamente pela relação que tem com a sociedade moderna.

No suicídio anômico, a correlação entre suicídio e valores sociais também é alta. No entanto, nesse caso, os fatores sociais não estão relacionados a valores culturais, mas a variações típicas das sociedades modernas. Segundo Nova (2004), nesse tipo de suicídio, a pressão social resulta de fatores desagregadores da sociedade e do sentimento individual de integração a ela. No entanto, quando pontuamos a crise financeira como um fator de estímulo a esse ato, ele não decorre de uma associação ao empobrecimento. Para Durkheim (2000), o suicídio decorre da crise em si, e não dos efeitos que ela venha a produzir.

> Se, portanto, as crises industriais ou financeiras aumentam os suicídios, não é por empobrecerem, uma vez que crises de prosperidade tem o mesmo resultado; é por serem crises, **ou seja, perturbações da ordem coletiva**. Toda ruptura de equilíbrio, mesmo que resulte em maior abastança e aumento da vitalidade geral, impele a morte voluntária. Todas as vezes que se produzem graves rearranjos no corpo social, sejam eles devidos a um súbito movimento de crescimento ou a um cataclismo inesperado, o homem se mata mais facilmente. (Durkheim, 2000, p. 311, grifo nosso)

No entanto, Durkheim não compreende apenas a anomia econômica como responsável por engendrar o suicídio. Ele aponta, também, como exemplo, a crise da viuvez, que resulta da anomia doméstica após a morte de um dos cônjuges (Durkheim, 2000).

Em síntese, para Durkheim (2000, p. 328-329, grifo nosso), "O suicídio **egoísta** tem como causa os homens já não perceberem razão de ser na vida; o suicídio **altruísta**, essa razão lhes parece estar fora da própria vida; o terceiro tipo de suicídio [**anômico**] tem como causa o fato de sua atividade se desregrar e eles sofrerem com isso".

Respectivamente, podemos citar como exemplos dos tipos de suicídio egoísta, altruísta e anômico: o adolescente que sofre com a interrupção do namoro pelo parceiro que o deixou; os pilotos camicases durante a Segunda Guerra Mundial; e os indivíduos que se matavam durante a crise gerada com a queda da Bolsa de Valores em Nova York, em 1929.

4.2.4 Moral, consciência e solidariedade em Durkheim

O debate sobre a moral em Durkheim é fundamental para compreendermos sobre quais fundamentos e princípios o autor está pautado. Para ele, a moral apresenta um papel essencial, pois se constitui como um mecanismo de integração social. Além disso, conforme podemos perceber em seus textos, sua grande preocupação é demonstrar que, para uma sociedade funcionar, ela precisa estar integrada, estar em conformidade, ser coesa. Nessa perspectiva, a moralidade se apresenta como condição necessária para que o equilíbrio social seja mantido.

Em sua tese de doutoramento, que se transformou em seu primeiro grande livro – *Da divisão do trabalho social*, Durkheim buscou responder a algumas questões que serviram de base para o tema central de seu pensamento:

- Como um conjunto de indivíduos passa a constituir uma sociedade?
- De que forma as relações individuais passam a uma condição social de consenso?
- Como uma sociedade, aos poucos, vai se configurando?

Antes de começarmos a discutir os aspectos do pensamento durkheimiano presentes na obra *Da divisão do trabalho social*, é importante considerarmos a influência que Durkheim obteve do acesso às obras de Auguste Comte e, portanto, dos ideários positivistas, evolucionistas e organicistas.

Vejamos o que Durkheim apresenta já na introdução de sua obra:

As recentes especulações da filosofia biológica acabaram de nos mostrar, na divisão do trabalho, um fato de uma tal generalidade que os economistas, que foram os primeiros a mencioná-lo, não haviam podido suspeitar. Sabe-se, com efeito, desde os trabalhos de Wolff, von Baer, Milne-Edwards, **que a lei da divisão do trabalho se aplica tanto aos organismos como às sociedades**; pode-se inclusive dizer que um organismo ocupa uma posição tanto mais elevada na escala animal quanto mais as suas funções forem especializadas. Essa descoberta teve por efeito, ao mesmo tempo, estender imensamente o campo de ação da divisão do trabalho e recuar suas origens até um passado infinitamente remoto, pois ela se torna quase contemporânea do advento da vida no mundo. **Não é mais apenas uma instituição social que tem sua fonte na inteligência e na vontade dos homens, mas um fenômeno de biologia geral, cujas condições, ao que parece, precisam ser buscadas nas propriedades essenciais da matéria organizada.** A divisão do trabalho social passa a aparecer apenas como uma forma particular desse processo geral, e as sociedades, conformando-se a essa lei, parecem ceder a uma corrente que nasceu bem antes delas e que arrasta no mesmo sentido todo o mundo vivo. (Durkheim, 1999, p. 3-4, grifo nosso)

Podemos perceber que a divisão do trabalho social é compreendida como uma condição imanente, necessária ao desenvolvimento da sociedade, assim como ocorre com a divisão funcional dos órgãos dentro de um organismo. Segundo Durkheim (1999), a divisão do trabalho é – e se torna cada vez mais – uma das bases fundamentais da ordem social.

Para o sociólogo, a sociedade é composta e estruturada pela soma das individualidades dos sujeitos, regradas por normas do direito, e é no interior dela que os indivíduos exercem suas atividades existenciais. Portanto, a divisão do trabalho é uma condição para o desenvolvimento das sociedades modernas. Durkheim (1999) estava pensando no progresso e nas condições típicas industriais de sua época. Nessa perspectiva, a moralidade se constitui no âmbito do discurso como um agente coativo, no sentido de que as consciências individuais devem adequar-se aos valores estruturais, fazendo com que preponderem os interesses coletivos.

Conforme explica Durkheim (1999, p. 14, grifo nosso),

> Nada, à primeira vista, parece tão fácil como determinar o papel da divisão do trabalho. Acaso seus esforços não são conhecidos de todos? Por aumentar ao mesmo tempo a força produtiva e a habilidade do trabalhador, ela é a **condição necessária do desenvolvimento intelectual e material das sociedades**; é a fonte da civilização.

No entanto, o autor acrescenta que, para além de sua importância no campo econômico, a divisão do trabalho atua conformando padrões morais, criando entre as pessoas vínculos necessários para sua execução, segundo o autor expressa:

> Somos levados, assim, a considerar a divisão do trabalho sob um novo aspecto. Nesse caso, de fato, os serviços econômicos que ela pode prestar são pouca coisa em comparação com o efeito moral que ela produz, e sua verdadeira função é criar entre duas ou várias pessoas um sentimento de **solidariedade**. (Durkheim, 1999, p. 21, grifo nosso)

Na sequência, Durkheim compara as sociedades tradicionais e as modernas. Com base nessa comparação, ele constata a existência de dois tipos de solidariedade: a **mecânica** e a **orgânica**. A primeira é o modelo típico das sociedades tradicionais, menos desenvolvidas, em que prepondera uma baixa divisão social do trabalho. A segunda corresponde às sociedades modernas, nas quais a divisão social do trabalho aparece de maneira acentuada. Segundo Durkheim (1999), cada uma dessas solidariedades é regida por uma forma de direito: a mecânica, mais rudimentar, é ligada às normas do direito **repressivo**; a orgânica pertence às sociedades mais desenvolvidas cientificamente, em que predomina o direito **restitutivo**.

Por compreender que a solidariedade social é um fenômeno moral, Durkheim opta por analisá-la por intermédio do direito, que seria a expressão visível desse fenômeno: "Esse símbolo visível é o direito. De fato, onde existe a solidariedade social, apesar de seu caráter imaterial, ela não permanece no estado de pura potencialidade, mas manifesta sua presença através de efeitos sensíveis" (Durkheim, 1999, p. 31). O autor entende que "O estudo da solidariedade pertence, pois, ao domínio da sociologia. **É um fato social que só pode ser bem conhecido por intermédio de seus efeitos sociais**" (Durkheim, 1999, p. 34, grifo nosso).

Nos itens que se seguem, analisaremos em que consistem os tipos de solidariedade abordados pelo autor.

Solidariedade mecânica

Esse tipo de solidariedade está presente nas sociedades tradicionais, nas quais a divisão do trabalho ainda é realizada de modo rudimentar e predominam ocupações internamente homogêneas, que dependem de pouca interação com outros grupos profissionais (Weisheimer, 2008a). Nesse tipo de organização social, os membros atuam de maneira independente, afastados uns dos outros. Segundo Weisheimer (2008a), a solidariedade mecânica reproduz condições de autonomia, o que garante aos sujeitos de um grupo uma autossuficiência em relação a outros grupos.

Nesses sistemas, é fundamental que o grupo tenha uma forte coesão social, que garanta a manutenção da consciência coletiva de modo severo e coercitivo. Sob essa ótica, o direito repressivo caracteriza-se como o modelo que permite sua manutenção.

A ruptura dessa solidariedade é considerada crime. A reação social a essa ruptura estabelece a pena a ser sofrida pelo infrator, e esta é de caráter punitivo. A função do direito, nesse tipo de solidariedade, é impor sanções que sirvam de exemplo para os demais membros, à medida que lhes permita observar e compreender que não é permitido desviar-se das regras e das normas imputadas.

Durkheim (1999, p. 50) assim caracateriza a consciência coletiva:

> O conjunto das crenças e dos sentimentos comuns à média dos membros de uma mesma sociedade forma um sistema determinado que tem vida própria; podemos chamá-lo de *consciência coletiva* ou *comum*. Sem dúvida, ela não tem por substrato um órgão único; ela é, por definição, difusa em toda a extensão da sociedade, mas tem, ainda assim, características específicas que fazem dela uma realidade distinta. De fato, ela é independente das condições particulares em que os indivíduos se encontram: eles passam, ela permanece.

A consciência coletiva se sobressai às vontades individuais e rege as atitudes a serem tomadas no interior da sociedade pelos indivíduos que dela fazem parte, independentemente de sua localização geográfica e de sua posição social. "Ela é o tipo psíquico da sociedade, tipo que tem suas propriedades, suas condições de existência, seu modo de desenvolvimento" (Durkheim, 1999, p.50). Por outro lado, a consciência individual realiza-se em cada sujeito e segue as regras propostas por sua condição existencial.

De maneira objetiva, explica Durkheim (1999, p. 51) que "não se deve dizer que um ato ofenda a consciência comum por ser criminoso, mas que é criminoso porque ofende a consciência comum". E o autor explica:

> Sabe-se muito bem que o crime ofende sentimentos bastante gerais e enérgicos, mas crê-se que essa generalidade e essa energia provêm da natureza criminosa do ato, que, por conseguinte, está inteiramente por ser definido. Não se contesta que todo delito seja universalmente reprovado, mas dá-se por admitido que a reprovação de que é objeto resulta da sua delituosidade. No entanto, fica-se, em seguida, em grande embaraço para dizer em que essa delituosidade consiste. (Durkheim, 1999, p. 51)

Ou seja, na perspectiva durkheimiana, as determinações coletivas, os julgamentos sociais e a **consciência coletiva** são os elementos que atribuem ou não a um ato seu valor criminal. Para Durkheim, até que ocorra uma divisão social do trabalho, permanecerá a solidariedade mecânica.

Solidariedade orgânica

A solidariedade orgânica corresponde ao tipo de solidariedade existente nas sociedades modernas, em que existe uma complexa divisão do trabalho, e este se organiza por meio de uma grande variedade de funções, nas quais encontramos papéis sociais diferenciados e altamente especializados (Weisheimer, 2008a).

O que caracteriza a solidariedade orgânica é a interdependência dos indivíduos que a compõem e o predomínio da consciência individual. Ao contrário da solidariedade mecânica, que pressupõe uma atuação isolada dos membros do grupo, na orgânica, ocorre uma interação entre os indivíduos, que mantêm uns com os outros relações recíprocas de dependência.

No que se refere à aplicação do direito, nesse tipo de sociedade, que se organiza por vínculos de distinção entre os indivíduos, o direito atua de maneira restitutiva. O crime cometido na solidariedade orgânica deve ser compensado com uma pena reparadora do dano causado.

Sobre a sanção nesse caso, Durkheim (1999, p. 85, grifo do original) destaca:

> A própria natureza da sanção restitutiva basta para mostrar que a solidariedade social a que esse direito corresponde é de uma espécie bem diferente. O que distingue essa sanção é que ela não é expiatória, mas se reduz a uma simples **restauração**. Um sofrimento proporcional a seu malefício não é infligido a quem violou o direito ou o menospreza; este é simplesmente condenado a submeter-se a ele.

Um exemplo desse tipo de ação são as penalidades de compensação, que visam à indenização por malefícios causados, como o pagamento de multas e o cumprimento de penas que restringem a liberdade dos sujeitos, com o objetivo de reparar o mal causado.

A passagem de uma solidariedade à outra é marcada pela alteração das relações sociais entre os indivíduos. Sobre isso, Durkheim (1999, p. 133) complementa: "Não só, de maneira geral, a solidariedade mecânica liga os homens menos fortemente do que a solidariedade orgânica, como também, à medida que avançamos na evolução, ela vai se afrouxando cada vez mais".

Em referência ao direito restitutivo característico das sociedades orgânicas, Durkheim (1999, p. 105, grifo nosso) expressa:

> Em definitivo, esse direito tem na sociedade um papel análogo ao do sistema nervoso no organismo. De fato, **este tem por tarefa regular as diferentes funções do corpo, de maneira a fazê-las concorrer harmonicamente**; ele exprime, assim, naturalmente, o estado de concentração a que chegou o organismo, em consequência da divisão do trabalho fisiológico. Por isso, pode-se medir, nos diferentes níveis da escala animal, o grau dessa concentração segundo o desenvolvimento do sistema nervoso. Isso quer dizer que se pode medir o grau de concentração a que chegou uma sociedade, em consequência da divisão do trabalho social, segundo o desenvolvimento do direito cooperativo com sanções que esse critério nos prestará.

No decorrer da obra *Da divisão do trabalho social*, percebe-se como a divisão social do trabalho ocasiona alteração nos tipos de solidariedade. Outro ponto importante levantado por Durkheim, para auxiliar a compreensão das sociedades, é a analogia entre suas dinâmicas e o funcionamento de um organismo vivo, conforme observamos na citação anterior e também no trecho que se segue:

> As moléculas sociais que só seriam coerentes dessa maneira não poderiam, pois, mover-se em conjunto, a não ser na medida em que

não têm movimentos próprios, como fazem as moléculas dos corpos inorgânicos. É por isso que propomos chamar de mecânica essa espécie de solidariedade. Essa palavra não significa que ela seja produzida por meios mecânicos e de modo artificial. Só a denominamos assim por analogia com a coesão que une entre si os elementos dos corpos brutos, em oposição à que faz a unidade dos corpos vivos. **O que acaba de justificar essa denominação é que o vínculo que une assim o indivíduo à sociedade é de todo análogo ao que liga a coisa à pessoa.** A consciência individual, considerada sob esse aspecto, é uma simples dependência do tipo coletivo e segue todos os seus movimentos, como o objeto possuído segue aqueles que seu proprietário lhe imprime. (Durkheim, 1999, p. 107, grifo nosso)

Por meio dessas comparações, podemos identificar de maneira nítida os pressupostos do método funcionalista, que consistem em verificar os seguintes aspectos: a função do fato social para a manutenção da sociedade e a necessidade da divisão social do trabalho, em que cada indivíduo, com seu papel específico, constitui um todo coerente. É da analogia com um organismo biológico que Durkheim denomina os tipos de solidariedade como *mecânica* e *orgânica*.

À medida que o trabalho é dividido socialmente, novas relações sociais se impõem, as quais são analisadas entre **normais** e **anormais**. De acordo com Durkheim, ao considerar-se a noção de **corpo social**, cada indivíduo cumpre, dentro da sociedade, uma função definida que, no conjunto dos diferentes sujeitos, permite o avanço da comunidade à qual todos pertencem. Quando, ao se dividirem as funções, ocorrem alterações, disputas ou enfrentamentos, tem-se a condição anormal ou de patologia social. Nos casos em que a divisão social do trabalho não gera solidariedade entre seus membros, ela passa a ser considerada anormal, tendo em vista que pode comprometer o bom funcionamento da sociedade. Durkheim (1999) indica três situações nas quais a divisão do trabalho se assume como anormal: a divisão anômica do trabalho, a divisão forçada do trabalho e a insuficiência de atividade.

No que se refere à **divisão anômica do trabalho**, Durkheim (1999) indica que essa situação decorre das crises industriais ou comerciais. Segundo o autor, as falências "são verdadeiras rupturas parciais da solidariedade orgânica, pois atestam que em certos pontos do organismo, certas funções sociais não estão ajustadas umas às outras" (Durkheim, 1999, p. 368).

Nesse tipo de ocasião, Durkheim atesta que as rebeliões dos operários contra os patrões revelam um sentimento novo, que induz a uma ruptura social. Trata-se da situação na qual os operários não estão somente organizados por um objetivo de reivindicação; antes, eles demonstram querer o rompimento da coação existente no vínculo entre patrão e empregado. De acordo com Durkheim (1999, p. 370), "essa tensão das relações sociais deve-se em parte ao fato de que as classes operárias não querem na verdade a condição que lhes é imposta, só aceitando, com frequência, obrigadas e forçadas, por não terem meios de conseguir outra".

Nesse caso, que decorre de mudanças sociais profundas e aceleradas, faz-se necessária a atuação de agrupamentos profissionais que consigam mediar o conflito entre os grupos (Weisheimer, 2008a).

No segundo tipo, a **divisão forçada do trabalho**, Durkheim (1999) indica como causa o que ele denomina *guerra de classes*. Segundo o autor, apesar de a instituição de classes e a divisão do trabalho serem organizações estritamente regulamentadas, com frequência ocorrem dissensões. Conforme Durkheim (1999, p. 391), "Não estando satisfeitas, ou não mais o estando, com o papel que o costume ou a lei lhes atribui, as classes inferiores aspiram às funções que lhes são vedadas e delas procuram despojar os que as exercem. Daí as guerras intestinas que se devem à maneira como o trabalho é distribuído".

Na perspectiva durkheimiana, esse estado se configura como de agravamento da anomia social, em que a única forma possível de reparar o caos é estabelecendo condições de igualdade. Conforme Durkheim (1999, p. 399), "A igualdade nas condições exteriores da luta não é apenas necessária para prender cada indivíduo a sua função, mas também para ligar as funções umas às outras".

O terceiro e último tipo de divisão anormal do trabalho consiste no que ele chama de **insuficiência da atividade**, pela qual se compreende a má distribuição das funções dentro de uma organização a ponto de sobrar tempo livre aos empregados, de modo que eles não tenham com o que se ocupar.

> É evidente que há, nisso, uma deplorável perda de forças, mas não nos cabe tratar aqui do lado econômico do fenômeno. O que deve nos interessar é outro fato que sempre acompanha esse desperdício, a saber, uma descoordenação mais ou menos grande dessas funções. De fato, sabe-se que, numa administração em que cada empregado não tem com o que se ocupar o suficiente, os movimentos se ajustam mal entre si, as operações se fazem sem conjunto, numa palavra, a solidariedade se afrouxa, a incoerência e a desordem aparecem. (Durkheim, 1999, p. 409)

Nesse caso, a sugestão para que não aconteça um afrouxamento na divisão do trabalho é intensificar as atividades dos trabalhadores e diminuir o número de ocupações ociosas, fazendo com que não haja espaços vazios durante o serviço.

4.2.5 A representação coletiva em Durkheim

No livro *As formas elementares da vida religiosa* (publicado em 1912), Durkheim se propõe a compreender a origem e a dimensão do fenômeno religioso, desde as crenças primitivas até suas expressões mais modernas. No entanto, as conclusões a que o autor chega, desde a introdução do livro, são parcialmente as mesmas que já compunham seus textos anteriores – como a de que a sociedade é um fenômeno que se sobrepõe aos indivíduos. Por meio do conceito de representação coletiva, Durkheim (1996) explica que a religião, assim como outros fenômenos, é uma coisa eminentemente social, ou seja, é uma representação coletiva que exprime determinada realidade. De acordo com ele, não há religiões falsas, uma vez que, a seu modo, todas são verdadeiras, desempenham o mesmo papel e dependem das mesmas causas.

Segundo Durkheim (1996), as distintas religiões possuem elementos essenciais comuns. Além dos aspectos externos que lhes são de fácil observação, existem signos e sentidos profundos que são compartilhados em todas as crenças. Nesse sentido, o que caracteriza o fenômeno religioso é, essencialmente, o aspecto da partilha de representações coletivas. De acordo com Durkheim (1996, p. X):

> Na base de todos os sistemas de crenças e de todos os cultos, deve necessariamente haver um certo número de representações fundamentais e de atitudes rituais que, apesar da diversidade de formas que tanto umas como outras puderam revestir, tem sempre a mesma significação objetiva e desempenham por toda a parte as mesmas funções. São esses elementos permanentes que constituem o que há de eterno e de humano na religião.

Mais adiante, o autor explica:

> As representações religiosas são representações coletivas que exprimem realidades coletivas; os ritos são maneiras de agir que só surgem no interior de grupos coordenados e se destinam a suscitar, manter ou refazer alguns estados mentais desses grupos. Mas então, se as categorias são de origem religiosa, elas devem participar da natureza comum a todos os fatos religiosos: também elas devem ser coisas sociais, produtos do pensamento coletivo. Como, no estado atual de nossos conhecimentos desses assuntos, devemos evitar toda tese radical e exclusiva, pelo menos é legítimo supor que sejam ricas em elementos sociais. (Durkheim, 1996, p. XVI)

Dessa forma, as representações coletivas expressam a maneira como as sociedades se compreendem e constroem seus símbolos. Para Weisheimer (2008a, p. 66), "as representações coletivas são construídas mediante um longo processo de interação de indivíduos de diferentes gerações, conformando elementos mais estáveis do que os preceitos individuais".

4.3
A sociologia conservadora

A sociologia funcionalista de Durkheim teve um papel fundamental no contexto histórico em que se desenvolveu. Segundo as premissas do método funcionalista, a sociedade é um corpo integrado, em que cada parte tem uma determinada função. Dessa forma, os problemas ou as anomalias sociais são vinculados à desordem e ao mau funcionamento de alguma de suas partes. Nesse sentido, o projeto da sociologia de Durkheim, conforme pudemos observar nas descrições de suas principais obras, não é analisar os problemas sociais como decorrentes do processo econômico e da formação de classes sociais distintas. Para o autor, a anomalia social decorre, sobretudo, da falta de consenso, isto é, de sentimentos comuns aos indivíduos, **graças aos quais os conflitos são atenuados, os egoísmos são recalcados e a paz é mantida**. Ou seja, nessa perspectiva, o problema social é um problema de socialização. Trata-se de fazer do indivíduo um membro da coletividade, de inculcar-lhe o respeito pelos imperativos e pelas obrigações (Aron, 1999).

Toda sociedade moderna, dominada pela solidariedade orgânica, comporta riscos de desagregação e anomia. Com efeito, Amaro (2014), em síntese à obra de Aron (2008), que analisa a obra de Durkheim, destaca um paralelo entre o individualismo e o socialismo:

Quanto mais a sociedade moderna encoraja os indivíduos a reivindicar o direito de realizar sua personalidade e de satisfazer seus desejos, mais se deve temer que o indivíduo esqueça as exigências da disciplina e termine numa situação perpétua de insatisfação. Não há sociedade sem disciplina, sem limitação dos desejos, sem uma desproporção entre as aspirações de cada um e as satisfações possíveis.

Segundo Sell (2010), ao perceber a sociedade como um organismo, a sociologia deve localizar quais partes estão enfrentando problemas para que possa restaurá-las e devolver-lhes o funcionamento adequado.

Síntese

Neste capítulo, observamos que, na obra de Durkheim, há a construção de uma sociologia mais sólida, que estabelece seu objeto de estudo, o **fato social**, e, por meio dele, começa a dotar essa ciência da materialidade necessária a seus estudos. A inspiração de Durkheim nos processos biológicos fez com que sua metodologia seja considerada **funcionalista**, pois é pautada na análise do funcionamento da sociedade tal qual um organismo vivo, em que os diferentes sujeitos apresentam distintas funções a serem cumpridas. Esse mesmo aspecto foi criticado por visar desenvolver nos sujeitos certa acomodação diante das disparidades sociais existentes, incitando-os à disciplina e ao não questionamento da organização social.

Vimos também que Durkheim diagnosticou, nas diferentes sociedades, uma distinta divisão social do trabalho, responsável por gerar dois tipos de solidariedade – orgânica e mecânica. Segundo ele, nas sociedades modernas, a intensa e complexa divisão social do trabalho substitui a solidariedade mecânica pela solidariedade orgânica, em que os indivíduos desenvolvem cada vez mais laços de interdependência social.

Como o contexto histórico da época de Durkheim apontava para avanços científicos e para uma emergente concepção de progresso, acreditava-se que os problemas sociais seriam superados pela ciência. Assim, em conformidade com a interferência sofrida pelos postulados positivistas vigentes, Durkheim, em sua obra, não busca uma transformação social. Os problemas são compreendidos como funcionais e regulares dentro da sociedade e, nas situações em que superam os índices considerados normais, passam a ser classificados como anômalos. Então, cabe à sociologia a função de restaurar a conformidade social.

Indicação cultural

YORKEY, B. 13 Reasons Why. Direção: Jessica Yu et al. EUA: Netflix, 2017-. Série de *streaming*.

Neste capítulo, propusemo-nos a ampliar a discussão sobre uma temática recorrente na atualidade: o suicídio. Dessa maneira, destacamos uma série lançada em 2017 e dirigida por Brian Yorkey, baseada na obra literária homônima de Jay Asher. São 13 episódios que abordam temas atuais e bastante polêmicos: depressão, *bullying*, isolamento, abuso sexual e suicídio, questões em que a juventude e toda a humanidade atual estão imersas. Devido ao sucesso, os produtores optaram por dar continuidade ao seriado, que já conta com duas outras temporadas. É importante destacar que os 13 capítulos da primeira temporada contemplam o proposto pela obra literária. Dessa forma, os capítulos que surgiram posteriormente se baseiam em desdobramentos possíveis do roteiro-base.

Vale reforçar que se trata de uma obra controversa, visto que pode ser encarada como uma glorificação às atitudes revoltosas ou ao próprio suicídio. Porém, cumpre um papel importante de exposição e questionamento de situações que existem e que, por vezes, não recebem a devida atenção e cuidado. A narrativa é pautada em fitas deixadas pela personagem Hannah, que, após cometer suicídio, relata nas gravações os 13 porquês que a teriam levado a praticar tal ato.

Atividades de autoavaliação

1. Sobre o fato social abordado por Durkheim, assinale V para as afirmativas verdadeiras e F para as falsas.
   ( ) Os fatos sociais devem ser considerados como coisas, com existência imaterial.
   ( ) Diante dos fatos sociais, o sociólogo deve preparar pré-noções para realizar sua análise de maneira adequada.

( ) Os indivíduos percebem e compreendem as determinações a que estão submetidos referentes ao fato social.
( ) Os fatos sociais são coisas com particularidades próprias, que têm existência externa aos indivíduos, mas atuam sobre eles, determinando suas ações.
( ) A determinação da atuação dos fatos sociais é consentida inconscientemente e demonstra força quando há a tentativa de se romper com ela.

Indique a alternativa que apresenta a sequência correta:
a) F, F, V, F, F.
b) V, F, V, V, F.
c) V, F, F, V, V.
d) V, V, F, V, F.
e) F, V, V, F, V.

2. Quanto a um fato social ser considerado *normal* ou *patológico*, verifique as afirmativas seguir e marque aquelas que julgar corretas.

(01) Para Durkheim, normais são os fatos que apresentam formas mais específicas, ao passo que os patológicos dizem respeito às formas mais gerais no interior da sociedade.
(02) Fatos normais são aqueles que correspondem a formas mais gerais, e fatos patológicos são aqueles que estão fora do padrão estabelecido.
(04) Fatos normais são verificados, se não em todos os indivíduos, pelo menos na maioria deles, apresentando variações com limites próximos uns aos outros.

(08) Fatos patológicos acontecem com a maioria dos indivíduos de uma sociedade, visto que todos estão sujeitos a eles.

(16) Fatos patológicos são excepcionais, restritos à minoria dos indivíduos e não perduram, são exceção no tempo e no espaço.

Agora, marque a alternativa que corresponde à soma dos números entre parênteses das respostas que você marcou como corretas:

a) 31.
b) 07.
c) 22.
d) 11.
e) 20.

3. Sobre as concepções relacionadas ao suicídio, assinale a alternativa **incorreta**:

   a) O suicídio deve ser compreendido como um fato social que se liga à estrutura da sociedade como um todo, não atingindo apenas aquele que o pratica.
   b) Durkheim compreende o suicídio como todo caso de morte que resulta direta ou indiretamente de um ato, positivo ou negativo, realizado pela própria vítima e cujo resultado já lhe era conhecido.
   c) Durkheim divide a prática do suicídio em três categorias: egoísta, altruísta e anômico.
   d) No suicídio altruísta, o indivíduo não consegue integrar-se de maneira normal aos valores impostos pelas instituições.
   e) O suicídio que mais interessa a Durkheim é o anômico, porque mantém uma relação maior com a sociedade moderna.

4. Sobre as características do fato social, assinale V para as afirmativas verdadeiras e F para as falsas.

( ) O fato social é uma maneira de agir na sociedade e apresenta quatro características.

( ) O fato social apresenta três características: coercitividade, generalidade e exterioridade.

( ) O fato social só poderá ser considerado anômico se apresentar uma condição de excepcionalidade.

( ) Os fatos sociais patológicos estão associados a condições que não atingem a grande maioria do grupo e ao fato de serem inconstantes, apresentando um caráter de exceção tanto no tempo quanto no espaço.

Indique a alternativa que apresenta a sequência correta:
a) F, V, V, V.
b) V, F, V, F.
c) V, V, F, V.
d) F, F, V, V.
e) F, V, F, F.

5. Leia a notícia a seguir:

Crimes e mortes disparam no Brasil com crise na segurança e desemprego

Massacres de presos e onda de homicídios gerada por motim de PMs, como no Espírito Santo, indicam aumento da criminalidade e vulnerabilidade da população

[...]
O primeiro dia de 2017 foi marcado por um massacre em um presídio de Manaus, que deixou 56 mortos, estarreceu o país e causou repercussão internacional. O que ninguém imaginava é que seria apenas o fio da meada de uma onda de violência que tem deixado os brasileiros amedrontados, com registro de rebeliões em outros estados, motim da polícia, chacinas e outros crimes violentos – homicídios, latrocínios (roubos seguidos de morte) e lesões corporais que resultam em óbito – além de escancarar o descontrole do sistema prisional brasileiro. Pelo menos 126 detentos já morreram este ano em rebeliões em vários municípios [...].

Para o coordenador do Núcleo de Estudos sobre Violência e Segurança (Nevis) da Universidade de Brasília (UnB), Arthur Trindade, que enfrentou uma greve da Polícia Civil quando foi secretário de Segurança Pública e Paz Social do Distrito Federal, a violência do começo do ano faz parte do desvio padrão da segurança pública brasileira, que há tempos sofre com problemas graves, como superlotação dos presídios, encarceramento em massa e falta de políticas e gestão eficazes para combater a criminalidade. Para ele, a cobertura da greve acaba contribuindo para aumentar a sensação de pânico na população, mas os números não devem se manter altos, embora não fora do padrão que vem sendo registrado nos últimos anos. [...]

Fonte: Mello, 2017.

Considerando a teoria de Durkheim e o trecho da notícia, assinale V para as afirmativas verdadeiras e F para as falsas.

( ) Para Durkheim, o crime em si deve ser considerado um fato normal, útil e necessário à sociedade.
( ) O crime deve ser sempre considerado um fato anômico, pois foge à normalidade social vigente.
( ) O descontrole do sistema prisional é uma possibilidade para que o crime possa ser considerado um fato anômico.
( ) De acordo com a notícia, segundo Arthur Trindade, "a violência do começo do ano faz parte do desvio padrão da segurança pública brasileira". Assim, pode-se perceber a própria violência como um fato normal na realidade do país.
( ) Na notícia, afirma-se que a cobertura midiática não contribui para a manutenção da sensação de insegurança da população.

Indique a alternativa que apresenta a sequência correta:
a) F, V, V, V, F.
b) V, V, F, F, V.
c) F, V, F, F, V.
d) V, F, V, V, F.
e) F, V, V, F, V.

Atividades de aprendizagem

Questões para reflexão

1. Segundo Durkheim, quais características são necessárias para que um fato possa ser analisado como social? Cite-as e explique-as.

2. Como Durkheim categoriza o crime em relação à tipologia de fato social (normal ou anormal)? De que forma o crime é compreendido no interior da sociedade?

Atividade aplicada: prática

1. Considerando que a sociologia funcionalista de Durkheim percebe a sociedade como um corpo integrado, em que cada parte tem uma determinada função e que os problemas ou anomalias sociais são associados à desordem e ao mau funcionamento de alguma parte, reflita sobre de que maneira essas concepções reforçam o *status quo* social e a manutenção das diferenças sociais. Em seguida, produza um texto de 15 a 20 linhas com suas considerações.

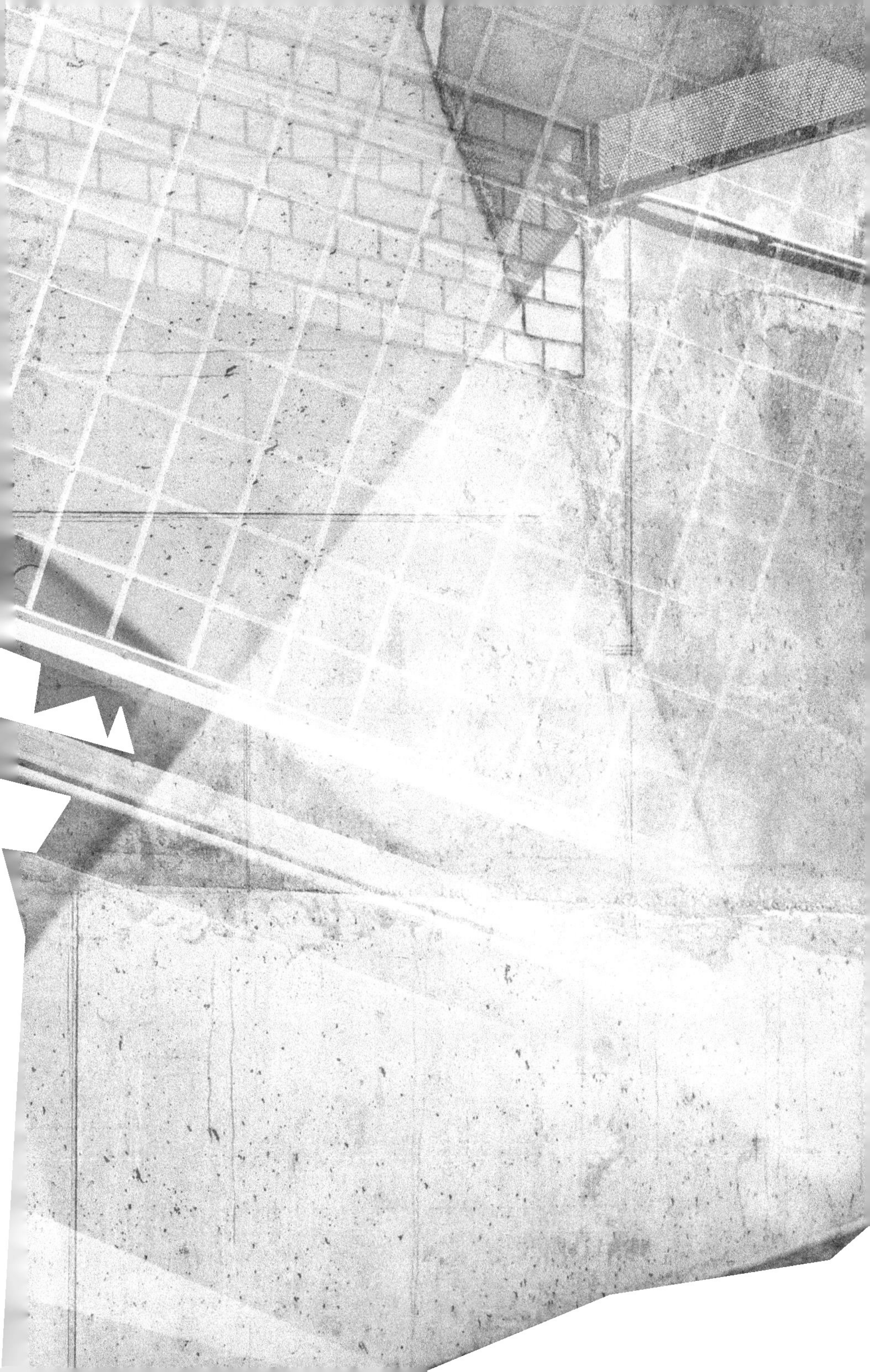

5

Max Weber e a sociologia compreensiva

Silvana Silva
Cleverson Lucas dos Santos

Neste capítulo, estudaremos Max Weber, responsável por delimitar a área de estudo da sociologia moderna, separando-a de outra, principalmente aquelas das ciências naturais. Em sua proposta de sistematização, Weber distinguiu os âmbitos referentes à ciência e à política, ambas consideradas vocação[1] pelo autor, destacando que a primeira deve buscar a objetividade científica, sem se deixar contaminar por ideologias e/ou concepções do cientista. Para Weber, não cabe à ciência dizer aos homens o que eles podem fazer nem qual será o futuro da humanidade.

---

1 Weber fez uso dos conceitos de *vocação* e de *profissão* em referência ao exercício da política e da ciência. Por um lado, o autor entendeu como *vocação* o desenvolvimento de uma atividade que não é operada sobre a lógica da racionalidade em relação a um fim, mas a um valor. Por outro, no caso da *profissão*, a finalidade pode ser a obtenção de um determinado valor dentro das projeções econômicas.

Ao analisar a ética protestante, ou seja, a religião protestante, Weber percebeu que, concomitantemente ao desenvolvimento dessa prática, princípios da racionalização profissional eram adotados, o que culminou em um *éthos* específico do trabalho dentro dessa concepção – *éthos* sendo entendido como o **espírito do capitalismo**, ou seja, o desenvolvimento de uma determinada racionalidade que privilegia os princípios da economia.

Outro ponto-chave da sociologia weberiana é a centralidade no indivíduo para a explicação dos fenômenos sociais. Para Weber, a sociedade tem origem nas ações sociais desenvolvidas pelos indivíduos. Dessa forma, a sociologia é a ciência com a missão de compreender a sociedade e suas contradições, interpretando-as com base em uma análise dos sentidos presentes nas ações sociais praticadas por seus indivíduos

5.1
Max Weber (1864-1920)

Karl Emil Maximilian Weber nasceu em Erfurt, na Alemanha, em 1864. Intelectual, jurista e economista, contribuiu para a consolidação da sociologia como área específica do conhecimento.

Weber era de família de classe média alta e tinha outros seis irmãos. Seu pai, advogado e político, era integrante do Partido Nacional Liberal[2]. As condições da família permitiram um ambiente propício ao seu desenvolvimento intelectual.

---

2   Os partidos alemães no período histórico em que Weber estava inserido, em geral, eram compostos pelas elites dominantes do Império Alemão. O Partido Nacional Liberal foi um partido da Confederação do Norte da Alemanha e do Império Alemão que floresceu entre 1867 e 1918. Durante a unificação da Alemanha conduzida pela Prússia, os liberais nacionais tornaram-se o partido dominante no parlamento do Reich. Conforme pode ser encontrado na Enciclopedia Brittanica (em inglês), o partido, de caráter moderado, passou a posições mais radicalizadas ao longo da sua história (National Liberal Party, 2019).

Em 1882, Weber deu início a sua formação em Direito na Universidade de Heidelberg. Estudou, além disso, economia, política, história e teologia. Em 1884, pediu transferência para a Universidade de Berlim, onde atuou como livre-docente, e, em 1889, apresentou sua tese de doutoramento em Direito, abordando o histórico das companhias de comércio durante a Idade Média. Nesse mesmo período, trabalhou junto com o governo alemão, desenvolvendo serviços de assessoria, o que indica uma atuação política em defesa de seus ideais liberais e parlamentaristas.

Weber assumiu uma cátedra de economia na Universidade de Freiburg, em 1894, e se transferiu para a Univerdade de Heidelberg, em 1896. Posteriormente, adoentado com perturbações nervosas, acabou se afastando das atividades laborais, retornando somente em 1903. Já recuperado, assumiu a direção de uma publicação acadêmica de ciências sociais da Alemanha. Em 1904, publicou ensaios bastante relevantes para sua trajetória, como é o caso da obra *A ética protestante e o espírito do capitalismo*.

Além disso, participou também da Primeira Guerra Mundial como capitão, com a responsabilidade de nove hospitais de campanha. Veio a falecer em 1920, vítima de uma pneumonia aguda.

5.2
Teoria sociológica compreensiva

Para apresentar a obra de Max Weber, utilizaremos inicialmente a classificação feita por Aron (1999, p. 447, grifo nosso), que organizou os trabalhos do sociólogo alemão em quatro categorias:

> 1º) Os estudos de metodologia, crítica e filosofia, que tratam essencialmente do espírito, objeto e métodos das ciências humanas, história e sociologia. São simultaneamente epistemológicos e filosóficos; levam

a uma filosofia do homem na história, a uma concepção das relações entre a ciência e a ação. [...]

2º) As obras propriamente históricas: um estudo sobre as relações de produção na agricultura do mundo antigo [...], uma história econômica geral [...].

3º) Os trabalhos de sociologia da religião, a começar pelo célebre estudo sobre as relações entre *A ética protestante e o espírito do capitalismo*, que Max Weber continuou com uma análise comparativa das grandes religiões e da ação recíproca entre as condições econômicas, as situações sociais e as convicções religiosas.

4º) Finalmente, e sua obra prima, o tratado de sociologia geral intitulado *Economia e sociedade* [...], publicado postumamente. Max Weber ainda trabalhava nesse livro quando foi atingido pela gripe espanhola, logo depois da Primeira Guerra Mundial.

5.2.1 A perspectiva histórica nos estudos da sociedade

Weber iniciou seus estudos sobre a sociedade alterando as concepções propostas por Comte e Durkheim – positivistas que fundamentavam suas teorias sociológicas com base no primado do objeto – para uma produção sociológica centralizada na prioridade do sujeito. Em seus estudos, Weber assumiu o indivíduo como o elemento fundamental para a explicação da realidade social: o homem é, ao mesmo tempo, sujeito e objeto.

Com isso, o autor explorou de maneira sistemática a noção de **ação social**, seu objeto de estudo, compreendida na condição de conduta humana dotada de **sentido**. É importante frisar o aspecto subjetivo dessa justificativa: o homem, na qualidade de sujeito e objeto de sua ação social, dá significância aos motivos, à ação e aos efeitos por ela produzidos.

No entanto, nem toda ação é uma ação social. Esta se caracteriza por ser um tipo específico, em que o indivíduo que a realiza tem uma intencionalidade; logo, é dotada de sentido e pode ser compartilhada pelos demais indivíduos. Ou seja, a ação social é, conforme Weber (1991, p. 3), "uma ação que, quanto ao sentido visado pelo agente ou os agentes, se refere ao comportamento de outros, orientando-se por este em seu curso".

Weber (2002) destaca as quatro possíveis formas de se classificar a ação social:

1. **Ação social racional em relação a fins** – É determinada por expectativas nutridas pelo indivíduo em relação ao mundo e aos outros indivíduos. Nessa ação, são definidos objetivos e metas a serem alcançados pelo homem, que se propõe a realizá-la em prol de atingir o resultado esperado. Assim, o sujeito desenvolve um planejamento, que é racionalmente construído, pois existe uma causa maior, que é alcançar um propósito. Um exemplo desse tipo de ação é o planejamento cuidadoso de uma atividade, como realizar um trabalho ou estudar para prestar um concurso ou um teste específico.

2. **Ação social racional em relação a valores** – Caracteriza-se pelo fato de que o propósito não é atingir um objetivo calculado, um resultado previamente programado. O que incentiva essa ação são as crenças variadas, que apresentam caráter ético, estético ou religioso. Dessa forma, o motivo da ação não é o resultado, mas sim um valor variável, o qual pode ser positivo ou negativo. São exemplos desse tipo de ação as escolhas relativas às crenças religiosas, que apresentam racionalidade, mas não um controle sobre seus possíveis resultados.

3. **Ação social afetiva** – Não envolve planejamento antecedente. Ao contrário, essa ação é espontânea e determinada por afetos ou emoções acionadas no momento de sua realização. Nesse

tipo de ação, o indivíduo age ou reage sem conseguir planejar de maneira cautelosa seus atos. Pode ocorrer em resposta a um gesto de amor, como receber flores, ou a um gesto violento, como uma agressão física ou verbal.

4. **Ação social tradicional** – Tem sua origem em costumes arraigados, que são ensinados e reproduzidos socialmente por meio da tradição. Exemplos desse tipo de ação são o patriarcalismo, o coronelismo ou os atos mais simples e culturalmente simbólicos, como pedir a benção aos mais velhos antes de dormir.

Nas palavras do próprio autor, as quatro formas de ação podem ser assim definidas:

> Primeira: Pode ser classificada racional em relação aos fins. Nesse caso a classificação se baseia na expectativa de que objetos em condição exterior ou outros indivíduos humanos comportar-se-ão de uma dada maneira e pelo uso de tais expectativas como "condições" ou "meios" para atingir com sucesso os fins racionalmente escolhidos pelo indivíduo. Em tal caso, será denominada *ação em relação a fins*. Segunda: A ação social pode ser determinada pela crença consciente no valor absoluto da ação como tal, independente de quaisquer motivos posteriores e medida por algum padrão tal como ética, estética ou religião. Em tal caso de orientação racional para um valor absoluto será denominada *ação em relação a valores*. Terceira: A ação social pode ser determinada pela afetividade, especialmente de modo emocional, como resultado de uma configuração especial de sentimentos e emoções por parte do indivíduo. Quarta: A ação social pode ser determinada tradicionalmente, tornando-se costume devido a uma longa prática. (Weber, 2002, p. 41)

Os estudos de Weber contrapunham-se inicialmente à proposta positivista de que todas as ciências, indistintamente, devem adotar o mesmo método. O autor atacou justamente o ponto do positivismo que prevê que a realidade social pode ser explicada encontrando-se um sistema de leis próprio que dê conta do funcionamento da sociedade.

Conforme Quintaneiro, Barbosa e Oliveira (2002, p. 97):

À época de Max Weber, travava-se na Alemanha um acirrado debate entre a corrente até então dominante no pensamento social e filosófico, o positivismo, e seus críticos. O objeto da polêmica eram as especificidades das ciências da natureza e do espírito e, no interior destas, o papel dos valores e a possibilidade da formulação de leis.

Nesse contexto de embates teóricos, as autoras ainda ressaltam que Weber também dialogou com os filósofos neokantianos[3], que ficaram assim conhecidos porque promoviam um retorno aos estudos de Immanuel Kant (1724-1804).

Wilhelm Dilthey (1833-1911), um dos mais importantes representantes da ala antipositivista, contrapôs à razão científica dos positivistas a razão histórica, isto é, a ideia de que a compreensão do fenômeno social pressupõe a recuperação do sentido, sempre arraigado temporalmente e adscrito a uma weltanschauung (relativismo) e a um ponto de vista (perspectivismo). Obra humana, a experiência histórica é também uma realidade múltipla e inesgotável. (Quintaneiro; Barbosa; Oliveira, 2003, p. 97)

Os filósofos neokantianos concebiam uma diferenciação entre os objetos de estudos das ciências naturais e das sociais em dois métodos distintos. Nesse confronto crítico, Weber construiu seu posicionamento. Diferentemente dos positivistas, ele compreendia a realidade como infinita, não sendo passível de ser explicada apenas por leis científicas comuns a todas as ciências. O autor se contrapunha aos neokantianos, afirmando que a finalidade da pesquisa era o que determinava o método

---

3 O termo *neokantiano* refere-se aos "Representantes de uma corrente reacionária na filosofia burguesa que surgiu nos meados do século XIX na Alemanha. Os neokantianos repetiam as teses mais reacionárias e idealistas da filosofia de Kant e rejeitavam os elementos do materialismo que nela havia. [...] os neokantianos conduziam a luta contra o materialismo dialético e histórico" (Neokantianos, 2019).

utilizado, destacando que as leis, nas ciências sociais, são apenas instrumentos a serem utilizados. Ou seja, a perspectiva histórica adotada pressupõe a especificidade das ciências sociais, o que faz com que elas necessitem de métodos próprios de pesquisa que embasem o ofício do sociólogo.

Assim, o ponto de partida weberiano está no indivíduo:

> A sociologia interpretativa considera o indivíduo [*Einzel-individuum*] e seu ato como a unidade básica, como seu "átomo" – se nos permitirem pelo menos uma vez a comparação discutível. Nessa abordagem, o indivíduo é também o limite superior e o único portador de conduta significativa... Em geral, para a sociologia, conceitos como "Estado", "associação", "feudalismo" e outros semelhantes designam certas categorias de interação humana. Daí ser tarefa da Sociologia reduzir esses conceitos à ação "compreensível", isto é, sem exceção, aos atos dos indivíduos participantes. (Weber, 1982, p. 74)

Essa centralidade do indivíduo não significa que as estruturas coletivas não têm importância. A sociologia sempre tratou de fenômenos coletivos, porém o ponto de partida está na ação dos indivíduos – assim, o método de Weber centraliza-se nos sujeitos.

Na obra *Economia e sociedade*, Weber estabelece a seguinte definição para sociologia: "uma ciência que pretende compreender interpretativamente a ação social e assim explicá-la em seu curso e seus efeitos" (Weber, 2004a, p. 3). Para tanto, em outras obras, o autor delimita qual concepção visa entender os termos *ação* e *ação social* e estipula uma tipologia para cada tipo de ação social, sendo quatro tipos principais, que também podem ser analisadas como *tipos ideais*.

A ação é, dessa forma, um comportamento que contém um sentido subjetivo relacionado a seus agentes. Ela é individual, à medida que parte dos sujeitos. No entanto, ao apresentar uma intencionalidade, passa a ser compartilhada, pois tem sentidos que a unem a outras ações e sujeitos. Então, os sentidos e os significados são compartilhados e coletivos.

Acrescente-se que o conceito de ação é definido por Weber como "toda conduta humana (ato, omissão, permissão) dotada de um significado subjetivo dado por quem a executa e que orienta essa ação" (Quintaneiro; Barbosa; Oliveira, 2003, p. 104). Ou seja, a simples prática de desenvolver uma ação não a classifica como social. Para que ela se torne social, é necessário que, em sua realização, existam sentidos e significados comuns ao indivíduo executor e a seus interlocutores, isto é, compartilhados por determinadas coletividades. Portanto, elas só assumem um sentido quando se remetem ao comportamento dos outros. Aron (1999, p. 449) reforça que

> A sociologia é uma ciência que procura compreender a ação social; a compreensão implica a percepção do sentido que o ator atribui à sua conduta. [...] o objetivo e a preocupação de Weber é compreender o sentido que cada ator dá à sua própria conduta. A compreensão dos sentidos subjetivos implica uma classificação dos tipos de conduta e leva à percepção da sua estrutura inteligível.

Quintaneiro, Barbosa e Oliveira (2003, p. 104) complementam, que "a Sociologia é, para Weber, a ciência 'que pretende entender, interpretando-a, a ação social para, dessa maneira, explicá-la causalmente em seu desenvolvimento e efeitos'". As autoras acrescentam, ainda, que, para o tipo de sociologia a que Weber se propõe, a ação social é o dado mais importante. "Entretanto, algumas ações não interessam à Sociologia por serem reativas, sem um sentido pensado, como a de retirar a mão ao se levar um choque" (Quintaneiro; Barbosa; Oliveira, 2003, p. 104).

Nesse caso, a pesquisa sociológica consiste em determinar o **sentido** ou o **significado** da ação concreta dado por sua motivação. Assim, justifica-se o fato de Weber ter nomeado sua metodologia de **compreensiva**: o objetivo dos estudos sociológicos é chegar ao significado da ação social.

Assim, a metodologia é compreensiva no sentido de que é preciso entender o histórico para se chegar à interpretação do presente. Costa (1997, p. 72, grifo do original) reforça que:

> Weber não achava que uma sucessão de fatos históricos fizesse sentido por si mesma. Para ele, todo historiador trabalha com dados esparsos e fragmentários. Por isso propunha para esse trabalho o método **compreensivo**, isto é, um esforço interpretativo do passado e de sua repercussão nas características peculiares das sociedades contemporâneas. Essa atitude de compreensão é que permite ao cientista atribuir aos fatos esparsos um **sentido** social e histórico.

Nesse processo, ao perceber a análise sociológica de maneira compreensiva, histórica e orientada para a cultura, Weber estruturou seus estudos de maneira supostamente objetiva: o cientista não deve projetar juízos de valor sobre a sua investigação, sob pena de contaminar os resultados com suas preferências políticas e/ou estéticas:

> Hoje, falamos habitualmente da ciência como "livre de todas as pressuposições". Haverá tal coisa? Depende do que entendermos por isso. Todo trabalho científico pressupõe que as regras da lógica e do método são válidas; são as bases gerais de nossa orientação no mundo; e, pelo menos para nossa questão especial, essas pressuposições são o aspecto menos problemático da ciência. A ciência pressupõe, ainda, que o produto do trabalho científico é importante no sentido de que "vale a pena conhecê-lo". Nisto estão encerrados todos os nossos problemas, evidentemente. Pois esta pressuposição não pode ser provada por meios científicos – só pode ser interpretada com referência ao seu significado último, que devemos rejeitar ou aceitar, segundo a nossa posição última em relação à vida. (Weber, 1982, p. 170)

Weber compreende que "a ciência é hoje uma vocação organizada em disciplinas especiais a serviço do autoesclarecimento e conhecimento de fatos inter-relacionados" (Weber, 1982, p. 180). A objetividade deve passar por rigorosos procedimentos de verificação, mesmo sendo sujeita à ação do analista na escolha do seu objeto. "O ponto essencial a ser salientado é que o próprio cientista é quem atribui aos aspectos do real e da história que examina uma ordem através da qual procura estabelecer uma relação causal entre certos fenômenos. Assim produz o que se chama tipo ideal" (Quintaneiro; Barbosa; Oliveira, 2003, p. 99).

As autoras apresentam o pensamento de Weber em relação à objetividade que se espera das ciências sociais, destacando que, para o autor, o cientista social efetua quatro operações para chegar ao conhecimento que pretende:

> 1) estabelece leis e fatores hipotéticos que servirão como meios para seu estudo; 2) analisa e expõe ordenadamente "o agrupamento individual desses fatores historicamente dados e sua combinação concreta e significativa", procurando tornar inteligível a causa e natureza dessa significação; 3) remonta ao passado para observar como se desenvolveram as diferentes características individuais daqueles agrupamentos que possuem importância para o presente e procura fornecer uma explicação histórica a partir de tais constelações individuais anteriores, e 4) avalia as constelações possíveis no futuro. (Quintaneiro; Barbosa; Oliveira, 2002, p. 100)

O tipo ideal

Com relação ao **tipo ideal**, Weber delimita três espécies de conceitos (Aron, 1999):

1. A primeira espécie refere-se a indivíduos históricos, como o capitalismo ou a cidade ocidental. O tipo ideal de um indivíduo histórico é uma reconstrução parcial: o sociólogo seleciona, no

conjunto histórico, um certo número de características, para constituir um todo inteligível.

2. A segunda espécie compreende elementos abstratos da realidade histórica, os quais, quando combinados, permitem caracterizar e compreender os conjuntos históricos reais, que se expressam, nesse caso, como a burocracia.

3. A terceira espécie é constituída pelas reconstruções racionalizantes de condutas de um tipo particular. Nesse caso, um exemplo é o conjunto das proposições da teoria econômica.

Quintaneiro, Barbosa e Oliveira ressaltam que o estabelecimento da tipologia ideal é de suma importância para o desenvolvimento metodológico de Weber, pois, por meio das ciências sociais, é possível compreender a realidade que cerca o trabalho do cientista social.

> A elaboração de um instrumento que oriente o cientista social em sua busca de conexões causais é muito valiosa do ponto de vista heurístico. Esse modelo de interpretação-investigação é o tipo ideal, e é dele que se vale o cientista para guiar-se na infinitude do real. Suas possibilidades e limites devem-se: 1) à unilateralidade, 2) à racionalidade e 3) ao caráter utópico. Ao elaborar o tipo ideal, parte-se da escolha, numa realidade infinita, de alguns elementos do objeto a ser interpretado que são considerados pelo investigador os mais relevantes para a explicação. Esse processo de seleção acentua – necessariamente – certos traços e deixa de lado outros, o que confere unilateralidade ao modelo puro. (Quintaneiro; Barbosa; Oliveira, 2002, p. 102-103)

Nesse sentido, os tipos ideais são instrumentos utilizados como mecanismos de ordenação da realidade social. Essa construção delimita o espectro analítico do sociológico, pois, como é ele próprio que escolhe quais aspectos da realidade serão analisados, o tipo ideal passa a ser indispensável, à medida que projeta uma definição sobre a "realidade", buscando regularidades ou irregularidades nos fenômenos que analisa.

Giddens (2008, p. 14, grifo do original) acrescenta que os tipos ideais são

> modelos conceituais ou analíticos que podem ser usados para compreender o mundo. Na vida real, é raro existirem, se é que existem, tipos ideais – muitas vezes existem apenas algumas das suas características. Estas construções hipotéticas podem, no entanto, revelar-se muito úteis, na medida em que se pode compreender qualquer situação do mundo real através da sua comparação com um tipo ideal. Desta forma, os tipos ideais servem como pontos de referência fixos. É importante sublinhar que por tipo «ideal» Weber não entendia que essa concepção fosse algo de perfeito ou desejável, sendo antes uma forma "pura" de determinado fenômeno. Weber utilizou os tipos ideais nas suas obras sobre a burocracia e o mercado.

Compreendemos, então, que esses tipos ideais são a elaboração de modelos que servem como referências de análise. O tipo ideal é uma construção teórica desenvolvida pelo sociólogo que tem como objetivo projetar uma definição sobre a "realidade", exagerando alguns de seus elementos característicos (Sell, 2010).

Conforme Weber (1991, p. 106):

> Obtém-se um tipo ideal mediante a acentuação unilateral de um ou vários pontos de vista, e mediante o encadeamento de grande quantidade de fenômenos isolados dados, difusos e discretos, que se podem dar em maior ou menor número ou mesmo faltar por completo, e que se ordenam segundo os pontos de vista unilateralmente acentuados, a fim de se formar um quadro homogêneo de pensamento.

O tipo ideal não é um modelo a ser buscado, mas sim um instrumento de análise que possibilita confrontar e comparar fenômenos existentes na sociedade.

Delimitados os tipos ideais, a próxima etapa diz respeito à compreensão da **relação social**, que ocorre quando o sentido da ação social é partilhado por vários indivíduos. A esse respeito, Weber (2002, p. 45) frisa:

O termo "relação social" será usado para designar a situação em que duas ou mais pessoas estão empenhadas numa conduta onde cada qual leva em conta o comportamento da outra de uma maneira significativa, estando, portanto, orientada nestes termos. A relação social consiste, assim, inteiramente na probabilidade de que os indivíduos comportar-se-ão de uma maneira significativamente determinável. É completamente irrelevante o porquê de tal probabilidade, mas onde ela existe pode-se encontrar uma relação social.

Assim, a relação social parte da concepção de que é provável que se aja sob um sentido compartilhado (por uso ou por costume), com caráter comunitário, referente aos indivíduos ou aos societários.

Conforme Quintaneiro, Barbosa e Oliveira (2003, p. 108):

> Podemos dizer que relação social é a probabilidade de que uma forma determinada de conduta social tenha, em algum momento, seu sentido partilhado pelos diversos agentes numa sociedade qualquer. Como exemplos de relações sociais temos as de hostilidade, de amizade, as trocas comerciais, a concorrência econômica, as relações eróticas e políticas. Em cada uma delas, as pessoas envolvidas percebem o significado, partilham o sentido das ações dado pelas demais pessoas.

É importante destacar que a relação social deve ser legitimada sob o que Weber denomina de *ordem legítima*:

> A ação, especialmente a ação social, e mais particularmente a relação social, pode ser orientada, de parte dos indivíduos, pelo que constitui sua "representação" da existência de uma **autoridade legítima**. A probabilidade de que uma tal orientação realmente ocorra será chamada de "validação" da autoridade em questão. (Weber, 2002, p. 53, grifo do original)

Essa ordem legítima é repassada aos indivíduos por intermédio de leis e convenções presentes em agrupamentos, empresas, associações e instituições, analisando, assim, o sujeito em sua interação com os demais, até chegar às instituições.

Sobre a legitimidade da autoridade, Weber (2002, p. 57) acrescenta que ela pode ser garantida pela subjetividade ou pelo interesse próprio:

> I. Em uma base puramente subjetiva, ou seja, que se deve a: 1) aceitação meramente afetiva ou emocional; 2) provir de uma crença racional na validade absoluta da autoridade como uma expressão de valores últimos obrigatórios, sejam éticos, estéticos ou de qualquer outro tipo; 3) originar-se em atitudes religiosas, isto é, guiada pela crença de que a salvação depende da obediência à autoridade.
>
> II. A legitimidade da autoridade pode ser garantida também pelo interesse próprio, na expectativa de consequências específicas de uma espécie particular.

Além disso, Weber (2002) acrescenta que um sistema de autoridade pode ser considerado **convencional** ou **lei**. Será convencional quando for validado, de maneira externa, na probabilidade de que os desvios que surgem nos grupos sociais sejam tratados como uma "desaprovação relativamente geral e significativamente perceptível" (Weber, 2002, p. 57); e será lei quando os comportamentos não aprovados forem tratados com sanções físicas ou psíquicas, punindo a desobediência com penas aplicadas por um grupo investido de autoridade especial para essa prática (Weber, 2002).

Essa autoridade legítima passa, dessa forma, pelas noções impostas pela tradição, pela fé e pela lei. A **tradição** valida o que sempre existiu; a **fé** garante a ligação emocional digna de imitação, por conta da confiança em seu caráter sagrado; e, por fim, a **lei** se impõe como genuína por ser aceita por consenso, e a ela se deve obediência.

Dessa forma, temos, na obra weberiana, uma estrutura de pensamento que se move da seguinte forma:

- o indivíduo fundamenta as instituições;
- as análises acontecem do plano individual para o plano universal, ou, inversamente, do universal para o individual.

De qualquer forma, é no sujeito (indivíduo) que se foca a mobilidade do processo; o sujeito é o agente central e se constitui em objeto primeiro de análise:

a) Ação social ⟶ b) Relações sociais ⟶ c) Ordem legítima

a) Indivíduo ⟶ b) Indivíduos próximos ⟶ c) Coletividade

Assim, o desenvolvimento de ações sociais pelos indivíduos com sentidos compartilhados implica o estabelecimento de relações sociais, as quais, por sua vez, passam a ser reproduzidas pela coletividade social graças à legitimação das ações, estabelecida em um processo de consenso, o qual é produto da legitimidade obtida pela coletividade.

5.3
A ética protestante e o espírito do capitalismo

Um dos trabalhos de maior importância desenvolvido por Weber é a obra *A ética protestante e o espírito do capitalismo*, publicada em 1905, em que o autor apresenta a relação existente entre os princípios da religião protestante e o *ethos* do trabalho, conforme a organização econômica do capitalismo moderno.

Nessa obra, o autor parte do pressuposto de que os adeptos da reforma protestante, que, em parte significativa, eram representados por empresários bem-sucedidos, levaram o germe do capitalismo a se efetivar, embora a grande maioria da população ainda consistisse em numerosos trabalhadores que serviam nas ocupações fabris.

Weber percebeu que os protestantes obtinham maior sucesso nos negócios do que os católicos, e isso se dava por uma ética religiosa balizada no trabalho como instrumento de glorificação a Deus, conforme a crença de que o labor estava relacionado a uma oportunidade divina dada aos indivíduos, que seriam agraciados pela prosperidade emergente dessa atividade. Dessa forma, o trabalho, compreendido como uma vocação, o puritanismo, a racionalidade econômica e o ascetismo permitiram que surgisse o espírito capitalista, marcado por princípios de origem religiosa que fariam esse sistema prosperar. Sob essa ótica, Costa (1997, p. 75-76) destaca que

> Weber descobre que os valores do protestantismo – como a disciplina ascética, a poupança, a austeridade, a vocação, o dever e a propensão ao trabalho – atuavam de maneira decisiva sobre os indivíduos. No seio das famílias protestantes, os filhos eram criados para o ensino especializado e para o trabalho fabril, optando sempre por atividades mais adequadas à obtenção de lucro, preferindo o cálculo e os estudos técnicos ao estudo humanístico.

Essa condição era determinante para um melhor desempenho frente às famílias católicas, que permaneciam alheias à realidade, presas à oração e aos sacrifícios, renunciando às atividades práticas da vida.

Weber (2001) traça uma sociologia da religião, projetando sobre esta o nascimento e o desenvolvimento da Modernidade. Partindo dessa sociologia, sob a égide do desencantamento do mundo, o autor percebe que a Modernidade emergiria pelo processo de racionalização da humanidade.

Com a obra *A ética protestante e o espírito do capitalismo*, Weber visa compreender como ocorreu o progresso da racionalização ocidental, que teve no capitalismo sua expressão mais acabada, com uma contribuição muito significativa proporcionada pela ética protestante, a qual, segundo o sociólogo, "deve ter sido presumivelmente a mais poderosa alavanca da expressão dessa concepção de vida, que aqui apontamos como 'espírito do capitalismo'" (Weber, 2001, p. 123).

É importante destacar que Weber delimita o espírito do capitalismo percebendo a existência de "capitalismos". Dentre estes, aplica o seu tipo ideal, estabelecendo a ferramenta que delineia sua análise.

Recorrendo às máximas de Benjamin Franklin, Weber (2001) apresentou qual forma tem esse espírito do capitalismo e de que modo este pressupõe que a vida deve ser encarada:

> "Lembre-se de que tempo é dinheiro"; "Lembre-se que crédito é dinheiro"; "Lembre-se que o dinheiro pode gerar dinheiro, e seu produto gerar mais"; "Lembre-se do ditado: o bom pagador é dono da bolsa alheia"; "As menores ações que possam afetar o crédito de um homem devem ser levadas em conta"; "Isto mostra, entre outras coisas, que estás consciente daquilo que tens; fará com que pareças um homem tão honesto como cuidadoso, e isso aumentará teu crédito", dentre outras. (Weber, 2001, p. 29-30)

Weber (2001, p. 31) conclui que "ninguém duvidará que é 'o espírito do capitalismo' que aqui se expressa de forma característica, muito embora esteja longe de nós o desejo de afirmar que tudo que possa ser entendido como pertinente a este 'espírito' esteja nele contido". Segundo esse entendimento, conforme as máximas de Franklin, ser capitalista é possuir uma vida regrada, pensando que suas ações podem gerar dividendos para sua vivência.

Utilizando-se de um tipo ideal de capitalismo, baseado em uma definição de características escolhidas, é possível aplicá-lo a uma série de fenômenos a ele relacionados.

Conforme Aron (1999, p. 475, grifo do original), Weber expôs que

> o capitalismo é definido pela existência de empresas (*Betrieb*) cujo objetivo é produzir o maior lucro possível, e cujo meio é a organização racional do trabalho e da produção. É a união do desejo de lucro e da disciplina racional que constitui historicamente o traço singular do capitalismo ocidental.

Dessa forma, o capitalismo visa sempre ao maior lucro, independentemente dos meios que estejam envolvidos para esses resultados. O autor acrescenta, ainda, que:

Um empreendimento capitalista visa ao lucro máximo por meio de uma organização burocrática. A expressão "lucro máximo", aliás, não é inteiramente justa. O que constitui o capitalismo não é tanto o lucro máximo, quanto a acumulação indefinida. Os comerciantes sempre quiseram auferir o maior lucro possível, em qualquer negócio; o que caracteriza o capitalismo não é o fato de ele não limitar seu apetite de ganhos, mas de estar animado pelo desejo de acumular sempre, cada vez mais, de sorte que também a vontade de produzir se torna indefinida. (Aron, 1999, p. 475)

Sob essa lógica do desejo indefinido de acumulação, há a procura pelo lucro, que se renovava sempre. Essa perspectiva se aproxima da concepção elaborada por Marx, mas com diferenças. Sobre isso, Aron (1999, p. 477-478) destaca:

Como Marx, Max Weber afirma que a essência do regime capitalista é a busca do lucro, por intermédio do mercado. Também ele insiste na presença de trabalhadores juridicamente livres que alugam sua força de trabalho aos proprietários dos meios de produção, e, por fim, mostra que a empresa capitalista moderna utiliza meios cada vez mais poderosos, renovando perpetuamente as técnicas para acumular lucros suplementares. O progresso técnico é, aliás, o resultado não procurado da concorrência dos produtores.

[...]

A diferença entre Marx e Weber está em que, segundo este, a principal característica da sociedade moderna e do capitalismo é a racionalização burocrática, que não pode deixar de ser procurada, qualquer que seja o estatuto da propriedade dos meios de produção. Max Weber evocava de bom grado a socialização da economia, mas não a considerava uma transformação fundamental. A necessidade da organização racional, para a produção com o melhor custo, subsistiria depois da revolução que tivesse dado ao Estado a propriedade dos meios de produção.

Nesse viés, a racionalização que Weber vê como própria do capitalismo permanece mesmo em uma economia centralizada no poder do

Estado, sem conceber a socialização dos meios de produção como uma transformação necessariamente fundamental.

Weber (2001, p. 21) ainda destaca que "o homem é dominado pela geração de dinheiro, pela aquisição como propósito final da vida. A aquisição econômica não mais está subordinada ao homem como um meio para a satisfação de suas necessidades materiais". O *homem* aqui é entendido como toda a humanidade em sua natureza própria da vivência em sociedade.

Para estabelecer uma aproximação com a prática protestante, o autor observou que "o ganho de dinheiro na moderna ordem econômica é, desde que feito legalmente, o resultado e a expressão da virtude e da eficiência em certo caminho" (Weber, 2001, p. 21). Sob essa ótica, a virtude está ligada ao estabelecimento de práticas econômicas eficientes, que provavelmente resultam em ganho de dinheiro.

Como a economia capitalista já está instalada na sociedade, os indivíduos nascem em seu interior e já são organizados sob sua lógica. Assim, são forçados à conformação com as regras de comportamento: "o capitalismo atual, que veio para dominar a vida econômica, educa e seleciona os sujeitos de quem precisa, mediante o processo de sobrevivência econômica do mais apto" (Weber, 2001, p. 22). Em outras palavras, aqueles que não estão adequados ao sistema acabam à sua margem.

Weber estava atento à maneira com que Lutero propôs sua noção de vocação, mais próxima da realidade cotidiana, e vinculou a ela o trabalho e os resultados que dele devem ser obtidos, compreendendo que, quanto mais as pessoas aceitam suas tarefas profissionais como um chamado de Deus (a vocação) e são disciplinadas em seu cumprimento, mais bem preparadas estão para a salvação divina.

Nesse aspecto, perpassa um posicionamento em favor do capital, embora a principal lógica operante, mesmo diante das características desse sistema, fosse a crença religiosa. De modo concomitante, a lógica capitalista e a lógica protestante atuam no sentido de incutir nos indivíduos o desejo pelo *ethos* do trabalho como forma de glorificar a Deus e, consequentemente, abastecer o sistema capitalista conforme suas necessidades de mão de obra, a qual é parte integrante e essencial de tal sistema como engrenagem para fazê-lo funcionar.

Assim, justifica-se a compreensão de Weber para a lógica capitalista do excedente de mão de obra: "Naturalmente, a presença de um excesso de população que possa modicamente ser contratada no mercado de trabalho é uma necessidade para o desenvolvimento do capitalismo" (Weber, 2001, p. 39). O autor ressalta, porém, que, apesar de promover a expansão do capitalismo, esse excedente pode, em determinados casos, não assegurar a qualidade dos resultados, pondo em xeque seu desenvolvimento. "Os baixos salários não são de modo algum idênticos ao trabalho barato. De um ponto de vista puramente quantitativo a eficiência do trabalho decresce com um salário que seja fisiologicamente insuficiente" (Weber, 2001, p. 39).

O que Weber busca, afinal, é que o trabalho seja desenvolvido como um fim em si mesmo, sendo possível superar a lógica salarial. Isto é, salários baixos ou altos não importam se os indivíduos são adequadamente educados para recebê-los.

O foco no trabalho visualizado por Weber na religiosidade protestante lhe permitiu vislumbrar o lucro e a acumulação como fatores positivos que levam à glorificação, mas, por outro lado, estabelecem a justificativa para a constituição das riquezas da burguesia crescente.

O trabalho metódico e racional se aprofundava na lógica da nova ordem econômica, que se apresentava na expansão das técnicas para a execução do trabalho, bem como na inserção das máquinas no processo industrial. Weber observa que a relação existente entre a sociedade e a religião está fundamentada em valores inerentes aos indivíduos, os quais acabam se tornando motivos para a ação social. Nesse sentido, é preciso que o analista relacione de que maneira ocorre a motivação e quais são seus efeitos no interior da sociedade. Isso ocorre em um campo que já não é estritamente religioso.

Outro ponto-chave da obra *A ética protestante e o espírito do capitalismo* está na compreensão do processo aberto pela ascese das práticas de trabalho protestantes: consolidou-se o caminho para a racionalização do mundo e da existência dos indivíduos. A racionalização e o espírito do capitalismo valeram-se das práticas protestantes, mas, ao se desenvolverem na sociedade, assumiram suas próprias formas. A economia estabeleceu-se independentemente e, até mesmo, em detrimento dos indivíduos que a compõem.

5.4
Concepções políticas de Weber

Em seus escritos, Weber delimita concepções bastante distintas para o cientista e para o político, separando radicalmente os campos da ciência e da política. Dois trabalhos, em especial, tratam dessa temática: *A ciência como vocação* e *A política como vocação*.

Nessas obras, bem como em outros textos, o autor dialoga com a perspectiva de se estabelecer uma possível **neutralidade** às pesquisas por parte do cientista, mesmo diante da compreensão de que este poderia estar inserido em uma determinada realidade cultural que lhe motivasse a realização desses estudos. Assim, Weber imaginava constituir uma ciência neutra que se pautasse por juízos de fato, e não juízos de valor[4], e que tratasse de analisar os fenômenos existentes apresentando à sociedade seus resultados, deixando-a decidir quais rumos tomar com base neles.

Com relação à política, Weber inicialmente delimita sua significação, restringindo-a às ações vinculadas ao Estado e à atuação do político em seu interior. Weber destaca que "para que o Estado exista os dominados devem obedecer à autoridade alegada pelos detentores do poder" (Weber, 1982, p. 99). Para que essa obediência ocorra, o autor alega que há três justificações ou legitimações: 1) o domínio tradicional; 2) a autoridade carismática de uma liderança; e, por fim, 3) um estatuto legal de regras devidamente criadas.

> Em primeiro lugar, a carreira da política proporciona uma sensação de poder. Saber que influencia homens, que participa no poder sobre eles, e, acima de tudo, o sentimento de que tem na mão uma fibra nervosa de acontecimentos historicamente importantes, pode elevar o político profissional acima da rotina cotidiana, mesmo quando ele ocupa posições formalmente modestas. (Weber, 1982, p. 138)

Weber ressalta que, sob essas condições, o político também deve ter uma vocação para a sua atuação, como ter paixão, sentido de responsabilidade e senso de proporção. Este último, Weber compreende como "a qualidade psicológica decisiva do político: sua capacidade de deixar que as realidades atuem sobre ele com uma concentração e uma calma íntimas. Daí sua distância em relação às coisas e homens" (Weber, 1982, p. 138).

---

4 Os juízos de fato são objetivos, representam a essência daquilo que está sendo apresentado e são comprováveis via aspectos físicos e/ou materiais. Os juízos de valor, por sua vez, tratam de aspectos subjetivos, pertencentes a julgamentos e à valoração da realidade.

Quanto ao cientista, já expusemos a posição de Weber em relação ao distanciamento entre a teoria e a prática, colocando a ciência como proponente das questões sobre os fenômenos e os problemas da vida, mas sem a possibilidade de intervir e direcionar os encaminhamentos a serem feitos pela sociedade. "Tomar uma posição política prática é uma coisa, e analisar as estruturas políticas e as posições partidárias é outra" (Weber, 1982, p. 172). Sob essa ótica, o autor acrescenta que cabe à ciência contribuir para apresentar métodos de pensamento, que são os instrumentos e o treinamento para o pensamento.

Seguindo essa lógica, Weber afasta a ciência e os teóricos dos movimentos políticos, permitindo que estes se profissionalizem atuando sobre os objetos teóricos que têm nas mãos. Mas isso acaba também por justificar o *status quo* existente nas diferentes sociedades, legitimando problemas e diferenças sociais percebidos pelos estudos, os quais não podem sofrer atuação por parte da ciência.

5.4.1 Poder e dominação

É importante compreendermos quais são as concepções de Weber sobre **poder, dominação e disciplina**. Para o autor, o poder, no interior das relações sociais, permite que alguém imponha sua vontade, independentemente da existência de posições contrárias; a dominação, por sua vez, diz respeito ao domínio sobre um conteúdo, que, consequentemente, resulta em autoridade sobre determinado grupo; já a disciplina corresponde à possibilidade de obter obediência de um grupo específico, dado o caráter de comando exercido sobre as pessoas (Weber, 2002).

Acrescente-se que Weber (2004b) compreende diversos tipos de dominação. Mas, entre estes, dois são radicalmente opostos:

> Por um lado, a dominação em virtude de uma constelação de interesses (especialmente em virtude de uma situação de monopólio), e,

por outro, a dominação em virtude de autoridade (poder de mando e dever de obediência). O tipo mais puro da primeira é a dominação monopolizadora no mercado, e, da última, o poder do chefe de família, da autoridade administrativa ou do príncipe. (Weber, 2004, p. 188-189)

Relacionando a dominação à ordem legítima já descrita anteriormente, temos os tipos de dominação possíveis para Weber:

- **Dominação legal racional** – Apoia-se na obediência às leis e na compreensão dos direitos daqueles que estão em condição de comando pela legislação. A burocracia é a forma mais acabada desse tipo de dominação, visto que a obediência recai sobre as regras que são impostas. Exemplo dessa dominação é a organização moderna de um Estado ou de uma empresa privada.
- **Dominação tradicional** – Remonta à tradição e à religiosidade, atribuindo um aspecto sagrado às posições de comandante e comandados. O patriarcalismo é sua forma ideal, e a obediência é dada por respeito, como uma legislação moral. Como representantes dessa forma, podem ser lembradas as comunidades tribais, em que os líderes são investidos de transcendência.
- **Dominação carismática** – É exercida pela legitimação de um líder capaz de tomar para si a confiança dos demais, comandando-os. A forma mais desenvolvida desse tipo é o autoritarismo. Exemplos podem ser retirados de diferentes áreas, como na religiosidade, com Jesus Cristo e Gandhi, e na política, com Nelson Mandela e Fidel Castro.

É importante ressaltar que essa divisão entre as formas de dominação é ideal: elas são tipos ideais, mas podem ser interpenetráveis, ou seja, características de uma e de outra podem estar em um mesmo sujeito, vide o caso de um profeta, que pode ser tradicional e carismático ao mesmo tempo.

5.4.2 Divisão do poder: classes, estamentos e partidos

É notório que um dos grandes problemas sociológicos diz respeito às diferenças sociais. Quintaneiro, Barbosa e Oliveira (2003, p. 112) destacam que

> Na concepção weberiana, essas diferenças podem ter vários princípios explicativos. O critério de classificação mais relevante é dado pela dominância, em dada unidade histórica, de uma forma de organização, ou pelo peso particular que cada uma das diversas esferas da vida coletiva possa ter.
>
> Se, numa sociedade como a chinesa tradicional, a posição social é fixada pelas qualificações para a ocupação de cargos mais do que pela riqueza, nas sociedades capitalistas modernas a propriedade de certos bens e as possibilidades de usá-los no mercado estão entre os determinantes essenciais da posição de seus membros. Assim, o predomínio da esfera econômica nas sociedades capitalistas tornou a riqueza e as propriedades os principais fundamentos da posição social, enquanto nas sociedades feudais europeias valorizava-se a origem, ou linhagem – fatores que são relevantes quando a esfera predominante é a social – como principal elemento de classificação.

As autoras explicam que, dessa forma, Weber percebe a sociedade com separação de esferas – como a econômica, a religiosa, a política, a jurídica, a social, a cultural –, cada uma delas com lógicas particulares de funcionamento. Em seus interiores, frise-se que o início está sempre no indivíduo:

> Partindo, portanto, do princípio geral de que só as consciências individuais são capazes de dar sentido à ação social e que tal sentido pode ser partilhado por uma multiplicidade de indivíduos, Weber estabeleceu conceitos referentes ao plano coletivo – a) classes, b) estamentos ou grupos de status e c) partidos – que nos permitem entender os mecanismos diferenciados de distribuição de poder, o qual pode assumir a forma de riqueza, de distinção ou do próprio poder político, num sentido estrito. (Quintaneiro; Barbosa; Oliveira, 2003, p. 113)

Dessa forma, é sensível que as ações sociais somente se efetivem pelas determinações do mercado, no qual os indivíduos têm suas posições e se orientam justamente por elas. Na divisão proposta por Weber, o autor define o conceito de *classe*:

> As "classes" não são comunidades, mas representam apenas fundamentos possíveis (e frequentes) de uma ação social. Falamos de uma "classe" quando: 1) uma pluralidade de pessoas tem em comum um componente causal específico de suas oportunidades de vida, na medida em que 2) este componente está representado, exclusivamente, por interesses econômicos, de posse de bens e aquisitivos, e isto 3) em condições determinadas pelo **mercado** de bens ou de trabalho ("situação de classe"). (Weber, 2004b, p. 176, grifo do original)

É a partilha dessas condições, orientadas pelo e para o mercado, que integra os agentes em uma determinada classe. Segundo Weber (1999, p. 177, grifo do original), "sempre vale para o conceito de classe que a oportunidade no **mercado** é o condicionador comum do destino dos indivíduos. Nesse sentido, a 'situação de classe' significa, em última instância, a 'situação no mercado'". Portanto, são os interesses vinculados ao mercado que criam a classe.

Outra categorização estabelecida por Weber diz respeito ao **estamento**, relacionado à pluralidade de pessoas "cujo destino não está determinado pela oportunidade de uma valorização própria de bens ou trabalho no mercado, como, por exemplo, os escravos" (Weber, 2004b, p. 177). O autor ainda reforça que:

> Os **estamentos**, em contraste com as classes, são, em regra, comunidades, ainda que frequentemente de natureza amorfa. Em oposição à "situação de classe", determinada por fatores puramente econômicos, compreendemos por "situação estamental" aquele componente típico do destino vital humano que está condicionado por uma específica avaliação social, positiva ou negativa, da *honra*, vinculada a determinada qualidade comum a muitas pessoas. (Weber, 2004b, p. 180, grifo do original)

O próprio Weber definiu quem propõe a diferenciação entre classe e estamento: "as 'classes' diferenciam-se segundo as relações com a produção e aquisição de bens, os 'estamentos', segundo os princípios de seu **consumo** de bens, que se manifestam em 'conduções da vida' específicas" (Weber, 2004b, p. 185, grifo do original).

Por fim, o autor acrescenta a categoria dos **partidos**, que estão assentados na esfera do poder:

> Sua ação dirige-se ao exercício de "poder" social, e isto significa: influência sobre uma ação social, de conteúdo qualquer [...]. A ação social típica dos "partidos", em oposição àquela das "classes" e dos "estamentos" que não apresentam necessariamente este aspecto, implica sempre a existência de uma relação associativa, pois pretende alcançar de maneira planejada, determinado fim. (Weber, 2004b, p. 185)

Diferentemente das classes e dos estamentos, os partidos associam os indivíduos por interesses semelhantes, voltados para a conquista do poder, o estabelecimento de suas convicções e a realização das ações sociais.

Síntese

Neste capítulo, observamos que Max Weber contribuiu para que a sociologia delimitasse seu objeto de estudo, permitindo que os cientistas sociais se profissionalizassem, deslocando a noção inicial de que as ciências sociais poderiam ser regidas por leis imutáveis, tais como as aplicáveis às ciências da natureza. Ao trazer a centralidade para os indivíduos, a sociologia busca compreender as ações sociais e os sentidos que advêm delas no conjunto da sociedade. Assim, Weber retomou o processo histórico, formatando tipos ideais aplicáveis em um conjunto de ocorrências para que, com eles, se compreendessem os fenômenos existentes na sociedade.

Em sua metodologia, ao buscar a objetividade científica, Weber propôs ao sociólogo, ao assumir sua realidade, afastar-se de seus valores morais de julgamento, os quais poderiam contaminar os resultados de suas pesquisas. Dessa forma, o autor contribuiu para que se buscasse incansavelmente, por meio de recursos metodológicos específicos, o conhecimento verdadeiro, e não a manutenção de ideologias próprias e aparelhadas aos princípios do pesquisador.

O pensamento weberiano não atuou no sentido de buscar uma transformação social, como se pode perceber na obra de Marx, que se caracteriza principalmente por esse desejo. Weber não se preocupou em desenvolver uma sociologia voltada para o questionamento social, mas empenhou-se em compreender de que forma os indivíduos atuam socialmente influenciados por costumes, tradições e pela própria racionalidade. Dessa forma, podemos assumir que o substancial do pensamento weberiano é compreender o indivíduo como um agente social racional e, também, destacar a diferença entre uma sociologia do desejável e uma sociologia do verdadeiro, pela afirmação da necessidade de imparcialidade ao pesquisador.

Indicação cultural

> ENGENHARIA reversa. Black Mirror. Reino Unido: Netflix, 21 out. 2016. Série de *streaming*.
>
> Para este capítulo, como sugestão para ampliar conceitos e discutir o que apresentamos, destacamos a série de televisão *Black Mirror*, escrita por Charlie Brooker. A série como um todo trata da sociedade moderna, centrando-se em temas polêmicos sobre as consequências possíveis das novas tecnologias na sociedade. A discussão que propomos aparece no episódio 5 da terceira temporada. No debate de construção do indivíduo (que, para Weber, está sujeito aos costumes, às tradições e à racionalidade), a obra propõe uma metáfora de controle mental de soldados para que estes permaneçam em constante estado de guerra. Versa, ainda, sobre a noção de diferenciação genética, de povos superiores e inferiores. O episódio levanta questões atuais sobre xenofobia, racismo, exclusão e culto à violência.

Atividades de autoavaliação

1. Analise as afirmativas e assinale V para as verdadeiras e F para as falsas.

    ( ) Weber iniciou seus estudos no campo das ciências naturais, ratificando as concepções propostas por Comte e Durkheim.

    ( ) Comte e Durkheim eram positivistas e fundamentavam suas teorias sociológicas com base no objeto, em detrimento dos sujeitos.

    ( ) Contrariando os positivistas, Weber realizou uma produção sociológica pautada no sujeito, em suas ações.

    ( ) Em seus estudos, Weber percebeu o indivíduo como elemento fundante da explicação da realidade social: é sujeito e objeto ao mesmo tempo.

Indique a alternativa que apresenta a sequência correta:
a) V, F, V, F.
b) F, V, V, V.
c) F, V, F, V.
d) V, V, F, F.
e) V, F, F, V.

2. Quais são as quatro possíveis formas de se classificar a ação social?
    a) Em relação aos valores, ao emocional, ao racional e às condições culturais.
    b) Em relação à atitude, à moral, à razão e às condições sociais.
    c) Em relação aos fins, aos valores, ao emocional e à tradição.
    d) Em relação às condições sociais, culturais, econômicas e políticas.
    e) Em relação às práticas, às crenças, às condições econômicas e às ações políticas.

3. Analise as afirmativas a seguir e marque V para as verdadeiras e F para as falsas.
    ( ) Para Weber, a pesquisa sociológica consiste em determinar a concepção social do indivíduo inserido em uma determinada classe.
    ( ) A pesquisa sociológica de Weber visa determinar a significação possível das ações concretas realizadas pelos indivíduos.
    ( ) A metodologia adotada por Weber foi nomeada *compreensiva*, devido justamente ao trabalho do sociológico em buscar o sentido da ação social.
    ( ) O processo histórico não é levado em consideração na metodologia compreensiva da realidade, por conta da efemeridade desse conceito.
    ( ) A atitude de compreensão permite relacionar fatos dispersos no tempo a determinado sentido.

Indique a alternativa que apresenta a sequência correta:
a) V, V, F, F, V.
b) V, F, V, F, F.
c) F, F, V, V, V.
d) F, V, V, F, V.
e) V, F, F, V, V.

4. Segundo a perspectiva weberiana, é **incorreto** afirmar:
   a) Os estudos de Weber contrapunham-se inicialmente à proposta materialista de que todas as ciências, indistintamente, deveriam adotar o mesmo método.
   b) Weber atacou o ponto de vista do positivismo, segundo o qual a realidade social pode ser explicada encontrando-se um sistema de leis próprio que deve dar conta do funcionamento da sociedade.
   c) Na análise weberiana, percebeu-se que os protestantes obtinham maior sucesso nos negócios do que os católicos, e isso se dava por uma ética religiosa balizada no trabalho e nas oportunidades de Deus aos indivíduos.
   d) Conforme Weber, a vocação, o puritanismo, a racionalidade econômica e o ascetismo permitiram que surgisse o espírito capitalista.
   e) Weber delimitou concepções bastante distintas para o cientista e para o político, separando radicalmente os campos da ciência e da política.

5. Sobre os conceitos de Weber, assinale V para as afirmativas verdadeiras e F para as falsas.

( ) Ação social é toda prática desenvolvida por um ator que apresenta um significado desconhecido e inimaginável.

( ) *Tipo ideal* se refere a um método tipológico de análise para o sociólogo, e não a um modelo.

( ) As ações sociais racionais podem ser de dois tipos: racional em relação a fins e racional em relação a valores.

( ) A dominação de tipo carismática refere-se à autoridade exercida por um profeta, um líder religioso ou um político.

Indique a alternativa que apresenta a sequência correta:

a) F, V, V, V.
b) V, V, F, F.
c) V, F, F, V.
d) F, V, F, V.
e) F, F, V, F.

Atividades de aprendizagem

Questões para reflexão

1. Quais são as concepções de *ação* e de *ação social* para Weber? Em que essas noções se diferenciam?

2. Para Weber, de que maneira o protestantismo motivou condutas e atitudes adequadas ao capitalismo?

Atividade aplicada: prática

1. Leia a notícia a seguir:

> **Geração que não trabalha nem estuda aumenta em 2015**
>
> De 2014 para 2015, o percentual aumentou de 20% para 22,5%. Síntese de Indicadores Sociais do IBGE foi divulgada nesta sexta-feira.
>
> [...]
>
> A geração de jovens que não estudam nem trabalham, chamada de "nem nem", cresceu em 2015 e representava quase um quarto do total de jovens brasileiros, segundo a Síntese de Indicadores Sociais (SIS 2016), do Instituto Brasileiro de Geografia e Estatística (IBGE), divulgada nesta sexta-feira (2). De 2014 para 2015, o percentual aumentou de 20% para 22,5%.
>
> O avanço foi ainda maior em relação a 2005, quando a proporção era de 19,7%, de acordo com a pesquisa.
>
> O percentual de homens que não estudavam nem trabalhavam cresceu de 11,1% em 2005 para 15,4% em 2015. Mesmo assim, a proporção de mulheres nessa condição ainda é muito superior (29,8%). Segundo o IBGE, os cuidados com a casa e filhos acabam sendo uma barreira para a entrada de muitas mulheres no mercado de trabalho.
>
> "Quando a gente investiga os jovens homens 'nem nem', você tem um meio a meio entre aqueles que procuraram ou não trabalho. E quando você investiga a relação desses homens com

afazeres domésticos, vê que não é um vínculo tão forte como acontece com as mulheres. Entre os homens, 47,4% cuidavam dos afazeres. Entre as mulheres, foi 91,6%", disse a pesquisadora do IBGE, Luanda Botelho [...].

[...]

Fonte: G1, 2016.

Após a leitura da notícia, aponte quais problemas sociais podem ser identificados na situação relatada e reflita sobre se eles seriam considerados fenômenos causadores dessa situação social se fosse adotada a perspectiva de análise weberiana (que prevê a neutralidade e a imparcialidade do pesquisador, distanciando de suas interpretações a análise estrutural da sociedade). Em seguida, produza um texto expondo suas considerações.

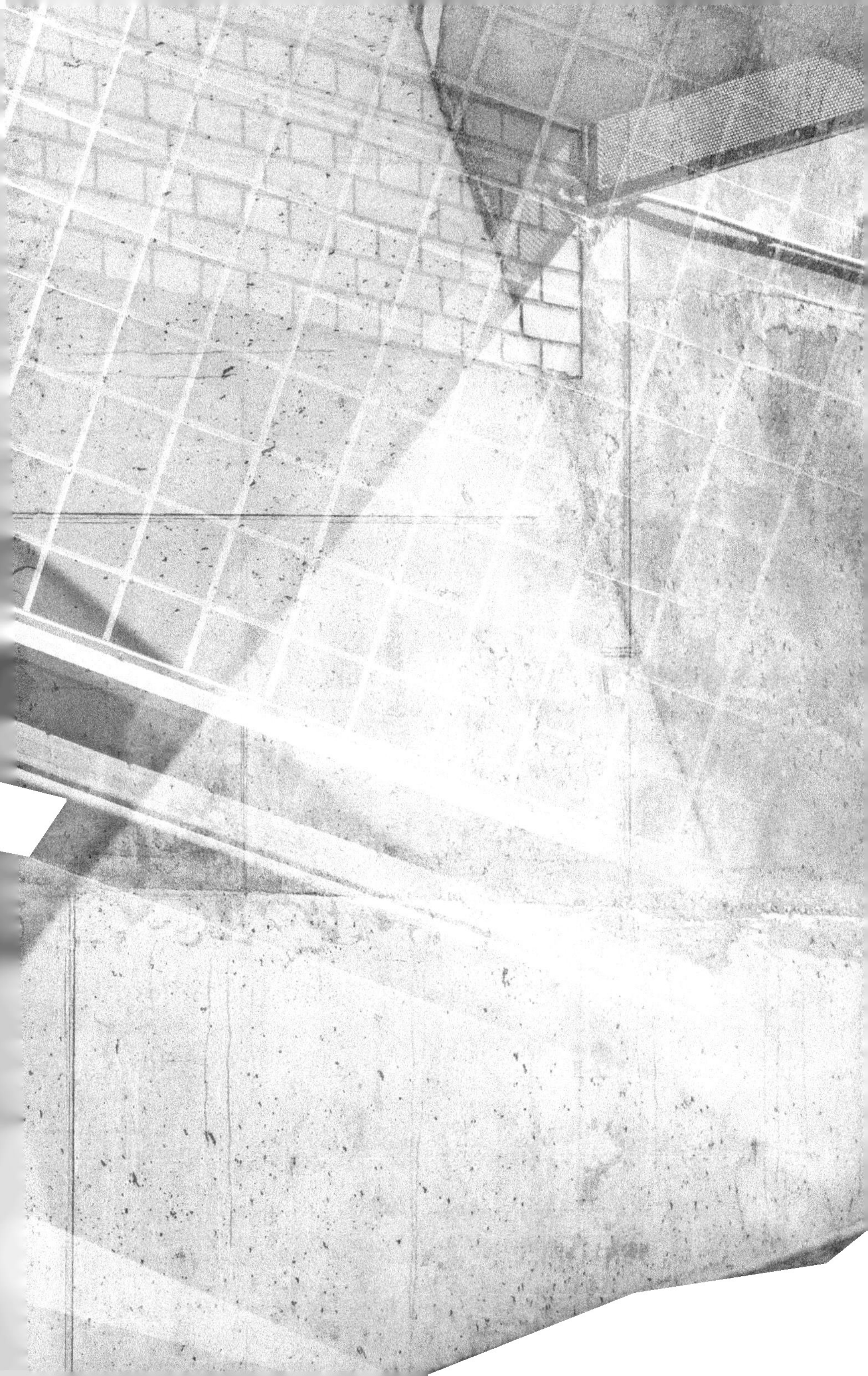

6
Marx e o materialismo histórico-dialético

Silvana Silva
Cleverson Lucas dos Santos

Neste capítulo, abordaremos alguns aspectos do pensamento desenvolvido por Karl Marx. Verificaremos como as ideias e as proposições do autor foram responsáveis por desenvolver um novo tipo de sociologia, que se preocupa não somente com a compreensão social mas também com a transformação da sociedade. Essa importância está relacionada à dimensão de suas obras. Por meio da análise econômica do capitalismo europeu no século XIX, o autor conseguiu elaborar uma teoria para explicar as desigualdades sociais, demonstrando sua vinculação aos processos histórico-produtivos.

Procuraremos identificar quais foram as interpretações de Marx para os problemas sociais existentes em sua época, bem como sua visão da história e sua teoria do conjunto social. Antes de tudo, devemos entender que Marx foi um observador da sociedade e buscou compreender e construir explicações para os problemas sociais que identificava em seu tempo e em seu espaço. Portanto, Marx foi o sociólogo, o filósofo e o economista do nascente sistema capitalista. Segundo Aron (1999), Marx tinha uma teoria a respeito do regime capitalista, da influência que este exercia sobre os homens e do devir que se prenunciava para ele.

Continuando essa reflexão, ao contrário do conhecimento aprofundado que desenvolveu sobre o funcionamento do sistema capitalista, Marx não tinha uma ideia definida de como seria o regime socialista, considerando-se que o homem não é capaz de conhecer de maneira prévia seu futuro (Aron, 1999).

Dessa forma, concordamos com o raciocínio apresentado por Aron (1999) de que não há interesse em indagar se Marx foi stalinista, trotskista, partidário de Khruchtchev ou de Mao. A pergunta correta a se fazer é: O que esses sujeitos levaram de Marx para seus contextos? Ou seja, não podemos nos valer de respostas que Marx não deu para questões que atualmente formulamos. O que podemos fazer é buscar nas obras de Marx interpretações que nos auxiliem na construção de possíveis respostas, sem nos esquecermos, no entanto, de que elas não são formulações do próprio Marx, mas sim constatações nossas (Aron, 1999).

Assim, recomendamos a leitura dos textos de qualquer autor teórico, relacionando-os sempre ao contexto em que foram produzidos. Depois disso, torna-se possível estabelecer, com base nesses escritos, os pontos de contato com diferentes momentos e sujeitos históricos.

6.1
Karl Marx: vida e obra

Karl Heinrich Marx nasceu no dia 5 de maio de 1818, em Trier, na Renânia, parte da Prússia, antiga Alemanha. Seu pai, Heinrich, foi um advogado judeu que, para poder exercer a profissão, teve de se converter ao luteranismo. Sua mãe, Enriqueta Pressburg, foi professora de piano.

A região da Renânia é fronteiriça com a França e foi influenciada pela Revolução Francesa:

> Ao contrário da maior parte da Alemanha, dividida em numerosos Estados, os camponeses renanos haviam sido emancipados da servidão da gleba, e das antigas instituições feudais não restava muita coisa na província. Firmavam-se nela núcleos da moderna indústria fabril em torno da qual se polarizavam as duas novas classes da sociedade capitalista: o proletariado e a burguesia. (Gorender, 1996, p. 5-6)

Além disso, a influência do Iluminismo francês encontrou adeptos nas camadas cultas da Renânia, como foi o caso do pai de Marx.

Após concluir o ensino secundário na cidade de Trier, em 1835, Marx entrou para o curso de Direito na Universidade de Bonn, onde conheceu o filósofo Ludwig Feuerbach. Em 1836, transferiu-se para a Universidade de Berlim, onde se dedicou ao estudo do Direito, da Filosofia e da História. Na década de 1840, Marx integrou-se ao movimento de esquerda dos jovens hegelianos e foi influenciado pelas leituras de Feuerbach, Saint-Simon, Fourier, Adam Smith e David Ricardo. Em 1841, concluiu sua tese de doutorado em Filosofia, *Diferença da filosofia em Demócrito e Epicuro*. No entanto, devido ao contexto político conservador da época, foi impedido de dar continuidade à vida acadêmica.

No final da década de 1840, trabalhou como jornalista e redator-chefe do *Gazeta Renana*, jornal responsável por publicar periódicos de conteúdos radicais na Alemanha, contrariando a censura do governo. Após inúmeros atentados promovidos pela polícia, em 1843, o jornal fechou as portas. Nesse mesmo ano, Marx casou-se com Jenny von Westphalen. Sem emprego e sendo perseguido pelo governo, ele e sua esposa fugiram para Paris. Em 1848, acompanhou de perto todos os eventos revolucionários que marcaram a Europa nesse período.

Em 1844, conheceu Friedrich Engels, filho de um rico industrial alemão que se tornaria seu grande amigo e com quem escreveria alguns dos seus livros mais conhecidos: *A sagrada família*, *A ideologia alemã* e *Manifesto do partido comunista*.

No livro *A sagrada família*, publicado em 1844, Marx e Engels se dedicaram a apresentar suas críticas ao pensamento dos jovens hegelianos. Enquanto estes acreditavam no papel revolucionário a ser exercido pela burguesia liberal, os dois autores concebiam a classe operária como revolucionária. Em 1847, Marx escreveu o livro *A miséria da filosofia*, que tinha como intenção assinalar as diferenças entre o socialismo científico e a utopia anarquista: era uma crítica à obra *A filosofia da miséria*, de Pierre-Joseph Proudhon.

Em 1864, filiou-se à Associação Internacional dos Trabalhadores, também conhecida como *Primeira Internacional*. Após o contato com as ideias dos jovens hegelianos, Marx aprimorou suas concepções e se transformou no principal representante das ideias socialistas. Seu legado adquiriu tamanha importância que o pensamento de Marx originou a teoria que viria a ser denominada *marxismo*. Em 1867, sua grande obra, *O capital: livro I*, começou a ser publicada.

Devido à vida de ativista revolucionário levada por Marx, sua família sofreu inúmeras dificuldades financeiras. Ele e Jenny tiveram seis filhos, dos quais somente três conseguiram chegar até a idade adulta. O filósofo foi expulso da Alemanha, da Bélgica e da França, refugiando-se, por fim, em Londres. Nos momentos de maiores dificuldades, recebeu ajuda de seu amigo Engels. Em 1883, um ano após a morte de sua esposa, Marx faleceu e foi enterrado na Inglaterra como apátrida.

6.1.1 O jovem Marx e o Marx maduro

Ao tentarmos sintetizar o pensamento de Marx, registrado em suas várias obras, é preciso também considerar os períodos em que seus textos foram escritos. De modo geral, podemos separar as obras do autor em dois períodos: o **jovem Marx** e o **Marx maduro**[1].

O primeiro período se refere às obras escritas entre os anos de 1841 e 1848, dentre as quais se encontram as que foram publicadas enquanto o autor ainda era vivo. Dessa fase, podemos citar textos como *Crítica da filosofia do direito de Hegel*, *Sobre a questão judaica*, *Manuscritos econômico-filosóficos* e *A ideologia alemã*. Ainda, conforme Aron (1999), as obras mais importantes desse período foram *A sagrada família A miséria da filosofia* e, sobretudo, o pequeno texto de propaganda: *Manifesto do partido comunista*.

O período que caracteriza o jovem Marx se encerra com os textos *A miséria da filosofia*, *A ideologia alemã* e *Manifesto do partido comunista*. Embora a obra *A ideologia alemã* tenha sido escrita em 1845, ela já apresentava traços de ruptura com esse período. Nela está contida a célebre caracterização do autor do método materialista:

---

[1] Essa divisão proposta na interpretação das obras de Marx foi elaborada a *posteriori* do trabalho desenvolvido pelo próprio autor e não é adotada por todos os pesquisadores que o estudam. Ou seja, Marx não realizou essa divisão para suas obras. Foram seus comentadores que o fizeram. Em nosso texto, optamos por separar as obras do autor dessa forma, porque concebemos que tal separação pode ser importante nos processos de assimilação e de compreensão didática do autor pelo leitor em formação.

Ao produzirem seus meios de existência, os homens produzem indiretamente sua própria vida material.

A maneira como os homens produzem seus meios de existência depende, antes de mais nada, da natureza dos meios de existência já encontrados e que eles precisam reproduzir. [...] A maneira como os indivíduos manifestam sua vida reflete exatamente o que eles são. O que são coincide, pois, com a sua produção, isto é, tanto com **o que** produzem quanto **como** produzem. O que os indivíduos são depende, portanto, das condições materiais da sua produção. (Marx; Engels, 2001, p. 10-11, grifo do original)

Assim como em *A ideologia alemã*, no *Manifesto do partido comunista*, de 1848, Marx e Engels já apresentavam as características do pensamento econômico elaborado por eles. Nesse pequeno texto, os autores expõem de modo claro as principais diretrizes do pensamento marxista: a divisão entre burguesia e proletariado; a luta de classes; o socialismo burguês e o socialismo revolucionário; e a exploração capitalista.

O *Manifesto do partido comunista* se constitui em uma obra de caráter panfletário e foi redigido pelos autores como forma de sistematizar o pensamento sobre o qual a Liga dos Justos[2] se amparava. O objetivo desse pequeno texto era tornar o pensamento comunista emergente

---

2   A Liga dos Justos foi um embrião da Liga dos Comunistas. Formada em 1836, era uma organização operária de caráter combativo e revolucionário. Em 1847, Marx e Engels passaram a fazer parte dela. Então, eles mudaram o nome da organização para Liga dos Comunistas e substituíram o lema antigo "Todos os homens são irmãos" por uma frase contida no *Manifesto do partido comunista*: "Proletários de todos os países, uni-vos!". Dessa forma, o manifesto tinha o objetivo de sistematizar essa nova fase de pensamento da liga.

na época acessível e corroborar os intensos levantes políticos pelo qual a Europa passava nesse momento, chamado de *Primavera dos Povos*[3].

A partir de 1848, as obras de Marx, que até então apresentavam um forte viés filosófico, passaram a adquirir um caráter sociológico e, segundo Aron (1999), uma perspectiva econômica. No segundo período de sua vida, denominado *Marx maduro*, estão as obras *Contribuição à crítica da economia política* e *O capital*, que se tornaria o cerne do pensamento econômico de Marx.

6.1.2 O método materialista histórico-dialético

No desenvolvimento de sua teoria, Marx foi influenciado por três correntes de pensamento: a filosofia alemã, o socialismo utópico francês e a economia política inglesa. Com base no diálogo e na crítica estabelecida com essas fontes, o autor elaborou seu próprio método de análise social: o materialismo histórico-dialético (Wesheimer, 2008b).

Ao contrário de Comte, Durkheim e Weber, Marx, ao olhar para a sociedade europeia do século XIX, observou os conflitos sociais existentes e viu neles o resultado de uma intensa luta de classes. Para o autor, que discordava do idealismo alemão e criticava as concepções filosóficas de seu período, a mudança social dependia do proletariado como agente transformador.

---

3   A Primavera dos Povos se refere aos conflitos políticos de levante comunista que aconteceram por todo o continente europeu no ano de 1848. De acordo com o historiador Eric Hobsbawm (1977), explosões simultâneas continentais ou mundiais são extremamente raras. Em 1848, na Europa, ela foi a única a afetar as partes desenvolvidas e atrasadas do continente. Segundo o historiador, a Primavera dos Povos foi, ao mesmo tempo, a mais ampla e a menos bem-sucedida revolução: em um período de 18 meses após sua explosão, todos os regimes derrubados foram restaurados, à exceção da República Francesa (Hobsbawm, 1977).

A noção de dialética apresenta uma longa trajetória no pensamento filosófico até chegar à interpretação de Hegel, que sistematizou o método dialético no sentido moderno (Sell, 2010). Conforme já explicamos no Capítulo 2, Marx, apesar de adotar os pressupostos desse método, foi crítico ao conteúdo da abordagem realizada por Hegel. Dessa forma, a diferença entre os autores está no fato de que, em Hegel, a abordagem dialética foi realizada pelo princípio do idealismo e, em Marx, ela ocorreu por meio do materialismo.

Podemos esquematizar o materialismo histórico-dialético com base na composição da dialética com o materialismo, conforme a Figura 6.1.

Figura 6.1 – Bases do materialismo histórico-dialético

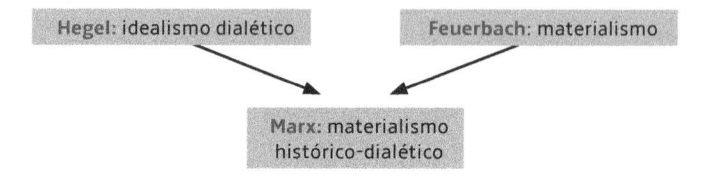

Hegel: idealismo dialético → Marx: materialismo histórico-dialético ← Feuerbach: materialismo

6.1.3 O idealismo dialético de Hegel

O pensamento dialético de Hegel se constituiu pela negação da filosofia metafísica. O princípio da dialética está assentado na ideia de movimento, de mudança, ao passo que o método metafísico pressupõe que as coisas são compostas por essências imutáveis. Ou seja, por mais que se modifiquem, elas mantêm uma essência que não se altera.

Portanto, ao contrário da metafísica, o método dialético compreende que a realidade está em constante transformação. De acordo com Quintaneiro, Barbosa e Oliveira (2002), a dialética realiza um esforço na tentativa de compreender a relação entre o particular e a totalidade. Conforme as autoras, para se tornar inteligível, o fenômeno dialético se relaciona com a totalidade em que está inserido, na possibilidade de se constituir como conceito. Por outro lado, o sujeito, mesmo empenhado em compreender a totalidade do fenômeno, irá fazê-lo apenas de maneira transitória, particular, devido ao automovimento e à possibilidade de superação presentes no pensamento cientifico e filosófico em relação ao estabelecimento da "verdade" (Quintaneiro; Barbosa; Oliveira, 2002).

Para Hegel, as coisas estão em constante transformação porque todo ser comporta em sua existência sua própria negação. A isso o autor denominou *princípio da contradição*. De acordo com ele, tal princípio é o responsável por causar o movimento contínuo de mudança das coisas existentes.

Sell (2010) compara a palavra *dialética* ao conceito de diálogo. Segundo o autor, assim como a dialética, o diálogo se estabelece pela confrontação e pela troca contínua de afirmações. Para esse autor, a ação recíproca (ou contradição) de uma ideia com a outra gera o movimento – ou o pensamento (Sell, 2010). A esse respeito, explica o autor:

> na dialética hegeliana, todo ser é contraditório em si mesmo, ou seja, contém em si sua própria negação. Voltando ao exemplo do diálogo, isto significa dizer que, ao afirmar uma ideia, eu já estou me opondo a outra, que passa a ser a antítese da primeira. Entre elas não há uma relação de exterioridade, como se a antítese fosse uma ideia arbitrária de um interlocutor vindo de fora. É o próprio fato de enunciar uma tese que gera a antítese e a necessidade de superá-la, ou seja, a síntese. Não se trata apenas da relação de um ser sobre outro. Cada ser em si mesmo é contraditório. É por isso que cada ser, ou qualquer ente do mundo real, afirma Hegel, é governado pela lei da contradição. Toda contradição, por sua vez, gera a necessidade de ser superada pela síntese (que é chamada, por isso mesmo, de unidade dos contrários). (Sell, 2010, p. 75)

Dessa forma, podemos ilustrar o princípio da dialética conforme a Figura 6.2.

Figura 6.2 – Esquema de interpretação da dialética

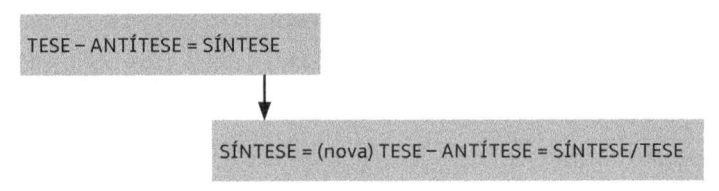

```
TESE – ANTÍTESE = SÍNTESE
        │
        ▼
SÍNTESE = (nova) TESE – ANTÍTESE = SÍNTESE/TESE
```

Ou seja, toda **tese** (afirmação) é confrontada por uma **antítese** (negação), processo da qual se extrai uma **síntese**, que, por sua vez, gera uma nova tese. Essa dinâmica é contínua e, portanto, pode passar novamente pelas ações de negação e de formação de uma nova tese. Isso explica o processo da dialética, marcado substancialmente pela sua capacidade de constante mudança e transformação. É importante ressaltar que Hegel, assim como outros filósofos de tradição alemã, acreditava que a história era essencialmente resultado do pensamento, que ele chamava de *espírito absoluto* ou *ideia*; o contrário do pensamento seria, então, a matéria. Ou seja, seguindo a lei da contradição, o contrário do pensamento – o **idealismo** – seria a matéria – o **materialismo**.

O pensamento idealista de Hegel o levou a subordinar os movimentos da realidade material à lógica do princípio da *ideia absoluta* ou do *espírito absoluto*. Nessa conjectura, a razão seria a responsável por determinar a ação. Conforme já indicamos, para o autor: "o que é racional é real, e o que é real é racional" (Hegel, 1997, p. XXXVI).

Marx negou a concepção idealista proposta por Hegel. Segundo ele, seria a matéria, e não a ideia, a responsável pelo curso da história. Para Marx, a dialética em Hegel estava de cabeça para baixo, e o que Marx propunha era uma inversão desse princípio, ou seja:

> Ao contrário da filosofia alemã, que desce do céu para a terra, aqui é da terra que se sobe ao céu. Em outras palavras, não partimos do que os homens dizem, imaginam e representam, tampouco do que eles são nas palavras, no pensamento, na imaginação e na representação

dos outros, para depois se chegar aos homens de carne e osso; mas partimos dos homens, em sua atividade real, é a partir do seu processo de vida real que representamos também o desenvolvimento dos reflexos e das repercussões ideológicas deste processo vital. E mesmo as fantasmagorias existentes no cérebro humano são sublimações resultantes necessariamente do processo de sua vida material, que podemos constatar empiricamente e que repousa em bases materiais. Assim, a moral, a religião, a metafísica e todo o restante da ideologia, bem como as formas de consciência a elas correspondentes, perdem logo toda a aparência de autonomia. Não tem história, não tem desenvolvimento; ao contrário, são os homens que, desenvolvendo sua produção material e suas relações materiais, transformam, com a realidade que lhes é própria, seu pensamento e também os produtos desse pensamento. Não é a consciência que determina a vida, mas sim a vida que determina a **consciência** (Marx; Engels, 2001, p. 19-20, grifo nosso).

Na passagem do idealismo para o materialismo dialético, o hegeliano de esquerda Ludwig Feuerbach exerceu uma importante contribuição. Para Feuerbach, a alienação humana teria suas raízes no fenômeno religioso. Conforme expressa esse autor, apesar de os homens serem os reais criadores de seus deuses, eles se submetem à força dessas entidades criadas por eles mesmos.

Ou seja, embora as criações divinas sejam resultado da imaginação humana, os indivíduos acabam dotando-as de uma capacidade de autonomia e de superioridade. Dessa forma, "o mundo religioso é concebido por Feuerbach como uma projeção da mente humana, por isso mesmo, mente alienada" (Quintaneiro; Barbosa; Oliveira, 2003, p. 27). O humano acaba, assim, subjugado por suas próprias criações.

6.1.4 O materialismo de Feuerbach

Para Feuerbach (2007, p. 38), "o ser absoluto, o Deus do homem é a sua própria essência. O poder do objeto sobre ele é, portanto, o poder da sua própria essência". De acordo com a concepção materialista feuerbachiana, o homem em sua imperfeição humana projeta em Deus a perfeição que ele não é capaz de atingir. "A religião, pelo menos a cristã, é o relacionamento do homem consigo mesmo ou, mais corretamente: com a sua essência. Pois a essência divina não é nada mais do que a essência humana, ou melhor, a essência do homem abstraída das limitações do homem individual" (Feuerbach, 2007, p. 45).

Em outra passagem, o autor destaca que

> O homem transporta primeiramente a sua essência para *fora de si* antes de encontrá-la **dentro** de si. A sua própria essência é para ele objeto primeiramente como uma outra essência. A religião é a essência infantil da humanidade; mas a criança vê a sua essência, o ser humano, fora de si – enquanto criança é o homem objeto para si como um outro homem. O progresso histórico das religiões é apenas que o que era considerado pelas religiões mais antigas como algo objetivo, é tido agora como algo subjetivo, e o que foi considerado e adorado como Deus é agora conhecido como algo humano. A religião anterior é para a posterior uma idolatria: o homem adorou a sua própria essência. O homem objetivou-se, mas não reconheceu o objeto como sua essência; a religião posterior dá esse passo; todo progresso na religião é por isso um mais profundo conhecimento de si mesmo. (Feuerbach, 2007, p. 45, grifo do original)

Assim, a única forma de superar esse mundo e romper com a própria alienação seria por meio da crítica religiosa, a qual faria com que a alienação desaparecesse e propiciaria à consciência humana sua liberdade.

Mas, se em um primeiro momento, Marx e Engels sentiram-se atraídos pelas teses de Feuerbach, logo esboçaram críticas ao autor, considerando seu juízo sobre a religiosidade apenas uma "luta contra frases" (Quintaneiro; Barbosa; Oliveira, 2002). Segundo Marx e Engels (2001, p. 99), Feuerbach "não compreende a importância da atividade 'revolucionária', da atividade 'prático-crítica'".

Portanto, é nesse ponto que o pensamento de Marx começa a se afastar dos seus antecessores, dando vez ao marxismo e ao materialismo histórico. Ao negar a dialética hegeliana e o materialismo feuerbachiano, Marx articulou esses conceitos sob uma perspectiva histórica, considerando os homens como sujeitos históricos e com capacidade de mudar o curso da história. Em sua concepção, não somente a dialética passaria por uma nova interpretação mas também a concepção de alienação desenvolvida por Feuerbach seria modificada.

Para Feuerbach, a alienação seria superada por meio da crítica religiosa, no processo de autocompreensão da essência de si pelo homem. Mas, para Marx e Engels, ela seria resultado de um processo de vida real, que só poderia ser superado por meio da ação política e da tomada de consciência de classe pelo proletariado.

Os autores reforçam essa ideia, destacando que

> Até agora, o principal defeito de todo materialismo (inclusive o de Feuerbach) é que o objeto, a realidade, o mundo sensível só são apreendidos sob a forma de **objeto ou de intuição**, mas não como **atividade humana sensível**, enquanto **práxis**, de maneira não subjetiva. Em vista disso, o aspecto **ativo** foi desenvolvido pelo idealismo, em oposição ao materialismo – mas só abstratamente, pois o idealismo naturalmente não conhece a atividade real, sensível, como tal. Feuerbach quer objetos sensíveis, realmente distintos dos objetos do pensamento; mas ele não considera a própria atividade humana como atividade **objetiva**. É por isso que em *A Essência do Cristianismo* ele considera como autenticamente humana apenas a atividade teórica, ao passo que a práxis só é por ele apreendida e firmada em sua manifestação judaica sórdida. (Marx; Engels, 2001, p. 99, grifo do original)

Assim, na obra *A ideologia alemã*, os autores rompem com o pensamento dos jovens hegelianos, confrontando, o pensamento de Hegel, deslocando sentidos e reconstruindo o pensamento filosófico até então vigente.

6.2
O objeto de pesquisa em Marx

A concepção de sociedade formulada por Marx enfatiza as relações sociais de produção e de troca entre os homens, as quais fazem parte do que Marx denominou *estrutura social*. Dessa forma, a estrutura retrata a base objetiva da sociedade, em que os homens produzem suas representações sociais e suas compreensões, as quais podem, na verdade, ser inversões da realidade ou falsas representações. Em Marx, o objeto de pesquisa sociológica concentra-se na interpretação das relações sociais produtivas, compreendendo o homem como condicionado a uma estrutura de classe social.

Como reforçam Quintaneiro, Barbosa e Oliveira (2002), nessa perspectiva, a estrutura social é o plano em que a vida real é materializada, no qual os modos de produção realizam a reprodução da vida social. Na sociedade capitalista, o sujeito que realiza as potencialidades da história é o proletariado (Quintaneiro; Barbosa; Oliveira, 2002).

Na obra *Manuscritos econômicos filosóficos*, Marx (2010, p. 28) reforça que "ao trabalhador pertence a parte mínima e mais indispensável do produto; somente tanto quanto for necessário para ele existir, não como ser humano, mas como trabalhador, não para ele continuar reproduzindo a humanidade, mas sim a classe de escravos [que é a] dos trabalhadores". Assim, a compreensão do funcionamento da sociedade capitalista com base na exploração do trabalhador implicaria a formação da consciência da classe operária como antagônica à classe burguesa.

Segundo os princípios do materialismo histórico-dialético, o ponto de partida para a análise social são os indivíduos reais e suas condições materiais de existência. De acordo com essa concepção, as relações que os homens estabelecem entre si estão condicionadas à forma como eles produzem seus meios de vida, bem como aos vínculos materiais que estabelecem. Como já vimos, para Marx e Engels (2001, p. 11, grifo do original), "a maneira como os indivíduos manifestam sua vida reflete exatamente o que eles são. O que são coincide, pois, com a sua produção, isto é, tanto com **o que** produzem quanto **como** produzem. O que os indivíduos são depende, portanto, das condições materiais da sua produção".

Outro aspecto que deve ser ressaltado refere-se à efemeridade dos fatos sociais e à transitoriedade dos modos de produção. Dessa forma, a dialética marxista assenta-se na premissa de que "as formas econômicas sob as quais os homens produzem, consomem e trocam são transitórias e históricas" (Marx, 1980, p. 279, tradução nossa). Ou seja, assim como o comunismo primitivo e o feudalismo foram superados, o sistema capitalista também seria, dando lugar ao modo socialista de produção.

6.3
Conceitos fundamentais em Marx

Marx teve uma vasta e sólida produção teórica. Em seus diversos trabalhos, desenvolveu de maneira bastante pertinente reflexões que extrapolaram o seu tempo. Levando em conta seu contexto, lançou bases para ideias que permanecem vivas até a atualidade. Tentaremos delinear aqui os principais conceitos que permeiam toda a sua teoria, sem a pretensão de tentar esgotá-los, visto a grandiosidade e a amplitude desse teórico.

Por considerar que a luta de classes é o motor de toda a história, Marx delineou sua teoria baseado na análise dos confrontos entre duas classes antagônicas. Da inter-relação resultante desse conflito, as sociedades estruturaram-se, desenvolveram-se ou, até mesmo, extinguiram-se ao longo de todo o processo histórico. Consequentemente, foi possível debater o **modo de produção capitalista**, as **classes sociais**, a **luta de** classes, a **superestrutura** e a **infraestrutura**, entre outros conceitos correlacionados.

Barros (2019, p. 2) destaca que o materialismo histórico tem alguns conceitos fundamentais: "Dentre eles figuram os de modo de produção, o de formação social e de transição de um modo de produção a outro. Todos se interligam e, ao mesmo tempo, internos a cada um deles, há uma série de outros conceitos fundamentais". Faz-se necessário conhecê-los para que seja possível compreender minimamente as bases do pensamento de Marx.

6.3.1 O modo de produção capitalista

A chave de interpretação sobre como Marx vislumbrava o **modo de produção capitalista** é entender que, para ele, mais importante do que perceber o que a humanidade produz em dado momento histórico é compreender como ela se organiza para realizar essa produção. A organização, o confronto e a interação dos humanos no interior de uma sociedade determinam todo o processo de organização dos modos de produção e de reprodução. A observação de como tais relações estão construídas deve considerar o estágio em que se encontra uma sociedade, bem como de que maneira ela continuará seu desenvolvimento.

Barros (2019, p. 6) ressalta que essas **relações sociais** se ligam a outras estruturas, "que derivam dela e mantêm entre si interações recíprocas nos períodos de reprodução. A reprodução é possibilitada, por sua vez, exatamente por essa interação das estruturas, ainda que a econômica exerça sempre a determinação em última instância". Mas quais seriam essas outras estruturas? Barros (2019, p. 6, grifo nosso) explica:

> Isso quer dizer que as **relações sociais de produção** sempre ocorrem **de baixo de uma estrutura jurídico-política** (forma de Estado, sistema jurídico, conjunto de leis, aparelho repressivo) que tem por

papel **legitimar e garantir a reprodução do modo de produção**, ou seja, dar possibilidade constante das condições necessárias para sua continuidade, inclusive frustrando a organização política das classes antagônicas. Também a **estrutura ideológica** tem o papel de gerar representações das próprias práticas e da inserção dos grupos e dos indivíduos nessas práticas, no sentido de tornar essas relações viáveis aos olhos das classes, **permitindo assim a coesão social, a resignação e a possibilidade de a classe dominante exercer plenamente sua dominância.**

Podemos perceber, assim, a atuação de estruturas distintas que se imbricam e se inter-relacionam para a manutenção de um **modo de produção** hegemônico. Isto é, para que o modo de (re)produção social permaneça inalterado, lança-se uma gama de recursos que atuam sobre os sujeitos inseridos na sociedade, de maneira consciente e inconsciente.

Em *Contribuição à crítica da economia política*, Marx (2008, p. 47, grifo nosso) reforça o percurso por ele realizado e que contém o fio condutor de seus estudos:

> na produção social da própria existência, os homens entram em relaçõesdeterminadas, necessárias, independentes de sua vontade; essas **relações de produção** correspondem a um grau determinado de desenvolvimento de suas forças produtivas materiais. A totalidade dessas relações de produção constitui a estrutura econômica da sociedade, a **base real** sobre a qual se eleva uma superestrutura jurídica e política e à qual correspondem formas sociais determinadas de consciência. O **modo de produção** da vida material condiciona o processo de vida social, política e intelectual. **Não é a consciência dos homens que determina o seu ser; ao contrário, é o seu ser social que determina sua consciência.**

O homem é inserido nas relações sociais, que são a base real, material, em que a vida acontece. É a materialidade das relações que sustenta o modo de produção e, consequentemente, determina a consciência humana.

Dessa forma, percebemos que a noção de **modo de produção** deve considerar como determinada sociedade está organizada para realizar aquilo que lhe é necessário, conforme suas próprias forças produtivas em dado momento. Com base na visualização do modelo existente, é possível delinear quais formações sociais estão atuando, confrontando as diferentes sociedades ao longo da história. Um modo de produção é uma estrutura que está presente na realidade atuando sobre os sujeitos, mas não é a realidade em si. As relações que dele advêm não são naturais, mas construções socialmente impostas e compartilhadas entre todos os que estão sob sua égide.

É importante frisar que não existe um único modo de produção, mas diferentes tipos contextualizados em seus períodos históricos. A própria história demonstra que as relações de trabalho na sociedade foram sendo alteradas ao longo do tempo. Sociedades tribais, feudos ou nações apresentam organizações diversas para a constituição do trabalho em seu interior.

As sociedades tribais organizavam-se pautadas na cooperação e na propriedade coletiva dos meios de produção, não havendo a existência do Estado. O produto do trabalho realizado era distribuído para todos. No modo asiático, os trabalhadores organizavam-se coletivamente em pequenas aldeias para produzir principalmente alimentos e deveriam remeter parte de suas produções para um Estado central, que controlava todo o território. Havia distinção entre trabalhadores livres e escravos – estes estavam subjugados ao poder centralizador. Já no feudalismo, o território era dividido, e cada feudo determinava suas próprias leis. O confronto desse período ocorria na relação entre senhores e servos. Estes últimos não eram escravos, mas estavam subjugados ao poderio do senhor, devendo produzir para manterem-se no território. O camponês, nesse caso, detinha os meios de produção, mas era controlado pelo poder do Estado, bem como pela força econômica e religiosa dos senhores feudais.

Com o processo de industrialização, estabeleceu-se firmemente a lógica do modo de produção capitalista, acentuando a diferença entre a classe social proprietária e a classe despossuída, a qual, por sua vez, foi obrigada a vender sua força de trabalho. Fica claro que no estágio da manufatura, pré-capitalista, havia exploração do trabalho, visto que o capital apropriava-se do trabalho, mas o saber permanecia com o trabalhador, que detinha consigo todo o processo de produção daquilo que produzia. No modo de produção capitalista, que se estruturou na divisão do trabalho e, principalmente, na separação entre os donos dos meios de produção e os donos da força de trabalho, o capital desorganiza a cadeia produtiva e a remonta conforme seus interesses, retirando do trabalhador a capacidade de compreensão do todo dentro do processo produtivo.

Marx (1996, p. 98, grifo do original) frisa que "o que o operário vende não é diretamente o seu trabalho, mas sua **força de trabalho**, cedendo temporariamente ao capitalista o direito de dispor dela".

No interior do modo de produção capitalista, a expropriação do trabalhador da posse dos meios de produção o coloca como parte desse mesmo processo, de maneira que ele acaba por se desumanizar, alienando-se. Nesse modo de produção, faz-se necessário que os trabalhadores – a **força de trabalho** – estejam separados dos meios de produção. Essa separação movimenta o mercado existente entre o capitalista, detentor dos meios de produção, e os trabalhadores, que, livres da propriedade, têm apenas sua força de trabalho para negociar.

A negociação entre trabalhadores e proprietários cria, mediante a relação desigual entre as classes sociais, uma suposta igualdade jurídica: todos são iguais perante a lei. A relação de troca, no contrato de compra e venda de força de trabalho, coloca em condições iguais patrões e empregados: ambos estão livres para manter ou romper esse contrato quando e como bem entenderem, estabelecendo o salário mais adequado a essa situação. Porém, a insegurança da não posse dos meios de produção força os trabalhadores a negociar condições que não lhes são favoráveis para se manterem trabalhando, satisfazendo às suas necessidades imediatas de sobrevivência.

Sob essa ótica, Marx (1996, p. 99, grifo do original) adverte:

> de onde provém esse fenômeno singular de que no mercado nós encontremos um grupo de compradores, que possuem terras, maquinaria, matérias-primas e meios de vida, coisas essas que, exceto a terra, em seu estado bruto, são **produtos de trabalho**, e, por outro lado, um grupo de vendedores que nada têm a vender senão sua força de trabalho, os seus braços laboriosos e cérebros?
>
> Como se explica que um dos grupos compre constantemente para realizar lucro e enriquecer-se, enquanto o outro grupo vende constantemente para ganhar o pão de cada dia? A investigação desse problema seria uma investigação do que os economistas chamam '*acumulação prévia ou originária*', mas que deveria chamar-se *expropriação originária*.

Há, claramente, uma desigualdade nas relações que se impõem sobre os diferentes sujeitos, negando a alguns as condições necessárias para a sobrevivência. O que se tenta justificar como natural no modo de produção capitalista é uma relação desigual da economia socialmente construída.

6.3.2 Classes sociais

A divisão da sociedade em **classes sociais** pauta-se na ótica proposta por Marx: proprietários dos meios de produção *versus* aqueles que vendem sua força de trabalho, colocando em posições antagônicas patrões e proletários. Na atualidade, na construção capitalista, apregoa-se que as classes se dividem pela capacidade financeira de que dispõem; dessa forma, colocam-se todas elas com um objetivo em comum: a acumulação.

Essa noção contém mais um falseamento da realidade, visto que, no interior do contexto econômico social, nem todos dispõem dos mesmos recursos para obter dinheiro para usufruir dos diferentes bens e serviços disponíveis. Os detentores do capital têm a seu dispor todo um aparato econômico, jurídico, social e político que lhes permite uma vivência bem diferenciada daqueles que dispõem unicamente da força de trabalho como garantia de subsistência. A sensação de possuir determinados bens faz com que os trabalhadores esqueçam a condição original entre as diferentes classes.

Pereira (2012) retoma um excerto de Marx voltado a um amigo que destaca a sua postura diante da noção de classes sociais:

> No que se refere a mim [Marx], não me cabe o mérito de haver descoberto nem a existência das classes, nem a luta entre elas. Muito antes de mim, historiadores burgueses já haviam descrito o desenvolvimento histórico dessa luta entre as classes e economistas burgueses haviam indicado sua anatomia econômica. O que eu trouxe de novo foi: 1) demonstrar que a existência das classes está ligada somente a determinadas fases de desenvolvimento da produção; 2) que a luta de classes conduz, necessariamente, à ditadura do proletariado; 3) que essa ditadura nada mais é que a transição para a abolição de todas as classes e para uma sociedade sem classes. (Marx, citado por Pereira, 2012, p. 3)

A possível tomada do poder pelos proletários pararia na etapa da ditadura do proletariado, segundo os críticos de Marx. De acordo com estes, os proletários vislumbram todo o processo revolucionário proposto por Marx sob a ótica do próprio capitalismo. Nesse ponto, a chegada ao poder seria apenas uma troca de classe hegemônica. Porém, observando os escritos de Marx, percebe-se que a proposta é a substituição completa do modo de produção capitalista pelo modo comunista, que não mais se dividiria em classes, ao passo que as relações entre os sujeitos deveriam ser outras.

É importante frisar que, para Marx, as classes se constituem com base em critérios que colocam os indivíduos em um mesmo patamar na relação de produção social. Tomando consciência de sua condição, os indivíduos podem atuar na melhoria de suas situações sociais. Para tanto, faz-se necessário que os sujeitos reconheçam sua classe, percebendo que provavelmente estão em luta contra outra classe. Ao se reconhecerem, eles podem, coletivamente, lutar pelos mesmos interesses, agregando força a suas reivindicações no interior da sociedade.

> Para Marx e Engels, portanto, as classes emergem na base econômica, quando ela se ergue sobre modos de produção antagônicos, organizados em torno de diferentes modalidades de exploração do trabalho. A exploração é estrutural e objetiva, assim como é objetiva a contradição antagônica que opõe os proprietários das condições de produção aos produtores diretos expropriados. A exploração não depende da consciência dos explorados. (Pereira, 2012, p. 4)

Isso significa que a noção de classe não se vincula à compreensão da exploração. O indivíduo pode se inserir no sistema capitalista, mas não se reconhecer como parte de determinada classe. É o que Marx denominou **classe em si**, relacionada à posição no modo de produção, e **classe para si**, que se refere à compreensão dessa posição e à tomada de atitude quanto a ela.

> As condições econômicas transformaram, primeiro, a massa da população do país em proletários. O domínio do capital criou, para essa massa, uma situação comum e interesses comuns. Assim, essa massa já é uma classe para o capital, mas ainda não é uma classe para si mesma. Na luta, da qual não assinalamos mais do que algumas fases, essa massa se une, constituindo-se numa classe para si. Os interesses que defende, convertem-se em interesses de classe. (Marx, 1976, p. 164)

Marx e Engels (1999) reforçam também a necessidade de se construírem as bases necessárias para a criação do conhecimento no proletariado, para a superação da condição imposta pelo modo capitalista.

> Finalmente, nos períodos em que a luta de classes se aproxima da hora decisiva, o processo de dissolução da classe dominante, de toda a velha sociedade, adquire um caráter tão violento e agudo, que **uma pequena fração da classe dominante se desliga desta, ligando-se à classe revolucionária, a classe que traz em si o futuro**. Do mesmo modo que outrora uma parte da nobreza passou-se para a burguesia, em nossos dias, **uma parte da burguesia passa-se para o proletariado**, especialmente a parte dos ideólogos burgueses que chegaram à compreensão teórica do movimento histórico em seu conjunto. De todas as classes que ora enfrentam a burguesia, só o proletariado é uma classe verdadeiramente revolucionária. (Marx; Engels, 1999, p. 23-24, grifo nosso)

Essa fração da burguesia também corresponde a alguns grupos detentores do saber, o qual, geralmente, advém de setores pequeno-burgueses que reconhecem o movimento histórico necessário para a alteração do sistema vigente. A proposta final a ser realizada é a superação das classes, alterando efetivamente o modo de produção capitalista, que expropria o homem e busca aprofundar o uso de sua força de trabalho até a exaustão.

6.3.3 Luta de classes

Marx (2008, p. 47, grifo nosso) destaca que "Em uma certa etapa de seu desenvolvimento, as **forças produtivas materiais** da sociedade entram em contradição com as relações de produção existentes, ou, o que não é mais que sua expressão jurídica, com as relações de propriedade no seio das quais elas haviam se desenvolvido até então".

Esse confronto inevitável é o que acaba movendo todo o processo de desenvolvimento histórico-social: no conjunto da sociedade, a luta de classes opõe sempre uma classe dominante e outra a ser explorada.

> A história de todas as sociedades que existiram até nossos dias tem sido a história das lutas de classes. Homem livre e escravo, patrício e plebeu, barão e servo, mestre de corporação e companheiro, numa palavra, opressores e oprimidos, em constante oposição, têm vivido numa guerra ininterrupta, ora franca, ora disfarçada; uma guerra que terminou sempre, ou por uma transformação revolucionária, da sociedade inteira, ou pela destruição das duas classes em luta. (Marx; Engels, 1999, p. 7)

Nesse confronto de formas de desenvolvimento das forças produtivas, as relações se convertem em obstáculos a elas (Marx, 2008). Porém, com ele, também se abre uma brecha para a mudança:

> Abre-se, então, uma época de revolução social. A transformação que se produziu na base econômica transforma-se mais ou menos lenta ou rapidamente toda a colossal superestrutura. Quando se consideram tais transformações, convém distinguir sempre atransformação materialdas condições econômicas de produção – que podem ser verificadasfielmente com ajuda das ciências físicas e naturais – e as formas jurídicas, políticas, religiosas, artísticas ou filosóficas, em resumo, as formas ideológicas sob as quais os homens adquirem consciência desse conflito e o levam até o fim.
>
> Do mesmo modo que não se julga o indivíduo pela ideia que de si mesmo faz, tampouco se pode julgaruma tal época de transformações pela consciência que ela tem de si mesma. É preciso, ao contrário, explicar essa consciência pelas contradições da vida material, pelo conflito que existe entre as forças produtivas sociais e as relações de produção.
>
> Uma sociedade jamais desaparece antes que estejam desenvolvidas todas as forças produtivas que possa conter, e as relações de produção novas e superiores não tomam jamais seu lugar antes que as condições materiais de existência dessas relações tenham sido incubadas no próprio seio da velha sociedade. (Marx, 2008, p. 47-48)

Em outras palavras, as novas relações já estão presentes, gestadas na sociedade, quando eclodem e passam a ser utilizadas: "Eis porque a humanidade não se propõe nuncasenão os problemas que ela pode resolver, pois, aprofundando-se a análise, ver-se-á sempre que o próprio problema só se apresenta quando as condições materiais para resolvê-lo existem ou estão em via de existir" (Marx, 2008, p. 48).

Nesse sentido, é possível imaginar que as condições para a mudança e/ou alteração do modo de produção capitalista já estão presentes como potencial a ser utilizado pelos proletariados de todo o mundo.

6.3.4 Infraestrutura e superestrutura

Diante das condições materiais de que os indivíduos precisam para sobreviver, faz-se necessário atuar sobre a natureza, adequando-a às necessidades básicas de sobrevivência. Diferentemente dos animais, que dispõem de maneira igualitária dos recursos da natureza e para os quais sobreviver é uma questão de habilidade e adaptação, na sociedade os recursos e os meios de produção não estão disponíveis para todos. Assim, estabelece-se a relação desigual analisada por Marx.

Como já exposto, Marx percebeu as relações de produção da vida social, em que os homens acabam sendo forçosamente inseridos independentemente de sua vontade: a **infraestrutura**, nesse caso, corresponde à "totalidade dessas relações de produção [que] constitui a estrutura econômica da sociedade" (Marx, 2008, p. 47). Ela é formada, assim, pela matéria-prima, pelos meios de produção existentes e pela mão de obra do conjunto dos trabalhadores envolvidos. São essas as relações de produção que movimentam o processo produtivo.

Marcadamente, as relações de trabalho são desiguais pela posse ou não dos meios de produção. Tais relações de produção econômicas são concretas e materiais, e é justamente essa "base real sobre a qual se eleva uma **superestrutura** jurídica e política" (Marx, 2008, p. 47, grifo nosso). A **superestrutura** justifica e consolida o domínio dos detentores dos meios de produção e a desigualdade existente entre as diferentes classes. Isso está vinculado a todo o aparato jurídico e político que se levanta para a manutenção do *status quo* existente em determinada sociedade. Além dessas estruturas, permeia-as a **ideológica**, que cristaliza as diferenças, de modo que elas tenham uma aparência natural aos diferentes indivíduos. Assim, noções hegemônicas são legitimadas, mesmo representando e sendo favoráveis a apenas parte da sociedade.

Sobre isso, podemos destacar que fazem parte da noção de infraestrutura proposta por Marx as forças e as relações de produção – trabalhadores e as relações deles entre si e com o patrão são exemplos disso; com relação à superestrutura, da qual a infraestrutura também faz parte, destacamos que se constitui de aspectos culturais, sociais, econômicos e ideológicos que norteiam e direcionam as relações no interior da sociedade. É sobre esse ponto que Marx destaca a existência de ideias dominantes, hegemônicas, que determinam as relações entre todos, favoráveis ou não a elas:

> Os pensamentos da classe dominante são também, em todas as épocas, os pensamentos dominantes; em outras palavras, a classe que é o poder **material** dominante numa determinada sociedade é também o poder **espiritual** dominante. A classe que dispõe dos meios de produção material dispõe também dos meios da produção intelectual, de tal modo que o pensamento daqueles aos quais são negados os meios de produção intelectual está submetido também à classe dominante. Os pensamentos dominantes nada mais são do que a expressão ideal das relações materiais dominantes; eles são essas relações materiais dominantes consideradas sob forma de ideias, portanto a expressão das relações que fazem de uma classe a classe dominante; em outras palavras, são as ideias de sua dominação. (Marx; Engels, 2001, p. 48, grifo do original)

A consolidação da posse dos meios de produção e da hegemonia de determinada classe sobre outra não se dá apenas pela força, pois tal prática seria dispendiosa demais e, com o tempo, poderia se exaurir. Assim, para a manutenção da infraestrutura tal como ela se mostra, em que cada indivíduo deve permanecer em seu lugar, faz-se necessário lançar mão de outros recursos pertencentes à superestrutura, inculcando nos indivíduos a adequação ao sistema vigente.

6.3.5 Alienação

Por fim, acrescentamos aqui a noção de **alienação**, explorada por Marx em um viés econômico, na percepção do indivíduo trabalhador que vende sua força de trabalho, colocando-a junto aos meios de produção como uma mercadoria disponível para a produção do capital. A alienação do trabalho pelo indivíduo converte-se em produtos, que, posteriormente, são postos no mercado como mercadorias.

Há, assim, uma compreensão de que o trabalho é uma exteriorização do próprio ser. O homem dispõe de sua essência para realizar a transformação do mundo e, dessa maneira, concretizar seus desejos. Essa capacidade é superior à dos animais, devido à potencialidade que o ser humano tem de atuar conscientemente na realidade que o rodeia.

À medida que os processos do modo de produção capitalista se aprofundam e a classe trabalhadora é vista como mera peça na engrenagem desse mesmo sistema, o processo de alienação e a venda da força de trabalho se acentuam. Os indivíduos não tomam consciência de si mesmos e de suas condições, sendo forçados a ir ao limite dessa maquinaria, sob pena de serem substituídos.

Sob essa ótica, Marx (1996) destaca que:

> a força de trabalho como mercadoria só pode aparecer no mercado à medida que e porque ela é oferecida à venda ou é vendida como mercadoria por seu próprio possuidor, pela pessoa da qual ela é a força de trabalho. **Para que seu possuidor venda-a como mercadoria**, ele

deve poder dispor dela, ser, portanto, **livre proprietário** de sua capacidade de trabalho, **de sua pessoa**. (Marx, 1996, p. 285, grifo nosso)

Isso, como já vimos, instala-se sob uma suposta igualdade jurídica de negociação entre o possuidor de dinheiro e o possuidor da capacidade de trabalho. Por outro lado, assenta-se em uma lógica segundo a qual, para funcionar, uma das partes não pode ter nada além de sua força de trabalho como mercadoria, dispondo-se como instrumento para a produção.

Marx, porém, questiona:

> A Natureza não produz de um lado possuidores de dinheiro e de mercadorias e, do outro, meros possuidores das próprias forças de trabalho. Essa relação não faz parte da história natural nem tampouco é social, comum a todos os períodos históricos. Ela mesma é evidentemente o resultado de um desenvolvimento histórico anterior, o produto de muitas revoluções econômicas, da decadência de toda uma série de formações mais antigas da produção social. (Marx, 1996, p. 287)

Consequentemente, devido ao processo histórico, as condições sociais, econômicas, políticas, culturais e históricas condicionam a situação dos indivíduos. Os trabalhadores necessitam compreender essas questões, percebendo-se como parte do processo, visualizando que, ao destinar trabalho em razão do capital, parte deste é usado justamente para manter sua condição diante das relações de (re)produção sociais.

6.4
Manifesto do partido comunista

Optamos por apresentar em uma seção própria a obra *Manifesto do partido comunista*, escrita por Marx e Engels, por percebermos nela uma síntese dos principais conceitos propostos pelos autores, já inseridos na fase denominada *Marx maduro*. Além disso, trata-se de uma obra propositiva, cuja dialética é voltada à práxis teórica: uma teoria/prática que vislumbrava alterar a realidade em que os autores estavam inseridos.

O manifesto é um texto pequeno, mas emblemático, por conter em si elementos que foram aprofundados e explorados em toda a sua potencialidade em outras obras. Foi, também, um dos primeiros trabalhos em que Marx firmou a parceria com seu amigo Engels. Esse livro contém o gérmen de todo o debate sobre o capital e de como ele acarreta consequências ao modo de vida do homem.

A obra em questão está centralizada na **luta de classes**. Para Marx, a luta de classes seria o motor que move todo processo histórico. Assim, o texto se inicia delineando diferentes enfrentamentos que, em modos de produção diferentes, colocavam em posições contrárias os burgueses e os proletários: opressores e oprimidos. Marx e Engels (1999) fazem um resgate histórico dos modos de produção, bem como da constituição dos meios de produção e de troca que serviram de base para a consolidação da burguesia. Muitos desses aspectos foram gerados no seio da sociedade feudal.

> Em um certo grau do desenvolvimento desses meios de produção e de troca, as condições em que a sociedade feudal produzia e trocava, a organização feudal da agricultura e da manufatura, em suma, o regime feudal de propriedade, deixaram de corresponder às forças produtivas em pleno desenvolvimento. Entravavam a produção em lugar de impulsioná-la. Transformaram-se em outras tantas cadeias que era preciso despedaçar; foram despedaçadas. (Marx; Engels, 1999, p. 15-16)

Nessa percepção dos meios de produção utilizados e superados em cada período, o modo de produção capitalista, aos poucos, obteve supremacia diante dos outros, tornando-se hegemônico. Marx e Engels (1999, p. 16) continuam destacando que o estágio seguinte seria justamente este: "Em seu lugar, estabeleceu-se a livre concorrência, com uma organização social e política correspondente, com a supremacia econômica e política da classe burguesa".

Os autores já sublinhavam a contradição existente entre as forças (trabalhadores) e as relações de produção (dominadas pela burguesia): "A burguesia só pode existir com a condição de revolucionar incessantemente os instrumentos de produção, por conseguinte, as relações de produção e, com isso, todas as relações sociais" (Marx; Engels, 1999, p. 12). Essa condição coloca os trabalhadores em uma crescente instabilidade, deixando-os ainda mais à mercê dos ditames burgueses.

Fica claro para Marx e Engels (1999) que o lucro e a exploração dos proletários são indissociáveis. O pagamento do trabalhador é sempre inferior ao resultado daquilo que ele produziu, sendo que seu trabalho sempre é visualizado como mercadoria dentro do sistema.

> O preço médio que se paga pelo trabalho assalariado é o mínimo de salário, isto é, a soma dos meios de subsistência necessária para que o operário viva como operário. Por conseguinte, o que o operário obtém com o seu trabalho é o estritamente necessário para a mera conservação e reprodução de sua vida. (Marx; Engels, 1999, p. 31-32)

Os autores visualizam, no interior do modo de produção capitalista, que as tensões e as contradições levariam os trabalhadores a tomarem consciência de sua condição, entrando em conflito com a elite hegemônica, colocando às claras as lutas de classes existentes e chegando, enfim, ao estágio revolucionário.

Marx apontou que as crises existentes no interior desse modelo de sociedade seriam condições favoráveis para que tal modelo econômico viesse a ser superado. Assim, a sociedade caminharia do capitalismo para um modelo totalmente diferente: o socialismo.

É importante frisar que esse não é um processo de reformulação ou de troca de classe hegemônica: a ditadura do proletariado seria apenas um dos estágios a ser realizado para que fosse colocado em prática o novo modelo de produção.

6.4.1 Contexto da obra

É importante ressaltar que o manifesto foi redigido entre 1847 e 1848, período em que aconteciam diversas revoluções na Europa, como na Itália, na Alemanha e na França. Dessa forma, Marx e Engels conseguiram captar notavelmente o pensamento existente nesse período histórico, político e social. A obra traz um resgate da história da sociedade até o início do século XIX, delineando conceitos e discutindo sobre o modelo capitalista, debate que se impõe ainda hoje na sociedade.

Marcadamente, o período em que o manifesto foi criado é justamente aquele em que os efeitos da Revolução Industrial começaram a ser sentidos. Foi nessa época que surgiram os operários fabris, considerados a classe operária na ótica marxista.

No século XVIII, o mundo viveu uma intensa transformação em suas bases: inovações tecnológicas foram, aos poucos, inseridas nas fábricas, substituindo a manufatura e produção artesanal pela produção em série, em que os indivíduos participavam em partes distintas do processo de produção. Tais inovações alteraram significativamente os modos de produção e de organização de todo o trabalho realizado. A industrialização iniciou-se na Inglaterra, mas logo alcançou diversos países europeus, como França, Itália e Alemanha, entre outros.

Por outro lado, nesse contexto, outro processo também foi colocado em prática: antigas terras de utilização coletiva foram cercadas, delimitando-se, assim, as propriedades privadas. Com essa nova realidade, tornou-se possível aos proprietários organizarem rebanhos de ovelhas para a extração da lã, que seria destinada às indústrias têxteis que surgiram no país. Assim, os camponeses viram-se expropriados de seu território de trabalho e foram forçados a migrar para as cidades para trabalhar nas novas fábricas. É para esses indivíduos que Marx fala inicialmente, detentores tão somente da força de trabalho que, mercantilizada no novo modelo de produção, subjugava-os ainda mais.

Com a ida de muitos trabalhadores para os centros urbanos, tais espaços se transformaram: grandes aglomerações surgiram e, consequentemente, as condições de moradia e de saneamento se tornaram precárias. As rotinas de trabalho eram extenuantes, chegando a mais de 16 horas diárias ininterruptas, com horários de descanso reduzidos para os trabalhadores. A precarização do serviço era total: baixos salários, medo do desemprego, nenhuma garantia diante de doenças, a acidentes e/ou ao próprio envelhecimento. Mulheres e crianças também eram submetidas às mesmas duras condições, mas acabavam recebendo valores menores como salário.

Diante dessas grandes contradições sociais, o setor industrial começou a se desenvolver rapidamente, acumulando capital e poderio na sociedade, e os trabalhadores assalariados surgiram, vendendo sua força de trabalho, não tendo nada além disso para o enfrentamento social. Foi nesse contexto que o pensamento marxista se assentou para formular o *Manifesto do partido comunista*.

6.4.2 Objetivo

O grande objetivo do manifesto era fazer uma convocação irrestrita a todos os trabalhadores – todos aqueles que não detinham os meios de produção, tampouco eram possuidores de capital –, chamando-os a se unirem em torno de uma causa comum: a superação da condição de exploração existente.

Para tanto, para que isso acontecesse, Marx e Engels, ao trazerem os detalhes dos diferentes modos de produção ao longo do processo histórico, demonstraram a necessidade de que os sujeitos, inicialmente, tomassem consciência dessa condição desigual, passando a agir coletivamente. Somente assim eles teriam as condições necessárias para a superação do modo de produção capitalista.

Marx e Engels (1999, p. 31) esclarecem que

> Ser capitalista significa ocupar não somente uma posição pessoal, mas também uma posição social na produção. O capital é um produto coletivo: só pode ser posto em movimento pelos esforços combinados de muitos membros da sociedade, e mesmo, em última instância, pelos esforços combinados de todos os membros da sociedade. O capital não é, pois, uma força pessoal; é uma força social. Assim, quando o capital é transformado em propriedade comum, pertencente a todos os membros da sociedade, não é uma propriedade pessoal que se transforma em propriedade social. O que se transformou foi apenas o caráter social da propriedade. Esta, perde seu caráter de classe.

Nesse sentido, era necessário que os trabalhadores compreendessem que o capital que produziam como peças na engrenagem do modo capitalista não os levaria a uma condição melhor diante da realidade que se impunha. Era preciso que a propriedade dos meios de produção fosse de todos, para que o produto do trabalho realizado pertencesse realmente aos próprios trabalhadores.

Assim, era necessário superar a propriedade privada, bem como o modelo jurídico individual burguês: tais alterações permitiriam suplantar o capitalismo por uma nova forma social e coletiva de produção e organização dos trabalhadores, visto que, para Marx e Engels (1999, p. 32): "Na sociedade burguesa, o trabalho vivo é sempre um meio de aumentar o trabalho acumulado. Na sociedade comunista, o trabalho acumulado é sempre um meio de ampliar, enriquecer e melhorar cada vez mais a existência dos trabalhadores".

Os autores ainda destacam: "Na sociedade burguesa, o passado domina o presente; na sociedade comunista é o presente que domina o passado" (Marx; Engels, 1999, p. 32). Essa era uma alteração sensível no modelo de concepção das coisas pautadas na tradição e no direito adquirido sobre bens e meios de produção. Além disso, representava uma mudança na liberdade burguesa, que se pautava na execução do comércio, da compra e da venda, mas que não garantia liberdades aos próprios indivíduos. Marx e Engels (1999, p. 34) frisam que "o comunismo não retira a ninguém o poder de apropriar-se de sua parte dos produtos sociais, apenas suprime o poder de escravizar o trabalho de outrem por meio dessa apropriação".

Marx e Engels (1999, p. 42-43) sistematizaram no manifesto o que seria necessário a essa nova realidade produzida pelos proletários:

Todavia, nos países mais adiantados, as seguintes medidas poderão geralmente ser postas em prática:

1. Expropriação da propriedade latifundiária e emprego da renda da terra em proveito do Estado.

2. Imposto fortemente progressivo.

3. Abolição do direito de herança.

4. Confiscação da propriedade de todos os emigrados e sediciosos.

5. Centralização do crédito nas mãos do Estado por meio de um banco nacional com capital do Estado e com o monopólio exclusivo.

6. Centralização, nas mãos do Estado, de todos os meios de transporte.

7. Multiplicação das fábricas e dos instrumentos de produção pertencentes ao Estado, arroteamento das terras incultas e melhoramento das terras cultivadas, segundo um plano geral.

8. Trabalho obrigatório para todos, organização de exércitos industriais, particularmente para a agricultura.

9. Combinação do trabalho agrícola e industrial, medidas tendentes a fazer desaparecer gradualmente a distinção entre a cidade e o campo.

10. Educação pública e gratuita de todas as crianças, abolição do trabalho das crianças nas fábricas, tal como é praticado hoje. Combinação da educação com a produção material, etc.

Tais propostas continuam bastante atuais e seguem em discussão na sociedade, dado o alcance da reflexão produzida.

Síntese

Neste capítulo, analisamos a sociologia desenvolvida por Karl Marx, compreendendo de que forma suas interpretações históricas e sociais foram responsáveis pelo desenvolvimento de uma sociologia de âmbito crítico e questionador.

De acordo com a abordagem do método materialista histórico-dialético, os indivíduos não são dotados de autonomia no decurso de suas vidas. Segundo a concepção marxista, pelo contrário, os sujeitos são condicionados e determinados pela interferência que a estrutura social exerce sobre suas ações.

Marx identificou no transcurso das diferentes sociedades a adoção de distintos modos de produção, que seriam responsáveis por determinar as relações econômicas e sociais entre os indivíduos. Conforme essa concepção, as diferenças econômicas entre os sujeitos seriam determinantes nas relações desenvolvidas. Sob essa ótica, Marx identificou a existência de duas classes sociais antagônicas (burguesia e proletariado), sendo essa oposição a responsável pelos conflitos sociais que emergem de tal condição. Para o autor, o futuro da sociedade capitalista seria a sua ruína. De acordo com ele, a consciência da classe proletária induziria os trabalhadores à ditadura do proletariado e à consequente instauração do modo socialista de produção.

O diferencial de Marx em relação aos demais autores clássicos da sociologia está no fato de que ele não estava preocupado em estabelecer os princípios epistemológicos dessa ciência por meio da definição de um método ou de um objeto de estudo. Marx quis encontrar um caminho para a mudança social, transformar o *status quo* vigente, acabar com as classes sociais e com a propriedade privada. Ele acreditava na revolução e na ruptura do sistema capitalista.

Dessa forma, a sociologia feita por Marx é a sociologia crítica, preocupada com a análise dos conflitos e comprometida com a mudança estrutural da sociedade vigente.

Indicação cultural

O JOVEM Karl Marx. Direção: Rauol Peck. França; Alemanha; Bélgica: Diaphana Films, 2017. 118 min.

O filme *O jovem Karl Marx* coloca em cena a personalidade desse pensador, dando vida ao seu contexto histórico e considerando as experiências e as vivências que pavimentaram a construção de seu pensamento. É claro que, na qualidade de obra artística, as recriações das cenas e dos diálogos ficam no campo da possibilidade para dar vazão à teoria do autor. A obra situa-se no período de 1842, com Marx como editor-chefe da *Gazeta Renana (Rheinische Zeitung)*, e no início de 1848, quando fica pronto o *Manifesto comunista*. Além disso, foca na amizade de Marx e Engels e em seus respectivos relacionamentos (com as parceiras Jenny von Westphalen e Mary Burns), destacando a importância dessas mulheres. A contextualização histórica da Revolução Industrial nos coloca junto com Marx na construção de seu pensamento.

Atividades de autoavaliação

1. Marx afirma que: "ao produzirem seus meios de existência, os homens produzem indiretamente sua própria vida material" (Marx; Engels, 2001, p. 10-11) e acrescenta que: "a maneira como os indivíduos manifestam sua vida reflete exatamente o que eles são. O que eles são coincide, pois, com a sua produção, isto é, tanto com o que produzem quanto como produzem" (Marx; Engels, 2001, p. 11, grifo do original).

Nesses trechos estão contidas as bases:
a) do seu método idealista, a respeito do modo de produção e da inserção dos trabalhadores no mundo do trabalho.
b) do seu método materialista, que se pauta no concreto da existência dos indivíduos. As relações e os modos de produção expressam essa materialidade.
c) do seu método positivista, que compreende a supremacia da ciência, do científico sobre os indivíduos e sobre a sociedade como um todo.
d) do seu método compreensivo, que buscou compreender de que maneira os fatos sociais acontecem no interior da sociedade.
e) do seu método conservador sobre as relações sociais, na compreensão do mundo do trabalho e da produção social, econômica e cultural.

2. Sobre a obra *Manifesto do partido comunista*, de 1848, escrita por Marx e Engels, analise as afirmativas a seguir e assinale V para as verdadeiras e F para as falsas.
   ( ) Por ser considerada uma obra de caráter panfletário, ao professar uma ideologia de um partido, o manifesto não pode ser considerado no conjunto dos estudos críticos da sociologia.
   ( ) A obra tem por objetivo tornar acessível a todos o pensamento capitalista professado pela Liga dos Justos, emergente na época de sua escrita.
   ( ) A celebre expressão "Proletários de todos os países, uni-vos!", de Marx e Engels, faz parte dessa obra.
   ( ) Nesse pequeno livro, é possível visualizar as bases do pensamento econômico dos autores, que viria a ser ampliado posteriormente em outras obras, principalmente em *O capital*.

( ) Os autores expõem de modo claro as principais diretrizes do pensamento marxista: a divisão entre burguesia e proletariado; a luta de classes; o socialismo burguês e o socialismo revolucionário; e a exploração capitalista.

Indique a alternativa que apresenta a sequência correta:
a) F, V, V, F, V.
b) V, F, F, V, F.
c) F, F, V, V, V.
d) V, V, F, V, F.
e) F, V, F, V, F.

3. Assinale a alternativa **incorreta** sobre a formação do pensamento de Marx:
   a) Marx compreendeu a sociedade europeia do século XIX de maneira contrária a Comte, Durkheim e Weber, percebendo os conflitos sociais como resultados de uma intensa luta de classes.
   b) No desenvolvimento de sua teoria, Marx foi influenciado por três correntes de pensamento: a filosofia alemã, o socialismo utópico francês e a economia política inglesa.
   c) As primeiras obras de Marx tinham um forte viés filosófico; outras, que foram apresentadas até mesmo após sua morte e em parceria com Engels, também contêm um forte caráter sociológico e econômico.
   d) Marx concordava com o idealismo alemão e corroborava as concepções filosóficas existentes em seu período histórico.
   e) Para Marx, a mudança social dependia da atuação do proletariado como agente transformador da realidade em que estava inserido.

4. Analise as afirmativas a seguir e assinale V para as verdadeiras e F para as falsas.
   ( ) O pensamento dialético de Feuerbach se constituiu mediante a negação da filosofia metafísica.
   ( ) O princípio da dialética está assentado na ideia de movimento, de mudança, ao passo que o método metafísico pressupõe que as coisas são compostas por essências imutáveis.
   ( ) Ao contrário da dialética, o método metafísico compreende que a realidade está em constante transformação.
   ( ) Hegel, assim como outros filósofos da tradição alemã, acreditava que a história era essencialmente resultado do pensamento, chamado por ele de *espírito relativo*.
   ( ) Marx negou a concepção idealista proposta por Hegel. Segundo ele, seria a matéria, e não a ideia, a responsável pelo curso da história. Para Marx, a dialética em Hegel estava de cabeça para baixo.

   Indique a alternativa que apresenta a sequência correta:
   a) V, V, F, F, V.
   b) F, V, V, F, F.
   c) F, F, F, V, V.
   d) V, F, V, V, F.
   e) V, V, F, V, F.

5. Sobre o método materialista histórico-dialético, assinale a alternativa **incorreta**:
   a) A única forma de superar esse mundo e romper com a própria alienação seria por meio da crítica religiosa, a qual levaria a alienação ao desaparecimento e propiciaria à consciência humana sua liberdade.

b) A dialética e o materialismo são articulados sob uma perspectiva histórica, concebendo os homens como sujeitos históricos e com capacidade de mudar o curso da história.

c) A alienação é resultado de um processo de vida real que só pode ser superado por meio da ação política e da tomada da consciência de classe pelo proletariado.

d) O ponto de partida para a análise social são os indivíduos reais e suas condições materiais de existência.

e) De acordo com essa concepção, as relações que os homens estabelecem entre si estão vinculadas à forma como eles produzem seus meios de vida, isto é, às relações materiais que estabelecem.

Atividades de aprendizagem

Questões para reflexão

1. Explique a seguinte afirmação:

   Antes de qualquer interpretação, devemos compreender que Marx foi um observador da sociedade e buscou compreender e construir explicações para os problemas sociais que identificava em seu tempo e em seu espaço. Portanto, Marx foi o sociólogo, o filósofo e o economista do nascente sistema capitalista.

2. Qual foi o objeto de estudo de Marx?

Atividade aplicada: prática

1. Leia a seguir uma análise sociológica, pautada em conceitos abordados durante esta obra, sobre o caso da prisão do catador de recicláveis Rafael Braga, em 2013, que se tornou emblemática por apresentar aspectos bastante interessantes sobre a sociedade

brasileira. Após a leitura, com base nos conceitos aprendidos no decorrer de seus estudos, escolha algum fato emblemático como o apresentado e faça uma análise sociológica dele, abordando aspectos marcantes da sociedade brasileira.

> O catador de recicláveis Rafael Braga foi preso por portar uma garrafa de desinfetante que utilizava para limpar carros e obter alguma forma de renda. Para a polícia, a garrafa era de um coquetel molotov, explosivo artesanal que seria utilizado para a depredação de bens públicos e privados. Vale lembrar que Rafael Braga é negro, morador da Vila Cruzeiro, no Rio de Janeiro.
>
> Na época, o Brasil convulsionava em diversas manifestações. Muitas delas por causa do aumento dos valores das passagens dos transportes públicos. Tal conjuntura nos colocou diante das instituições de Estado, das diferentes classes sociais e dos anseios sociais por mudanças nas formas da condução política, econômica e social do país.
>
> Todas as classes sociais existentes vislumbraram possibilidades de mudança no *status quo* vigente até então. O país vivenciava um período turbulento, de crise, sendo conduzido por um governo com princípios voltados mais à esquerda. Porém, nem de longe, isso significava a perda de privilégios das categorias mais abastadas. Muito pelo contrário, tais setores lucraram, e muito, com a lógica nacional-desenvolvimentista que vinha sendo desenvolvida.

Sociologicamente falando, os indivíduos e suas classes perceberam que poderiam tensionar os lados e conseguir avançar em suas demandas. Os menos favorecidos lutavam por melhores condições de vida; a classe média visava alterar seu *status* subindo mais um degrau na lógica social; e a classe alta buscava retomar o controle social, pois teria de dar mais concessões aos demais. Nessa disputa, controlar as narrativas era essencial para manter o propósito almejado.

Aos primeiros sinais de que poderia haver fissuras na lógica social extremamente excludente da sociedade, contendo os ímpetos mais raivosos, a estrutura utilizou-se de seus instrumentos. Rafael personificou a grande maioria: pobre, negro e excluído, não seria perdoado por questionar o padrão imposto socialmente. Primeiramente a polícia e, depois, a justiça sentenciaram o jovem a mais de 11 anos por um suposto crime, uma possibilidade que não existiu. Há, nisso, um contraponto, quando percebemos que a justiça não age com o mesmo rigor com pessoas brancas, pertencentes a classes mais favorecidas. Esse é o sinônimo de um racismo estrutural arraigado na sociedade brasileira, que condena de antemão as pessoas apenas pela sua cor de pele.

Fonte: Elaborado com base em Benites, 2013.

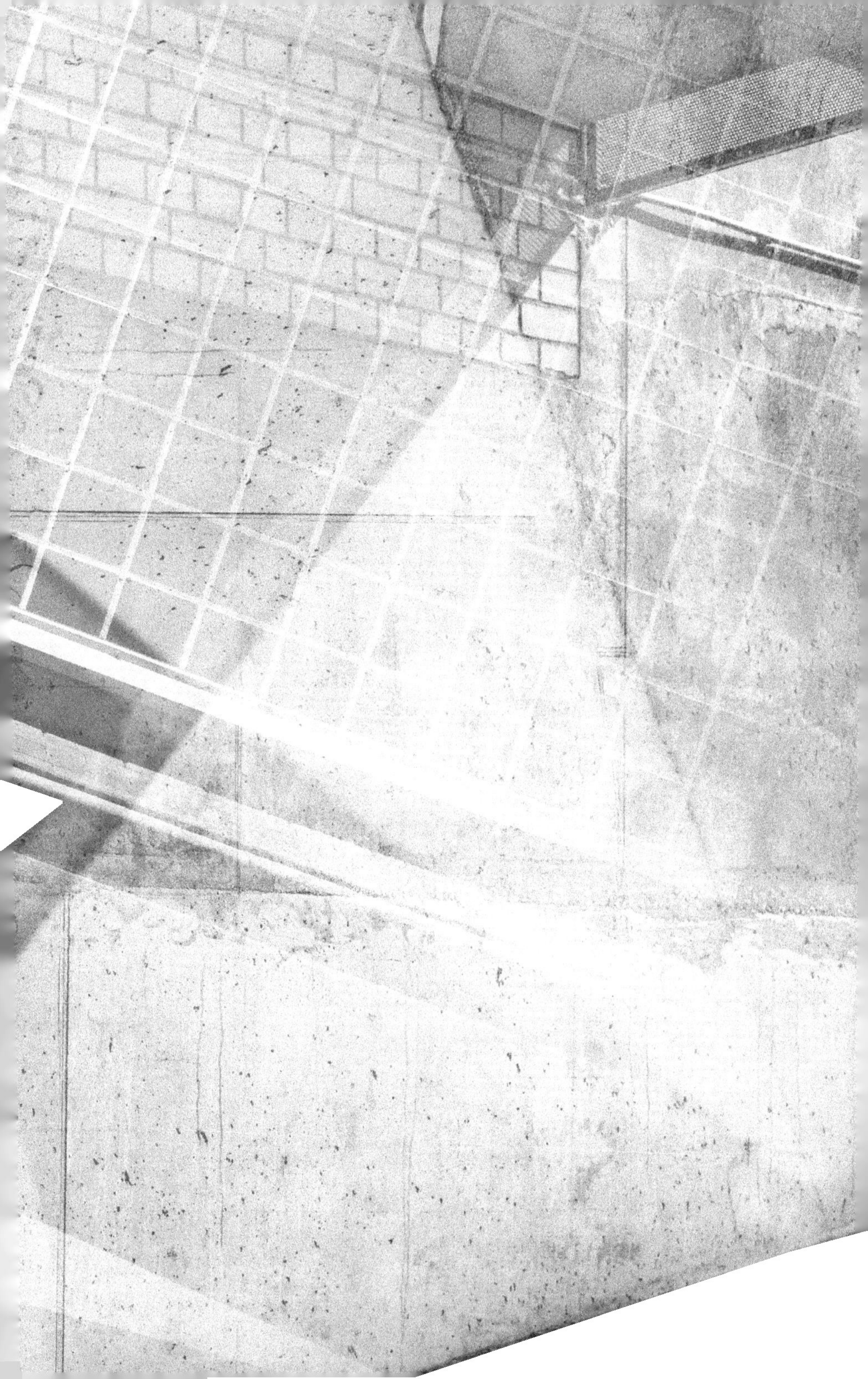

considerações finais

Neste livro, projetamos a descoberta e a análise de um longo caminho que, certamente, não se encerra aqui. Compreender a dinâmica do pensamento social clássico exige muito mais estudo e requer uma grande dedicação. Para tanto, este material pode funcionaar como mais uma ferramenta a nortear seus estudos. Não pretendemos que nossas análises venham a substituir o indispensável contato entre você e a leitura de cada um dos autores mencionados.

Nossas interpretações devem apenas auxiliá-lo nessa caminhada, que aqui apenas se inicia.

Muito mais do que concluir nosso trabalho, queremos deixar a mensagem de que sua descoberta da sociologia está apenas começando. O conhecimento sobre os autores clássicos é imprescindível para que você consiga avançar nessa longa caminhada e, principalmente, para que, ao conhecer a sociologia contemporânea, você consiga identificar as distintas filiações que tais autores apresentam com a leitura sociológica tradicional. Dessa forma, os postulados deixados pelos pensadores clássicos são uma introdução aos variados aspectos abordados pela sociologia atual.

Esperamos que você tenha gostado e tenha conseguido acompanhar as diferentes diretrizes conceituais abordadas pelos autores apresentados. A compreensão de cada um deles será fundamental para que você identifique de que forma tais pensamentos se mantêm atuais e vigentes, apesar de sofrerem variações ao longo do tempo.

Desejamos que sua caminhada pela sociologia seja de muito sucesso, e que a leitura dos autores clássicos gere o fascínio que essa ciência merece. Agradecemos por nos permitir fazer parte de sua formação sociológica.

Muito obrigado!

referências

ABBAGNANO, N. **Dicionário de filosofia**. Tradução de Alfredo Bosi e Ivone Castilho Benedetti. 5. ed. São Paulo: M. Fontes, 2007.

ALBUQUERQUE, J. A. G. Montesquieu: sociedade e poder. In: WEFFORT, F. C. (Org.). **Os clássicos da política**: Maquiavel; Hobbes; Locke; Montesquieu; Rousseau; "O federalista". 14. ed. São Paulo: Ática, 2006. v. I. p. 111-120.

ARBOUSSE-BASTIDE, P. **Auguste Comte**. Tradução de Joaquim José Coelho Rosa. Lisboa: Edições 70, 1984. (Biblioteca Básica de Filosofia).

ARON, R. **As etapas do pensamento sociológico**. Tradução de Sérgio Bath. 5. ed. São Paulo: M. Fontes, 1999. (Ensino Superior).

_____. _____. Tradução de Sérgio Bath. 7. ed. São Paulo: M. Fontes, 2008. (Ensino Superior). Resumo de: AMARO, R. As etapas do pensamento ´sociológico: Émile Durkheim – sociologia e socialismo. **Resumodaobra.com**, 23 nov. 2014. Disponível em: <http://resumodaobra.com/aron-durkheim-geracao-passagem-seculo-sociologia-socialismo>. Acesso em: 24 maio 2019.

AZEVEDO, F. Não há faltando homem. É a gente que não quer mais. **Jornal Correio**, 25 nov. 2017. Disponível em: <https://www.correio24horas.com.br/noticia/nid/nao-ta-faltando-homem-e-a-gente-que-nao-quer-mais>. Acesso em: 17 maio 2019.

BARROS, C. M. de. **O conceito de modo de produção.** Disponível em: <https://moodle.ufsc.br/pluginfile.php/934137/mod_resource/content/1/elementos%20b%C3%A1sicos0_MODO_DE_PRODU%C3%87%C3%83O.pdf>. Acesso em: 30 maio 2019.

BENITES, A. Negro, morador de rua é o primeiro condenado por protestos de junho. **El País**, 5 dez. 2013. Disponível em: <https://brasil.elpais.com/brasil/2013/12/05/politica/1386204702_079082.html>. Acesso em: 31 maio 2019.

BENOIT, L. O. de R. **Unidade (dilacerada) da razão positiva de Auguste Comte.** Dissertação (Mestrado em Filosofia) – Universidade de São Paulo, São Paulo, 1991.

BETIM, F.; MENÁRGUEZ, A. T. Filhos não impedem que as mulheres tenham uma carreira. São os maridos. **El País**, Madri, São Paulo, 10 nov. 2015. Disponível em: <https://brasil.elpais.com/brasil/2015/11/09/economia/1447062347_374448.html>. Acesso em: 17 maio 2019.

BRAGA, A. S. Brasil no mapa da fome: voltaremos a ser um país de miseráveis? **Revista Fórum**, 10 jul. 2017. Disponível em: <https://www.revistaforum.com.br/brasil-no-mapa-da-fome-voltaremos-ser-um-pais-de-miseraveis>. Acesso em: 24 maio 2019.

CARVALHO, J. M. de. **A formação das almas:** o imaginário da República no Brasil. São Paulo: Companhia das Letras, 2004.

COMTE, A. **Apelo aos conservadores.** Rio de Janeiro: Igreja Positivista do Brasil, 1899.

_____. **Comte.** Tradução de José Arthur Giannotti. 2. ed. São Paulo: Abril Cultural, 1978a. (Coleção Os Pensadores).

_____. **Sociologia I.** Tradução de Evaristo de Moraes Filho. São Paulo: Ática, 1978b.

COMTE, A. **Système de politique positive ou traité de sociologie instituant la religion de l'humanite**. 4. ed. Paris: Larousse, 1929. v. IV.

COSTA, C. **Sociologia**: introdução à ciência da sociedade. 2. ed. São Paulo: Moderna, 1997.

DAMASIO, F. O início da revolução científica: questões acerca de Copérnico e os epiciclos, Kepler e as órbitas elípticas. **Revista Brasileira de Ensino de Física**, São Paulo, v. 33, n. 3, p. 3602-3607, jul./set. 2011. Disponível em: <http://www.scielo.br/pdf/rbef/v33n3/20.pdf>. Acesso em: 15 maio 2019.

DURKHEIM, É. **As regras do método sociológico**. Tradução de Paulo Neves. 3. ed. São Paulo: M. Fontes, 2007. (Coleção Trópicos).

____. **Montesquieu e Rousseau**: pioneiros da sociologia. Tradução de Julia Vidili. São Paulo: Madras, 2008.

____. **O suicídio**: estudo de sociologia. Tradução de Monica Stahel. São Paulo: M. Fontes, 2000. (Coleção Tópicos).

____. **Da divisão do trabalho social**. Tradução de Eduardo Brandão. 2. ed. São Paulo: M. Fontes, 1999. (Coleção Tópicos).

____. **As formas elementares da vida religiosa**: o sistema totêmico na Austrália. Tradução de Paulo Neves. São Paulo: M. Fontes, 1996. (Coleção Tópicos).

FEUERBACH. L. **A essência do cristianismo**. Tradução de José da Silva Brandão. Petrópolis: Vozes, 2007.

G1. Geração que não trabalha nem estuda aumenta em 2015. **G1**, Economia, 2 dez. 2016. Disponível em: <https://g1.globo.com/economia/noticia/geracao-que-nao-trabalha-nem-estuda-aumenta-em-2015.ghtml>. Acesso em: 30 maio 2019.

G1. Processos contra mineradora Samarco após desastre de Mariana. **G1**, 7 ago. 2017. Disponível em: <https://g1.globo.com/minas-gerais/desastre-ambiental-em-mariana/noticia/processos-contra-mineradora-samarco-apos-desastre-de-mariana.ghtml>. Acesso em: 31 maio 2019.

GIANNOTTI, J. A. Prefácio. In: COMTE, A. **Comte**. Tradução de José Arthur Giannotti. 2. ed. São Paulo: Abril Cultural, 1978. (Coleção Os Pensadores).

GIDDENS, A. **Sociologia**. Tradução de Alexandra Figueiredo et al. 6. ed. Lisboa: Fundação Calouste Gulbenkian, 2008.

GLÓRIA, P. J. T. da. Seria a teoria da evolução darwiniana domínio exclusivo dos biólogos? Implicações da evolução biológica para as ciências humanas. **Revista da Biologia**, São Paulo, v. 3, p. 1-5, dez. 2009. Disponível em: <www.ib.usp.br/revista/system/files/PedroGloria.pdf>. Acesso em: 16 maio 2019.

GORENDER, J. Apresentação. In : MARX, K. **O capital**: crítica da economia política. Tradução de Regis Barbosa e Flávio R. Kotrhe. São Paulo: Nova Cultural, 1996. (Coleção Os Economistas). v. I: Livro primeiro – o processo de produção do capital. Tomo I (prefácios e capítulos I a XII). p. 2-66.

HEGEL, G. W. F. **Princípios da filosofia do direito**. Tradução de Orlando Vitorino. São Paulo: M. Fontes, 1997. (Clássicos).

_____. **Fenomenologia do espírito**: parte I. Tradução de Paulo Meneses. 2. ed. Petrópolis: Vozes, 1992.

HOBBES, T. **Leviatã ou matéria**: forma e poder de um estado eclesiástico e civil. Tradução de Rosina D'Angina. São Paulo: M. Claret, 2014.

HOBSBAWM, E. **A era do capital**: 1848-1875. Tradução de Luciano Costa Neto. Londres: Weidenfeld & Nicolson, 1977.

IG SÃO PAULO. Brasil tem recorde de violência com sete mortes intencionais por hora em 2016. **Último Segundo**, 30 out. 2017. Disponível em: <https://ultimosegundo.ig.com.br/brasil/2017-10-30/violencia.html>. Acesso em: 24 maio 2019.

LALLEMENT, M. **História das ideias sociológicas**: das origens a Max Weber. Tradução de Ephrain F. Alves. 3. ed. Petrópolis: Vozes, 2005. v. I.

____. ____. Tradução de Ephrain F. Alves. 4. ed. Petrópolis: Vozes, 2008. v. I.

LOCKE, J. **Segundo tratado sobre o governo civil**. Tradução de Magda Lopes e Marisa Lobo da Costa. Petrópolis: Vozes, 2001.

MARX, C. Marx a Pavel Vasilievich Annenkov. In: MARX, C.; ENGELS, F. **Obras escogidas**: C. Marx y F. Engels. Moscou: Progreso, 1980. Tomo I. p. 278-283. Disponível em: <https://www.marxists.org/espanol/m-e/oe/pdf/oe3-v1.pdf> Acesso em: 17 jun. 2019.

MARX, K. **Contribuição à crítica da economia política**. Tradução de Florestan Fernandes. 2. ed. São Paulo: Expressão Popular, 2008.

____. **Manuscritos econômico-filosóficos**. Tradução de Jesus Ranieri. São Paulo: Boitempo, 2010.

____. **Miséria da filosofia**. São Paulo: Grijalbo, 1976.

____. **O capital**: crítica da economia política. Tradução de Regis Barbosa e Flávio R. Kotrhe. São Paulo: Nova Cultural, 1996. (Coleção Os Economistas). v. I : Livro primeiro – o processo de produção do capital. Tomo I (prefácios e capítulos I a XII).

MARX, K.; ENGELS, F. **A ideologia alemã**. Tradução de Luis Claudio de Castro e Costa. São Paulo: M. Fontes, 1998. (Clássicos).

MARX, K.; ENGELS, F. **A ideologia alemã**. Tradução de Luis Claudio de Castro e Costa. 2. ed. São Paulo: M. Fontes, 2001. (Clássicos).

_____. **Manifesto comunista**. [S. l.]: Rocket Edition, 1999. Disponível em: <http://www.ebooksbrasil.org/adobeebook/manifesto comunista.pdf>. Acesso em: 31 maio 2019.

MELLO, A. Crimes e mortes disparam no Brasil com crise na segurança e desemprego. **Em.com.br**, Política, 13 fev. 2017. Disponível em: <https://www.em.com.br/app/noticia/politica/2017/02/13/interna_politica,846921/crimes-e-mortes-disparam-no-brasil-com-crise-na-seguranca-e-desemprego.shtml>. Acesso em: 28 maio 2019.

MELLO, L. I. A. John Locke e o individualismo liberal. In: WEFFORT, F. C. (Org.). **Os clássicos da política**: Maquiavel; Hobbes; Locke; Montesquieu; Rousseau; "O federalista". 14. ed. São Paulo: Ática, 2006. v. I. p. 79-89.

MONTESQUIEU, C. de S. B. de. **O espírito das leis**. Tradução de Cristina Murachco. São Paulo: M. Fontes, 2000. (Coleção Paideia).

MORAES, M. C. M. de. Comte e o Positivismo. In: HUHNE, L. M. **Profetas da modernidade**: século XIX – Hegel, Marx, Nietzsche e Comte. Rio de Janeiro: Uapê, 1995. p. 109-147.

NASCIMENTO, M. M. do. Rousseau: da servidão à liberdade. In: WEFFORT, F. C. (Org.). **Os clássicos da política**: Maquiavel; Hobbes; Locke; Montesquieu; Rousseau; "O federalista". 14. ed. São Paulo: Ática, 2006. v. I. p. 187-200.

NATIONAL LIBERAL PARTY. In: **Encyclopaedia Britannica**. Disponível em: <https://www.britannica.com/topic/National-Liberal-Party-political-party-Germany>. Acesso em: 28 maio 2019.

NEOKANTIANOS. In: **Dicionário político**: Marxists Internet Archive. Disponível em: <https://www.marxists.org/portugues/dicionario/verbetes/n/neokantianos.htm>. Acesso em: 29 maio 2019.

NOVA, S. V. **Introdução à sociologia**. São Paulo: Atlas, 2004.

PEREIRA, D. **Das classes à luta de classes**. 2012. Disponível em: <https://marxismo21.org/wp-content/uploads/2012/06/DP-Classes-e-luta-de-classes-2.pdf>. Acesso em: 31 maio 2019.

QUINTANEIRO, T.; BARBOSA, M. L.; OLIVEIRA, M. G. **Um toque de clássicos**: Marx, Durkheim e Weber. 2. ed. rev. e ampl. Belo Horizonte: Ed. da UFMG, 2002. (Coleção Aprender).

RIBEIRO, R. J. Hobbes: o medo e a esperança. In: WEFFORT, F. C. (Org.). **Os clássicos da política**: Maquiavel; Hobbes; Locke; Montesquieu; Rousseau; "O federalista". 14. ed. São Paulo: Ática, 2006. v. I. p. 51-77.

ROCHA, J. L. da. **A educação matemática na visão de Augusto Comte**. 373 f. Tese (Doutorado em Ciências Humanas – Educação) – Departamento de Educação, Pontifícia Universidade Católica do Rio de Janeiro, Rio de Janeiro, 2006. Disponível em: <https://www.maxwell.vrac.puc-rio.br/colecao.php?strSecao=resultado&nrSeq=9403@1>. Acesso em : 17 maio 2019.

ROUSSEAU, J.-J. **Discurso sobre as ciências e as artes**. [S.d.a]. Disponível em: <http://www.ebooksbrasil.org/adobeebook/cienciaarte.pdf>. Acesso em: 15 maio. 2019.

_____. **Do contrato social**. Tradução de Rolando Roque da Silva. [S.d.b]. Disponível em: <http://www.ebooksbrasil.org/eLibris/contratosocial.html>. Acesso em: 15 maio 2019.

SALVO, K. de A. Os imigrantes e refugiados haitianos no Brasil e a violação de seus direitos trabalhistas. **Bem Paraná**, Notícias/Opinião, 25 maio 2017. Disponível em: <https://www.bem parana.com.br/noticia/os-imigrantes-e-refugiados-haitianos-no-brasil-e-a-violacao-de-seus-direitos-trabalhistas--#.XN1rYVJKhQI>. Acesso em: 16 maio 2019.

SELL, C. E. **Sociologia Clássica**: Marx, Durkheim e Weber. 2. ed. Petrópolis: Vozes, 2010. (Coleção Sociologia).

SILVA, K. V.; SILVA, M. H. **Dicionário de conceitos históricos**. 3. ed. São Paulo: Contexto, 2010.

TAVARES, M.; FERRO, M. **Conhecer os filósofos**: de Kant a Comte. 8. ed. Lisboa: Presença, 2001.

TESKE, O. (Coord.). **Sociologia**: textos e contextos. 2. ed. Canoas: Ulbra: 2005.

TOMAZI, N. D. (Coord.). **Iniciação à sociologia**. 2. ed. rev. e ampl. São Paulo: Atual, 2000.

WEBER, M. **A ética protestante e o espírito do capitalismo**. Tradução de M. Irene de Q. F. Szmercsányi e Tamás J. M. K. Szmercsányi. 2. ed. rev. São Paulo: Pioneira, 2001.

_____. **Conceitos básicos de sociologia**. Tradução de Rubens Eduardo Ferreira Frias e Gerard Georges Delaunay. São Paulo: Centauro, 2002.

_____. **Economia e sociedade**: fundamentos da sociologia compreensiva. Tradução de Regis Barbosa e Karen Elsabe Barbosa. Brasília: Ed. da UnB; São Paulo: Imprensa Oficial de São Paulo, 2004a. v. 1.

_____. _____. Tradução de Regis Barbosa e Karen Elsabe Barbosa. Brasília: Ed. da UnB; São Paulo: Imprensa Oficial de São Paulo, 2004b. v. 2.

WEBER, M. **Ensaios de sociologia**. Tradução de Waltensir Dutra. 5. ed. Rio de Janeiro: LTC, 1982. (Bibliteca de Ciências Sociais).

____. **Sobre a teoria das ciências sociais**. São Paulo: Moraes, 1991.

WEISHEIMER, N. Durkheim: categorias sociológicas fundamentais. In: UNIVERSIDADE LUTERANA DO BRASIL – Ulbra (Org.). **Sociologia clássica**. Curitiba: Ibpex, 2008a. p. 53-69.

____. Introdução à obra de Karl Marx. In: UNIVERSIDADE LUTERANA DO BRASIL – Ulbra (Org.). **Sociologia clássica**. Curitiba: Ibpex, 2008b. p. 141-156.

bibliografia comentada

CUNHA, E. da. **Os sertões**. São Paulo: M. Claret, 2017.
A obra de Euclides da Cunha retrata um enfrentamento social, a Guerra de Canudos, sob uma ótica cientificista e determinista ainda pautada pelas teorias de supremacia de uma raça sobre a outra. A caracterização do sertanejo é bastante rica em sua descrição, vinculando os indivíduos e suas ações a condicionantes como o espaço geográfico, por exemplo.

HOBSBAWM, E. J. **A era das revoluções:**1789-1848. São Paulo: Paz e Terra, 2012.

Nessa importante obra, Eric J. Hobsbawm delineia as condições em que se encontravam os diferentes grupos sociais da sociedade europeia, apontando de que maneira surgiram expressões e termos amplamente utilizados na atualidade, como *classes sociais, nacionalismo*, entre outros. É possível, assim, que o leitor compreenda as possibilidades e os limites de cada um desses conceitos e as ressignificações que adquiriram ao longo dos anos.

SARAMAGO, J. **Ensaio sobre a cegueira.** 6. ed. São Paulo: Companhia das Letras, 1996.

O livro de José Saramago traz como enredo uma epidemia que acomete toda uma comunidade, deixando seus moradores cegos. Com o acontecimento, as pessoas são isoladas e passam a viver reclusas em um ambiente controlado, com serviços precários. A tendência é o embrutecimento dessas pessoas. Há saída? Em uma metáfora atual das relações sociais, o autor nos coloca diante das regras sociais vigentes. Elas são naturais? A moral e a ética são válidas em todas as situações? É possível enxergar a sociedade de maneira ampla ou há cegueira em alguns aspectos?

respostas[1]

CAPÍTULO 1

Atividades de autoavaliação

1. c
2. a

---

[1] As fontes aqui citadas encontram-se na seção "Referências".

3. b
4. c
5. a

Atividades de aprendizagem

Questões para reflexão

1. Porque tais fatores interferem no desenvolvimento das relações sociais, uma vez que os comportamentos individuais e coletivos sofrem interferências externas. Para que o sociólogo consiga elaborar explicações que esclareçam e elucidem as ações sociais, é necessário que ele tenha um bom conhecimento histórico que o permita compreender de que forma os fenômenos estão relacionados e, até mesmo, em que medida eles se repetem.

2. As mudanças sociais em todos os setores (econômico, religioso, político e cultural) causam estranhamento social, independentemente de serem consideradas boas ou ruins. Em momentos de crise, as pessoas costumam se preocupar e, com isso, passam a agir com mais cautela. Muitas vezes, elas também buscam a ajuda de diversas instituições sociais para receber apoio ou tentar compreender que tipos de modificações estão ocorrendo. Dessa forma, as transformações e as mudanças sociais são importantes, pois proporcionam o desenvolvimento de novos conhecimentos, de novas intervenções e de novas sociabilidades.

Atividade aplicada: prática

1. Espera-se que o leitor seja capaz de compreender que, nas sociedades do Antigo Regime, o tempo era regulado pelas atividades da natureza. Ou seja, as práticas culturais e o próprio trabalho eram realizados tendo em vista a organização do tempo. Logo, a agricultura era controlada pelas condições climáticas, assim como

as atividades festivas se davam em comemoração a datas estipuladas pelas crenças religiosas. Na sociedade moderna, o tempo passou a ser regulado de maneira mais rígida, por meio de instrumentos da nascente indústria moderna, como o relógio. A sociedade capitalista funciona e trabalha para além das condições climáticas e da separação entre dia e noite. Trata-se de uma sociedade embalada pelo ritmo crescente da produção, ou seja, pela lógica racional do capital.

CAPÍTULO 2

Atividades de autoavaliação

1. d
2. c
3. e
4. b
5. d

Atividades de aprendizagem

Questões para reflexão

1. Durkheim compreende a relação entre indivíduos e sociedade baseado no conceito de *coerção*. Para o autor, a sociedade exerce sobre os indivíduos uma força coercitiva que os obriga a desenvolver comportamentos que são resultados dessa intervenção. Segundo ele, a sociedade está, de certa forma, "acima" das vontades individuais. Por sua vez, Weber acredita que os indivíduos desenvolvem ações sociais que configuram a sociedade, ou seja, com base nos conceitos de ação social e de compreensão, ele estabelece que os indivíduos formam a sociedade mediante ações que desenvolvem, e a compreensão dessas ações é a finalidade da sociologia. Por fim, Marx analisa a sociedade levando em conta a perspectiva do conflito. Para esse autor, tanto

a sociedade quanto o indivíduo não podem ser compreendidos de maneira separada, pois um está imbricado no outro.

2. Para Weber, a omissão também é uma ação social, pois se trata da negação de um indivíduo diante de alguma coisa, o que significa que houve, nesse processo, uma construção de sentido e de significado. Dessa forma, omitir ou omitir-se também são expressões que configuram o desenvolvimento de uma ação social.

Atividade aplicada: prática

1. Espera-se que o leitor consiga identificar que Flávia Azevedo expressa que não estão faltando homens no sentido numérico, mas que o perfil feminino passou por uma grande transformação social e cultural, por isso as mulheres estão mais seletivas em suas escolhas de parceiros e menos tolerantes a situações que antes eram vistas como naturais nas relações entre gêneros, como adultério, não divisão de tarefas domésticas, aceitação do ciúme, dependência emocional e financeira, entre outros aspectos. O leitor deve raciocinar que, por muito tempo, o comportamento feminino foi estereotipado com base em modelos ideais, pelos quais as mulheres deveriam ser totalmente submissas aos homens, principalmente nos relacionamentos amorosos. No entanto, a ruptura desse pensamento ocorreu aos poucos, de maneira lenta e gradativa, em um longo processo de negação dos antigos costumes e de formação de um novo pensamento sobre o papel da mulher na sociedade contemporânea. À medida que as mulheres conquistaram sua independência financeira e uma melhor escolarização, elas começaram a se empoderar. Contudo, é importante destacar que a cultura do machismo ainda é preponderante na sociedade e que, mesmo assim, as mulheres têm, aos poucos, conseguido alcançar autonomia. Porém, é interessante enfatizar que esse processo não é fácil e que sua transição é demorada.

CAPÍTULO 3

Atividades de autoavaliação

1. a
2. d
3. b
4. b
5. a

Atividades de aprendizagem

Questões para reflexão

1. Auguste Comte, inicialmente um físico, visualizou a compreensão dos fenômenos sociais como regidos por leis imutáveis. Outros dois conceitos presentes na física, a *estática* e a *dinâmica*, foram emprestados pelo autor para analisar as sociedades. Dessa forma, a estática social seria a ordem necessária para a estruturação da humanidade, e a dinâmica social, isto é, o progresso, seria o fruto natural do desenvolvimento social.

2. O primeiro estado das sociedades é o teológico. Seu desenvolvimento foi marcado por valores espirituais e dogmas que determinavam a realidade social. Eram três as suas subdivisões: fetichismo, politeísmo e monoteísmo. No fetichismo, há a atribuição de vida e poder a seres inanimados. Um exemplo disso são os povos tribais, que se relacionam com a natureza de uma maneira transcendental. Por outro lado, na sociedade capitalista, que cultua bens de consumo, há também o endeusamento dos sujeitos. Por sua vez, no politeísmo, existem diversos deuses que contêm certos traços da natureza humana. As sociedades gregas e romanas antigas eram marcadamente politeístas. Ainda hoje, em religiões de base africana, há o culto há vários deuses, com as mesmas características do fetichismo. Por fim,

no monoteísmo, a sociedade apresenta a crença em um único Deus. As grandes religiões (cristianismo, islamismo e judaísmo) mantêm a sua unidade em torno de uma única divindade.

Atividade aplicada: prática

1. É importante que os leitores percebem que os *slogans* políticos são dotados de intencionalidade, bem como que as representações ideológicas adotadas pelos distintos partidos políticos, por meio de seus símbolos (a exemplo de bandeiras, cores, *slogans* e músicas), são construções que perpassam projetos políticos de nação. A retomada do *slogan* "Ordem e Progresso", durante o governo Temer (2014-2016), estava marcada pela intencionalidade de reforçar uma imagem negativa a respeito do governo anterior, colocado como desordeiro e inibidor do progresso, além de que associava o progresso ao desenvolvimento de determinados princípios políticos. No caso, as ações políticas desenvolvidas, que impuseram mudanças nas leis trabalhistas e previdenciárias e na atuação do Estado como agente financiador dos serviços públicos, estavam associadas a uma perspectiva, a uma noção determinada de progresso e de ordem. Nessa perspectiva, os aparatos do Estado passaram a ser utilizados como mecanismos necessários e indispensáveis a seu objetivo maior: manter a sociedade organizada para aceitar as medidas doloridas indispensáveis ao progresso.

CAPÍTULO 4

Atividades de autoavaliação

1. c
2. c
3. d

4. a
5. d

Atividades de aprendizagem

Questões para reflexão

1. Para Durkheim, nem todo fato que acontece na sociedade pode ser considerado *social*. O autor destaca que o fato social se refere a formas de agir, pensar e sentir que existem fora das consciências individuais. Para que um fato seja social, deve apresentar três características: exterioridade, generalidade e coercitividade. Assim, ele existe de maneira independente à vontade dos indivíduos, abrangendo uma determinada coletividade, e deve fazer com que os sujeitos se conformem com as regras já existentes.

2. Durkheim retira do crime seu *status* de patologia, percebendo-o como normalidade dentro da sociedade. Para ele, o crime é normal, necessário e útil para o desenvolvimento social, e sua não existência seria impossível. "O crime é, portanto, necessário; ele está ligado às condições fundamentais de toda vida social e, por isso mesmo, é útil; pois as condições de que ele é solidário são elas mesmas indispensáveis à evolução normal da moral e do direito" (Durkheim, 2007, p. 71).

Atividade aplica: prática

1. Nesta atividade, espera-se que os alunos consigam identificar que, partindo das teorias positivista e funcionalista, os problemas sociais não aparecem relacionados a fatores da exploração e da constituição de uma estrutura social desigual. Tais problemas são compreendidos dentro dessas concepções como inerentes à organização social e, portanto, naturais a todas as sociedades. Nessa perspectiva, as desigualdades sociais não são vistas como resultados da divisão

social desigual típica do sistema capitalista. Ocorre que, assim, a meritocracia passa a assumir as explicações sobre as desigualdades sociais, naturalizando um problema que é eminentemente social e colocando sobre os próprios sujeitos marginalizados a culpa pela sua situação de vulnerabilidade social.

CAPÍTULO 5

Atividades de autoavaliação

1. b
2. c
3. d
4. a
5. a

Atividades de aprendizagem

Questões para reflexão

1. Para Weber, a ação é entendida como uma conduta humana que contém um significado subjetivo. Essa prática pode ser um ato, uma omissão ou mesmo uma permissão. Deve ser considerada individual, pois parte dos próprios sujeitos. Por outro lado, quando a ordem para a realização da ação é direcionada a um público, por exemplo, trata-se de uma ação social.

2. Weber percebeu que, nos indivíduos protestantes, havia elementos que lhes permitiam desenvolver o capitalismo. Isso se deu basicamente pelo fato de eles se pautarem em uma ética religiosa voltada ao trabalho, sem deixar de lado os bens materiais, que seriam fruto das oportunidades divinas. A vocação, o puritanismo, a racionalidade econômica e o ascetismo dos protestantes teriam feito surgir o

espírito capitalista. Valores presentes na prática protestante, como a disciplina, a dedicação ao trabalho, a conquista e o cuidado com o dinheiro acabavam influenciando os sujeitos. Os filhos das famílias protestantes já eram preparados para realizar atividades específicas antes mesmo de se iniciarem no mercado de trabalho, optando, em sua maioria, por estudos técnicos, por meio dos quais podiam lucrar, em detrimento de áreas voltadas aos estudos humanísticos.

Atividade aplicada: prática

1. Espera-se que os alunos compreendam que a geração "nem nem", em muitos casos, representa a realidade de indivíduos que pertencem a classes sociais menos favorecidas, pois é constituída por pessoas que estão à margem da sociedade, devido à baixa escolarização. O fato de a maioria dos "nem nem" ser composta de mulheres expressa a realidade de muitas garotas que engravidam na adolescência e, sem condições de trabalhar e estudar, acabam desistindo dos estudos para cuidar dos afazeres domésticos e dos filhos. Essas garotas trabalham muito, mas em suas próprias residências, o que não implica remuneração, tampouco um trabalho valorizado.

CAPÍTULO 6

Atividades de autoavaliação

1. b
2. c
3. d
4. a
5. a

Atividades de aprendizagem

Questões para reflexão

1. A afirmação destaca a necessidade de compreender Marx com base em sua conjuntura histórica. Isso significa que toda interpretação fora de contexto pode incorrer em erros anacrônicos, ou seja, na realização de análises que não coincidem com as próprias perspectivas adotadas pelo autor. No que se refere a Marx, a ressalva que se estabelece é a de que ele viveu em meio à nascente sociedade capitalista. As críticas que ele realizou foram sobre essa sociedade. Embora o autor projetasse a substituição do modo de produção capitalista para o modo de produção socialista, o contexto no qual ele viveu condiz com o primeiro sistema, e não com o segundo. Portanto, analisar as experiências socialistas desenvolvidas no século XX requer um grande cuidado conceitual e histórico, atentando-se para o fato de que não podemos responder a questões que não foram solucionadas pelo próprio autor.
2. O objeto da sociologia de Marx foram as relações sociais e os conflitos emergentes da disputa de interesses antagônicos pelas duas principais classes sociais: burguesia e proletariado.

Atividades aplicadas: prática

1. No caso do rompimento da barragem da mineradora Samarco, observa-se que a empresa, para manter os seus vultosos lucros, deixou de tomar as devidas precauções para evitar a tragédia que ocorreu. As pessoas que habitavam a região alagada pelo rompimento da barragem eram de classe social popular, sendo que muitas, inclusive, eram empregadas da própria mineradora. Dessa forma, um descuido causado pela opção da empresa em defender os interesses da elite custou a vida de muitos trabalhadores, além

de ter causado inúmeros prejuízos ambientais à região afetada e ao próprio patrimônio natural do país. Nitidamente, nessa situação, houve um conflito de interesses entre as classes sociais dominantes e as classes trabalhadoras.

2. Espera-se que os alunos escolham um tema e o analisem com base nos conhecimentos adquiridos ao longo dos estudos realizados. A análise apresentada serve como um exemplo, para que os alunos compreendam do que ela trata e, assim, possam usá-la como base para criar suas próprias análises sociais.

sobre os autores

Silvana Silva é graduada em Ciências Sociais (2014) pela Universidade Luterana do Brasil (Ulbra) e licenciada em História (2018) pela Universidade Estadual de Ponta Grossa (UEPG); especialista em Educação do Campo (2014)pelas Faculdades Integradas do Vale do Ivaí (Univale); e mestra em Ciências Sociais (2015) pela Universidade Estadual do Oeste do Paraná (Unioeste). É aluna regular do Programa de Pós-Graduação em Sociologia em nível de doutorado na Universidade

Federal do Paraná (UFPR). Desde 2012, trabalha como docente da disciplina de Sociologia na rede de educação básica do Estado do Paraná. Realiza pesquisas sobre movimentos sociais, produção alternativa e estudos pós-coloniais como bolsista da Coordenação de Aperfeiçoamento de Pessoal de Nível Superior (Capes).

Cleverson Lucas dos Santos é graduado em Letras Português-Literatura (2003) pela Universidade Estadual do Centro-Oeste (Unicentro); especialista em Linguagens, Códigos e Tecnologias: Metodologias Inovadoras aplicadas à Educação (2005) pela Faculdade Internacional de Curitiba (Facinter) e em História, Arte e Cultura (2011) pela Universidade Estadual de Ponta Grossa (UEPG); e mestre em Letras: Linguagem e Sociedade (2016) pela Universidade Estadual do Oeste do Paraná (Unioeste). Desde 2005, é professor da Secretaria Estadual de Educação do Estado do Paraná (SEED), além de atuar em movimentos sociais e sindicais.

Os papéis utilizados neste livro, certificados por instituições ambientais competentes, são recicláveis, provenientes de fontes renováveis e, portanto, um meio responsável e natural de informação e conhecimento.

FSC
www.fsc.org
MISTO
Papel produzido a partir de fontes responsáveis
FSC® C103535

Impressão: Reproset
Julho/2019